今を生きるための
菜根譚

山本有二

駒草出版

菜根譚前集との邂逅（プロローグ）

菜根譚は、中国明代の著作家、洪自誠（一五七三〜一六二〇）の作。儒仏道の三教を融合した随筆。菜根は、野菜の根っ子のこと。当時の中国では、野菜の根は食べずに捨てていた。それでも食べる人間は、極貧の生活であった。それが変じて、宋代の汪革の語に「人、菜根を咬み得ば、百事成すべし」。つまり、貧窮の生活の中に、大事を成し遂げる素地が形成される。即ち、人間が事に失敗すれば、職を辞し収入もなく赤貧の状態となる。家族・親類・縁者に迷惑をかける。しかし、失敗しないときから、赤貧であれば失敗しても何も困ることはない。社会の荒波を漕ぎぬく覚悟を指し示す指南書である。

この書との出会いは、梶山静六内閣官房長官が、橋本内閣の番頭役を突然辞任したときに始まる。まだ橋本内閣は十分継続できる余裕のある政治状況のときであった。一九九七年九月一一日午前中、梶山官房長官が辞めるらしいという噂が流れた。記者会見は午後から、皆仲間の議員は部屋のＴＶに釘付けになった。「『君、君足らざれども、臣、臣たるべし』、という信条で官房長官に従事して参りました。けれどもこれ以上、お仕えすることは、私にとって自己を否定することに他なりません。ここに辞任を決意いたしました」という内容であった。それに加えて、「寒潭は月を映さず、疎竹は風を留めず。辞任した私は、他に何も言うことはありません」と締めくくった。年齢の差がある先輩議員であるが、私にとって大変親しく尊敬の対象として憧れの議員でもあった。その二日後、地元高知県の梼原町の町長さん、中越準一さんが私の事務所にお越しになられた。手帳をおもむろに出されて、「先生、私の記憶に間違いがなければ、『寒潭は月を映さず、疎竹は風を留めず』とおっしゃっていましたが、どういう意味ですか」とお聞きになられた。私は、「皆目わかりません。梶山先生に聞いてまいります」といって、宿題を背負ってしまった。あらためて、梶山先生のお部屋を訪ね、町長さんの質問について、お尋ねさせていただくことができた。先生は、「山本らしくないな。お前なら当然知っているだろう」というような顔をされて、「菜根譚」とメモに書いてくれた。雰囲気としてそれ以上くどくどと話を続けるのは、先生の気分を害するのではと察して、それで失礼させていただいたが、さあ大変、国会図書館でこの本を調べなければと、「菜根譚」を探すこととなった。すると古い朽ち果てそうなぼろぼろの本が何冊も出てきた。その中から、「寒潭は……」を探すわけである。ペラペラめくって、これじゃ、何時間かかっても無理だろうと判断。図書館の調査員の方にお願いして、件の箇所を調べてもらうことにした。菜根譚前集八三「風、疎竹に来たるも、風過ぎて竹に声を留めず。雁、寒潭を渡るも、雁去りて潭に影を留めず……」。やっと見つけることができた。「君子は、権力のある地位に就いたなら懸命に仕事をして、辞めるにいたればさっと何もなかったように、恬淡としなければならない」との訓訳である。見事に解決できたので、中越町長を東京の事務所でお待ち申し上げた。この訳文や原書をお示ししてお話しさせていただいたところ、町長は、「ああ、やっぱり」との反応。こちらがあっけにとられていると、町長は「これは中学校の教科書にあったものですよ」という。この菜根譚が教科書ですかと聞き返した。詳しくお聞きすると、陸軍士官学校に入学したころ、今でいう中学生くらいの年齢のとき、国語か社会の教科書の副読本として菜根譚がありました、とおっしゃる。梶山静六先生は、陸士五九期生。町長は、六〇期生。共に青春を軍人教育の中で送っておられた。その二人が、しっかりと、この難しい言葉を記憶していることが、まず驚きである。さらにもっと驚くべきは、国家教育のカリキュラムに、人生の指南書、社会で困難に遭遇したときに紐解くべき名著を、一五歳の少年に教え込んでいたことである。

人生は、損得ではない。勉強して目指すべきは、「君子」である。欲に負けてはならない。友を大切にしなさい。正義を貫く勇気は必ず人が評価してくれる……。現在の教育とはかなり異なる次元である。私は、何より、この菜根譚を評価して、これそのものを子供たちに教えた陸軍の教養の高さに何より敬服する。

かなり衝撃を受けたので、友人にその話をすると賛同をうることとなった。結局、数人の国会議員から勉強会をするべきだとの意見が出て、勉強会が立ち上がった。吉田六左エ門、岩永峯一、菅義偉など。初めはただ読み合わせする輪読会であった。メンバーも変わりながら、約一〇〇回に上る会を主催することとなった。のちには、私がわかりやすい解説を作ることで、会は盛り上がっていった。鴨下一郎、古川禎久、齋藤健、鈴木俊一、梶山弘志などメンバーも固定化していった。前集一〇〇までの資料を自分で作成すると気分は、渋自誠になっていた。その文章を持って、ダンクの井上弘治会長に相談したことから、本の出版へと発展する。結果して私の人生の多くの時間を費やすこととなった菜根譚。コロナ禍で、自粛ムードの世相のもと、ダンクで一年間勉強を続けるというとてもいい時間を持たせていただいた。二二二まで進んだとき、自分の思考回路に確実に変化が生じていることを自覚することができた。慌てていないのである。心に不思議な余裕がある。背中に火をつけられあくせく焦ってイラつきながら何かをしなければならない症候群が、治癒していた。心の平安、そのための思考法が身についたように思われたのだ。思い違いや勘違いかもしれない。しかし、何か良いサプリに出会ったような清涼感を得られたのだ。無駄と承知で読んでもらえれば、寸分の心の変化を味わっていただけることと思う。

表紙写真（富士山と星）について

　富士山は私の魂そのものです。その円錐形を真横の低位置から眺めれば、なだらかな三角形。この不思議な黄金比の安定感は、見ているだけで、不安の解消、エネルギーの注入になるのです。北斎の「神奈川沖浪裏《かながわおきなみうら》」の浮世絵は、波の迫力が見る者を圧倒して、船が大波に翻弄されながらも、江戸に向かって航行しているのだと読み解けて後、見失いかけた富士山の姿を発見して、感動を覚えるという、そのとんでもない構図とともに富士山への愛を感じさせるものです。私は数年前、いたずらでこの『富嶽三十六景』の本物（ボストン美術館所蔵）のコピー作品を手に入れ、少しでも北斎の境地を味わおうと、色紙に波を鉛筆で描いてみたのです。その拙劣な絵が何と週刊新潮の「有名人の絵画」というグラビアに載ってしまいました。「山本さん、週刊誌に載ってるよ」と何本も電話をいただきました。なぜかその都度、ドキッとするのです。政治家の弱みでしょうか。そんなこともあって、一年に一回、富士山をモチーフにした絵を描かせていただいています。自分の描いた絵を表紙にするつもりでした。しかし、納得できる作品がなく、これから描くには時間がかかり過ぎる……。そんなとき、娘婿の井浦新が風景写真を見せてくれたのです。そこに富士山があって、しかも明けの明星が写っている。衝撃でした。

　弘法大師空海は、高知県室戸市の御厨人窟《みくろど》で修業を重ね、明けの明星を見つめていたとき、あたりが急に明るくなり星が自らの口に入ったという体験をし、それをきっかけに、真言宗を開祖する悟りを開いたといわれています。夜明けの金星の導きは、地球規模・宇宙規模の悟りにつながるのでしょう。

　さらに導きの願いは続きます。天の星も人を導きますが、地上の星がそれ以上に導いてくれる場合があります。パワーストーンです。特にダイヤモンドのカットが「Wish upon a star®」というダイヤモンドは、人間の潜在的エネルギーを増幅してくれて、運気を良くする作用があります。ダイヤモンドの中に大小二つの星が見えるのです。このダイヤモンドが人間それぞれの個性に適合したとき、グイと意図せぬ良い方向に導いてくれるのです。信じられない現象が待っているのです。

　この菜根譚、そのものが人間を導くための書物です。その表紙に導きの星、金星をあしらい、そこにwishの導きのダイヤモンドをイメージしたキュービックジルコニアをはめ込んだわけです。

　迷い、不安、悩み、この本の存在を想起したとき、心は自然に良い方向に向かいます。この本は読む人の本当の味方になります。お役に立つために書きこみ、見るだけで迷いを晴らす、本物の導きの書であります。

思い願いを一念に　　山本有二

目次

今を生きるための　菜根譚

〔菜根譚　前集一〕――世俗を超えた真実

本文

棲守道徳者、寂寞一時、依阿権勢者、凄涼万古。達人観物外之物、思身後之身。寧受一時之寂寞、毋取万古之凄涼。

訳文

道を求めて誠実に生きてゆこうとする者は、ある時は不遇で寂しい境涯になる。強いものに媚び諂い損得で生きてゆく者は、ある時は栄えてもついには永遠に寂しく痛ましいものになる。道を求める者が真理に達したなら、世俗をすでに超越していて、さらにはその身が滅んでも次の時代まで及ぶ名声を得ることになる。だからある時は不遇で寂しくとも、永遠に寂しく痛ましいことにならぬように、強いものに媚び諂う態度を取ってはならない。

人間の生き方は、その人の個性・性格・生まれ育ち・学歴など様々な要素が形作るものである。損得、趣味、親の職業、成り行きなど個人の価値観は多様である。しかし、本項は、小利口に生きて、友情や義理を欠くような人生にしてはならない。少しくらい人より出世があとになっても、上司に媚び諂《へつら》って屈辱的な人生を歩むより、いっときの我慢をあえてして、孫に「爺ちゃんは立派な人だった」と言ってもらえる人になりなさい、と説いている。

媚び諂わずにかなり損をした歴史的人物に西郷隆盛がいる。西郷隆盛を調べていくと色んな事実に驚くが、まず坂本竜馬のような剣術使いでは全くない。上野の銅像からは相撲の力士の風格だが、実物を知る人たちはあんなに立派な体格ではなかったと言う。特に子供の頃大けがをして、右腕内側の神経を切ってしまったため、右手が叶わなかった。成長して就職したのも、町役場の経理（郡方）だった。

けれども愛すべき性格で、地域の青年団の集まりで西郷は熱燗数本をお盆に入れて運んでいた。それを見た仲間が、西郷が笑い上戸と知っていてからかった。西郷は両手がふさがったまま大笑いしだして、ついにお銚子を廊下にブチまけてしまい、一同腹を抱える図となったのである。この西郷に風貌、頭脳、人柄共に近い子孫が友人にいる。大柄でユーモアの人。筑波大出身。その名も西郷正道さん。農林省の役人のとき、出張で北陸農政局へ行くことになった。金沢の駅に着いたとの報告の後、音信を絶った。バスに乗って一五分で着くはずが来ない。実は駅のバス停から「香林坊行き」に乗るべきところを間違えて「東尋坊行き」に乗っていた。大真面目に。職場の人気者だった。

隆盛は島津斉彬に重用され順調に出世をするが、安政の大獄で島津が失脚して、その後、西郷も沖永良部島に流される。狭い小屋に閉じ込められそこでフィラリアに感染するなど、過酷な獄中生活を送る。大久保利通たち仲間の計らいで鹿児島に戻る。江戸までは足が悪く籠に乗るしかない。親友竜馬を家に招く。竜馬はあまりに貧乏な西郷に驚く。雨漏りの家で夫婦の隣で寝た。

金銭に恵まれなくとも、地位名誉がなくとも、人に愛され、人の和を重んじ、心豊かに生きれば、必ずなすべき事をなしうる。西郷の人生からそんな教えを知る。

〔菜根譚　前集二〕――世間知らずの変人でよい

本文

渉世浅、点染亦浅、歴事深、機械亦深。故君子、与其練達、不若朴魯。与其曲謹、不若疎狂。

訳文

世事に疎い者は、汚れることもまた少ない。社会を深く熟知した者は、悪巧みも多い。従って、君子、立派な人物になろうとする者は、あまり世の中に熟達しているより、純朴魯鈍の方がよい。また、調子がよく使い勝手がよいより、君子は世俗に妥協しない頑固者の方がよい。

君子、即ち立派な人間、上に立つべき人物の理想像を説いている。単に町内会長を選ぶのではない。国の命運をかけるときに判断をゆだねる指導者のことである。慎重に選んで悔いのないようにしなければ、後悔の念が残る。汚い人間に資格はない。自己保身や損得勘定の高い人間も嫌である。そうなれば、純粋無垢、意志堅固、信念一途な人間に託したい。もし万一判断が誤っていても、託した国民に納得がいくからである。

その趣旨で歴史上の指導者を例に挙げるとしたら、間違いなく吉田松陰である。自身、「狂愚」と名乗り、「志を立てるためには人と異なるを恐れてはならぬ」という。松陰に妥協はない。まさに陽明学、知行合一の世界に学び実践する人である。

松陰は特異な家庭環境で育った。叔父で松下村塾の創立者である玉木文之進に徹底的なスパルタ教育を受け、妥協なき思想を叩き込まれた。知行合一の実践のためなら保身をも嫌悪した。例えば一〇歳年上の山鹿流兵学の指導者、宮部鼎三《ていぞう》と東北旅行の計画をした際には、出発の日が迫り長州藩に事前の許可を出していないことに気が付いたが、先輩に失礼だと考え、出さずに宮部のいる熊本へ行った。当時脱藩は死罪である。それを知った宮部は心底驚き背筋が寒くなったという。また、黒船の船長に直談判して米国に密航しようとした話も有名である。深夜に小舟で近づいて、黒船に乗船を要求するなど、その行動は無邪気であって狂である。

これを知った幕府は、密航計画幕府転覆計画として安政の大獄の象徴的事件となった。現在の刑事事件ならば証拠からして反幕府行動とまで言い切れない事件なのだが、松陰は取り調べにおいて、老中の無能さを説き暗殺やむなしなどの意見を開陳する。まさに自らドツボにはまってしまったのである。けれどそのことが、今日まで明治維新は松陰の存在、思想によってできたと評価されている所以《ゆえん》でもある。

松陰の純粋さ、汚れなき思想性は、今日の日本人の心を摑んで離さないのである。

心情の吐露　「かくすれば　かくなるものと知りながら　止むにやまれぬ大和魂」

世間への辞世「身はたとひ　武蔵の野辺に朽ちぬとも留め置かまし大和魂」（留魂録）

家族への辞世「親思ふこころにまさる親ごころ　けふの音ずれ何ときくらん」（永訣書）

〔菜根譚　前集三〕——青天の心を持つ

本文

君子之心事、天青日白、不可使人不知。君子之才華、玉韞珠蔵、不可使人易知。

訳文

君子、上に立つ者は、その考えが部下の誰もが知り理解するように、わかりやすくなければならない。しかし、その才能は、宝物を隠すように、誰にもわからないように、知られないようにしておかなければならない。

才能ある人が失敗する原因のほとんどは、その才能から生まれる傲慢さや周りの嫉妬心である。「能ある鷹は爪を隠す」「大賢は愚に似たり」というように、本当に賢い人は、才能に恵まれていることを表面には出さないものだ。

その考えを組織に照らしてみると、才能を隠した上司こそが部下の理想といえよう。組織とはもともと、平凡な上司の元に優秀な部下がいて、全体として成果を上げることが想定されている。上司に才能があり、部下より仕事ができることが明らかであると、部下は上司にいくら褒められても、表面的なパフォーマンスだと読み取る。故に、上司は部下より才能がないほうが部下は働きやすいと言われるのだが、さらに理想をいえば、才能を隠して部下に功績を上げさせる上司のほうがよい。

「秘すれば花なり、秘せずば花なるべからず」。これは世阿弥の書き残した『風姿花伝』の中の有名な一節である。世阿弥は能における感動の根源を「花」と例えた。桜や梅が一年中咲いていれば、誰が心を動かされるだろうか。花は咲くべき時、散るべき時を知っている。芸術もしかり。観客が最も花を求めている時に咲かせねばならない。この「花」という感動を生み出すのは、幽玄の美だ。知り得ぬ奥深さは余韻となり、無限となって、我々の心の奥深くを楽しませる。日本独特の美意識、「奥ゆかし」の美がここにある。

世阿弥は、今日まで続く能楽の基礎を築いた天才である。しかしその生涯は不遇の連続であった。室町三代将軍義満は世阿弥のライバルであった道阿弥を寵遇した。四代将軍義持は能を嫌い、世阿弥を迫害した。六代将軍義教は世阿弥に御所入りを禁止し、晩年には、将軍謀反の罪で佐渡に遠流された。終生不遇であったが、世阿弥はこの不遇を幽玄として能の稽古にひたすら従事した。現在、能の演目は二四〇。その内、世阿弥作は五〇。和歌を詠むように響く言葉、心に染みるメロディの楽曲は、時代を超えて人々の胸を打つ詩劇となっている。世阿弥は八〇歳まで生き、数々の歴史的作品を残した。不遇こそ、創造の神であった。

〔菜根譚　前集四〕——渡世の術を心得ていて使わない

本文

勢利紛華、不近者為潔、近之而不染者為尤潔。智械機巧、不知者為高、知之而不用者為尤高。

訳文

世俗に近付かない者は立派である。また、利権を得られる立場に在ってこれを決して貪ることのないものは、さらに立派である。権力に近付かない者は、立派である。また、権力に近付いても、これを乱用することのない者は、さらに立派である。

菜根譚が書かれた明の時代、東洋の統治思想は儒教から陽明学へと移っていく。その萌芽となる考えが本項にも表れている。

「修身　斉家　治国平天下」（『礼記』「大学」）。指導者が道徳的であれば国家は発展する、というのが儒教の国家統治思想である。国家の命運が一個人の道徳観に委ねられるのは、国家の持続性、組織性にいささか疑問が残るが、儒教の指導者理念は欲望洪水論といったところで、道徳のダムは高ければ高いほど国家は安定すると考えられていた。例えていうなら、ダイエットのためにはレストランに近づいてはダメ。レストランに入っても注文してはダメ。注文しても食べてはダメ。というもので、第三者の客観的検証を許さぬ極度のモラル主義。残念ながら、人間本来の欲望や性質機能の分析がやや不足している傾向が否めない。

これを打ち破ったのは、王陽明の「知行合一」である。知と行は不可一体の連続したものであり、どれほど知識があっても行動が伴わなければその知識は無駄であると説く。モラル主義の儒教思想から行動論、制度論への脱皮であった。時が経ち、近現代においては議会制度、検察、会計検査などが整備されて、道徳偏重はすっかり薄れた。しかしながら指導者が、欲望（食欲・性欲・金銭欲・名誉欲）の自己コントロールができなければ、その身を滅ぼし、その立場が高ければ高いほど、国家の衰亡に影響を来すことはなお事実である。

日本に陽明学が伝わったのは江戸時代。それまでの幕府は「人の知と行の関係は知が先行すべきもの」とする朱子学の思想に立ち、学者の多い、専門知識の多い政府を目指していた。一方で陽明学の「知行合一」は、行動する政府、実践家の多い政府こそ民を救済できるという思想を持ち込んだ。見方を変えれば陽明学の考えは、革命思想につながりかねない危険性をはらんでいたといえる。

その後の日本は水戸学が登場し、国家と個人の二元論は、国家の前に個人は私欲に過ぎないとの価値観が敷衍《ふえん》する。国家のために進んで死を選択する死生観の知行（思想と行動）は、明治維新革命の思想的支柱になった。「知りえて行動なきものは卑怯なり」。大塩平八郎、吉田松陰、安岡正篤《まさひろ》ら知行合一を体得した者は、その葛藤故に勝算をしばしば度外視し義挙に出たが、これは自らの考えと、社会のへだたりの大きさから愚挙となることが多い。三島由紀夫の市谷の乱、しかり。

〔菜根譚　前集五〕――苦言は徳に進ませる砥石

本文

耳中、常聞逆耳之言、心中、常有払心之事、纔是進徳修行的砥石。若言言悦耳、事事快心、便把此生埋在鴆毒中矣。

訳文

いつも進んで、他人の忠告を聞くように努め、そのため心に課題を残しているならば、それでこそ、徳を積み修行の実をあげうる練磨の砥石を得たようなものである。逆に、始終褒められて、悦に入っているようでは、わざわざ、自分の人生を、猛毒のなかに沈めているようなものである。徳は疎か身を滅ぼしてしまう。

論語に孔子曰く、「良薬口に苦けれども、病に利あり。忠言耳に逆らえども行うに利あり」。人間はよほど心丈夫に、緊張感を持たなければ、安逸に流れ、放縦を貪ることになりがちである。そのような己を正してゆくには、身近な人の忠告が何より大事だと言える。

豊臣秀吉に、忠言と甘言を聞き分ける教養があったなら、歴史は変わっていたであろう。千利休を殺していなかったなら。正室ねね、高台院の存在をもっと大切にしていたなら。秀吉は傍で忠言をいう貴重な二人を自ら遠ざけてしまった。歴史に「もしも」はないけれど、実に残念でならないところだ。

それにしても、利休はなぜ切腹させられたのか。秀吉の弟・秀長が「内々の儀は宗易、公儀は宰相（内々のことは利休に相談せよ、公の事は私秀長に相談せよ）」と語ったと言われるほど、利休は秀吉の側近の一人として政治的な役割を担っていた。交易の独占を企図した秀吉に対し、利休が堺商人の側につき対立したとか、大徳寺の山門の二階部分に利休が自分の木像を設置して秀吉に下をくぐらせたとか、秀吉の逆鱗《げきりん》に触れたとされる通説はいくつかあるが、力を付けた腹心を手放し、自害させる秀吉のサディズムは、以後、家臣の離反につながっていく。

しかし、何をおいても秀吉は、正室ねねの苦言を聞くべきであった。人生においては、糟糠《そうこう》の妻ほど苦言を呈してくれる者はいない。秀吉は、ねねをよそに、若くて美しい淀にぞっこんであった。淀君は二〇歳で鶴松を産み、二四歳で秀頼を産む。ねねと淀の対立は厳しさを増すばかりだったが、秀吉は完全に淀の言うままであった。

ねねは器量は良くないが、先見の明のある人だった。そのことがわかるエピソードがある。豊臣の家臣・山内一豊は、関ヶ原の戦いで西軍に付くべきか、東軍に付くべきか、迷っていた。賢明な一豊の妻・お千代は、高台院様（ねね）をお尋ねし内密に打診した。そこで徳川が必ず勝つと知って、一豊は東軍に加勢。論功で土佐二四万石を獲得した。

良妻ねねを軽んじたことは秀吉最大の敗因であった。政治家にとって傍におく女性は若さより賢明。美貌より、運。古女房ほど大切にすべきなのである。身近な人の忠言は人生に不可欠なもの。優先順位を誤らぬよう、ご注意。

〔菜根譚　前集六〕――一日を喜び楽しむ

本文

疾風怒雨、禽鳥戚戚。霽日光風、草木欣欣。可見、天地不可一日無和気、人心不可一日無喜神。

訳文

自然の営みは、五風十雨、照る日曇る日変化して止まない。暴風豪雨の日には、小鳥も悲しく憂いている。晴天平穏な日は、草木も喜んでいる。天地の間には必ず、陽光溢れる気持ちの良い日がある。それと同じように、人間の心の中にも穏やかで楽しいことがなければならない。

儒教、仏教に並ぶ中国三大宗教の一つ「道教」は、道・タオを説く。古代の賢人たちが長い年月をかけて自然を観察し、自然の中に発見した宇宙の大原則である。人間もこの宇宙の一部であるから、自然への挑戦や抵抗は、何の意味もなく、無益に近いという。何万年にもわたり、自然の脅威に晒されている人間には、この道理に納得できる強い過去体験的要素があるといえる。

その思想の中から、無為的観念と虚無的観念が生じた。東洋思想では前者が老荘思想、後者が仏教的諦観である。菜根譚は、この両者の思想要素を含有する。本項では、積極的精神性を期待しながら、単純に「心に太陽、希望を持とう」と言っているのではない。あくまでも、自然の宿命の中での、あるべき心を説いているのである。大自然に生かされている人間の限界を感じつつ、生きる理・ことわりを知る。

　では、自然の宿命の中でのあるべき心とは何か。私は、ヴィクトール・フランクルの著書『夜と霧（みすず書房）』を思い出す。この本は、強制収容所から奇跡的な生還を果たしたユダヤ人精神科医の実話である。絶望的な環境の中でも、諦めることのない心象が自らの生存の根源となったと書かれている。人間の生きる意味や希望の持ち方を強く考えさせられた。

　思いつく限りの悲惨な状況、耐えがたい苦痛に耐えること以外にない状況にあって、積極的な喜びには、ほんの小さなものですら、ごく稀にしか出合えない。わずかに感じた喜びは、例えば、お湯のようなスープにたまたまいつもより豆が多く入っていたこと、重労働作業中、監視が別の収容者を殴っているときに見た夕陽の美しかったこと……などである。

　過酷な運命に打ちのめされていては、生きる希望を保つことは難しい。だが、行動の自由を完全に奪われ、物理的・身体的強制の中で、なおかつ著者は精神の自由を感じていた。「心の中にも晴天平穏な日を」、菜根譚はこれをこう説く。

〔菜根譚　前集七〕——平凡に生きる意味

本文

醲肥辛甘非真味、真味只是淡。神奇卓異非至人、至人只是常。

訳文

本当に美味しいものは、いつ食べても美味しい。濃厚な味付けや、甘いものや辛いものは、その時うまいと感じても、日常いつもは食べられない。真に美味しいものとは、淡白なものである。これと同じように、人についても、他に抜きん出る頭脳明晰な人、能力才能に恵まれた人は、必ずしも道を究めた至人ではない。本当の至人は、只々、平々凡々な人である。

味は通常、酸・苦・甘・辛・鹹《かん》（塩からい）。禅宗はそこに淡を加えて六味を説く。淡とはただの薄味ではなく、素材そのものの味のことをいう。

荘子曰く、「至人は己なく、神人は功なく、聖人は名なし（至人には私心がなく、神人には功績がなく、聖人には名誉がない）」。道を極めた存在は、世俗的な自我にとらわれることもなく、世間の価値に左右されることもなく、世間の言葉で栄誉づけられることもない、という意味だ。この思想は前述の六味に通じるのではないだろうか。本当に美味しいものは淡泊なものであり、真の絶対者は、平々凡々な人である。

本項から、私が想いを馳せた人物は北大路魯山人《ろさんじん》である。美食家であり稀代の料理家でもある。魯山人もまた、「料理の本義はどこまでも、その材料の本来の持ち前である本質的な味を殺さぬこと、これが第一の要件である」と言い、おいしさとは素材そのものの味を心から楽しむことだと説く。話は少々それるが、北大路魯山人という人は、美食家、料理家である他に、篆刻家・画家・陶芸家・書道家・漆芸家等々、豊かな才能に恵まれていた。生涯、美の追求を続けた彼だが、人生においては淡泊、平々凡々とはいかなかったようだ。

魯山人は一八八三年に京都の上賀茂神社の社家に生まれた。母の不貞によりできた子で、それを恨んだ父は割腹自殺を遂げたともいわれている。母も魯山人が幼少のうちに失踪。彼自身も六度の結婚と離婚を経験し、二人の男児は夭折、唯一の娘は勘当。出自にまつわる鬱屈が原因かはわからぬが、生涯愛に満たされず、天蓋孤独な人生であった。人格については傲慢・不遜、非常識、大ぼら吹きなどの悪評を多く目にするが、テレビのホームドラマで何気ない家族団らんのシーンを目にしては号泣していたとも聞く。

魯山人は「無位の真人」という禅の言葉を大切にしていた。人間国宝の指定を辞退し、その理由は生涯語られなかった。「浮世」「憂き世」より確かなものを求め続けていたのであろう。

〔菜根譚　前集八〕　——さしせまった時こそ心のゆとり

本文

天地寂然不動、而気機無息少停。日月昼夜奔馳、而貞明万古不易。故君子、閒時要有喫緊的心思、忙処要有悠閒的趣味。

訳文

天地は、静かで悠然として動かない。しかし、その中にある宇宙の原理たる陰陽二気は、止まることなく、絶えず動いている。日も月も、昼夜絶え間なく奔走しているが、そのなすことの正しきは、永遠に不変である。この万物不変の原則通り、人間における君子たるもの、時間に余裕のある暇な時は、その対極にある緊急切迫の時を思う心掛けがなければならない。また、忙しい時には、逆にゆったり寛いだ面持ちが必要である。

陰陽とは、易学でいう宇宙万物を作り支配する二つの相反する性質を持つ気のことをいう。例えば「月(陰)・太陽（陽）」、「裏（陰）・表（陽）」、「偶数（陰）・奇数（陽）」、「女性（陰）・男性（陽）」などが代表的な例である。積極を陽、消極を陰とし、世の中のあらゆるものを、相対立する二つの原理によって説明しようとする思想だ。

陰陽とは別に、万物の構成を五星即ち木星、火星、土星、金星、水星、「木・火・土・金・水」の五の気、五行に還元する「五行思想」も生まれた。万物は五種類の元素からなり、その元素は一定の法則で互いに影響を与えあいながら変化し、また循環していると説く。陰陽思想と五行思想が融合して、陰陽五行説となった。

陰陽五行説は、中国では暦学、医学、哲学、あらゆる文化に影響し、自然科学を発展させる源となった。しかし日本では、仏教とともに流入したこともあって、呪術や占術での活用が主であった。誰もが知る陰陽師・安倍晴明は一〇世紀に台頭する。しかし陰陽道二大宗家といわれる賀茂家と安倍家は陰陽道を世襲化したため、以後、秘伝とされ、陰陽の発展は遅れた。

陰陽二気をベースとしたこの万物不変の原理は、人間の生活や社会の事象の全てに当てはまる。陰陽は絶えず奔走し、二気が活発である故に、天地不動となるのだ。禅や武道でよく言われる言葉だが、猛勢なるコマの如し。勢いよく、必死に回るが故に動かないのであり、石のように漫然存するのみはこの境地ではない。陰陽的思想なくばこの発想はない。

〔菜根譚　前集九〕——自己観察と真心

本文

夜深人静、独坐観心、始覚妄窮而真独露。毎於此中、得大機趣。既覚真現而妄難逃、又於此中得大慚忸。

訳文

深夜、人気のなくなった頃、独り座して自らの心の内を静かに観察してみると、煩悩が果てしなくあることと、その先に、人として本来そなえている清らかな心があることを悟る。こうした経験を幾度も積めば、煩悩の逃れ難きを知る。また、この境地になって初めて、本当の自由な心が得られる。それは、煩悩に束縛されない自由な心と、自らの良心に深く恥じる慙愧の念が、自然に湧いてくる。この日常を持つことが大切である。

若くて元気なときに独座、独居して静かに考える時間を持つことの大切さを説く。

若ければ煩悩も強い。小人閑居して不善をなす。田舎から都会に出てきて小さな下宿に一人寂しく住んでいれば、それだけで妄想が湧き、考えるのは異性の股間ばかり。行動に出るとしてもコンビニでアダルト雑誌を買うことくらい。それでは人生に何の値打ちもない。ここで大事なのは、倫理的になれとか、苦労している人を思えとか、キリストの勉強をしろとかといった、ありきたりの誘導策は意味を持たないということだ。

ただひたすら深い呼吸をして目を開けていれば、自然に自身の過去や現在、そして将来がいかにあるべきかを自問自答するようになっていく。人間の体は実に不思議な構造となっている。一〇分や二〇分で効果を期待しても無理。丸一日ゆっくり、仕事や勉強や食べることや、本当に何もかもから離れて実行しなければ見えてはこない。しかし、下半身にエネルギーを感じ始めると、まっすぐに座って顎を引き、臍を突き出す姿勢が楽になってくる。そして考えは水が流れるように創造的、建設的になってくる。ここで初めて、小人閑居から次の段階に入る。おそらく、「清らかな心があることを悟る」とはこの時なのだろう。

日本人の大切な文化、侘び寂び、質素。その背景に只管打座《しかんだざ》。ただひたすら座して時を過ごすという自己カウンセリングがある。応仁の乱の時代は敵味方が不明、生きる死ぬの運命が不確か、そんな心乱れる状況であった。そんな時には自然と座禅が広がってゆく。座禅は、日本人の高い教養であると言える。

〔菜根譚　前集一〇〕――反省と成功

本文

恩裡由来生害。故快意時、須早回頭。敗後或反成功。故払心処、莫便放手。

訳文

人の評価の高い時には、その人に実に禍が多い。故に、うまく行って満足している時には、初心にかえって元に戻ることにすべきである。また、物事に失敗した時には、かえって後に成功するものである。従って、うまく行かない時でも、たやすく投げ出してはならない。

「月に叢雲《むらくも》、花に風」。好事には魔が入りやすいことを例えた諺の一つである。名月の夜に雲がかかってせっかくの月が見えず、満開の花には風が吹いて花を散らしてしまう、という意味。

人の妬み恨みというものも、とかく好事に生まれる。一方で、窮状で憐憫を受けている時は人から助けがある。この差は意外に大きい。地位を得た時は、得ていない時以上に仲間を大切にしなければならない。財産を得た時は、得ていない時以上に周りに気遣いをしなければならない。言うは易しだが、できるものではない。

「ハインリッヒの法則」をご存じだろうか。労働災害の分野でよく知られている経験則の一つである。「一つの重大事故の背後には、二九の軽微な事故があり、その背景には三〇〇の『ヒヤリ・ハット』が存在する」というもので、大きな事故を未然に防ぐには、日頃から小さな事故を起こさない的確な対策を講じることが必要であると説く。

日本の失敗研究分野は、この法則を原点にしているという。「失敗学」の第一人者といえば、東京大学名誉教授・畑村洋太郎氏であろう。二〇〇〇年に発行された著書『失敗学のすすめ』(講談社)はベストセラーとなり、「失敗学」という学問を広く世の中に一般化した。昔から「失敗は成功の母」と言うが、本書はそれを科学的に実証しているところが面白い。

著者によると失敗には「許される失敗」と「許されない失敗」の二種類がある。許される失敗は創造に必要なもの。許されない失敗は、同じ失敗を繰り返すものだ。同じ失敗を防げない原因はシンプルだ。防がないからである。予兆を無視し、対策を講じることが放置され、失敗は繰り返される。

失敗の原因を深く追究した本、『失敗の本質　日本軍の組織論的研究』(ダイヤモンド社)も興味深い。著者は野中郁次郎ら六名で、歴史研究者と組織論研究者との共同研究であった。

本書では、ノモンハン事件、ミッドウェー作戦など、第二次世界大戦前後の日本の六つの失敗策を通じ、日本軍が敗戦した原因を追究する。もちろん戦略上の失敗は様々あるわけだが、この本は「組織上の失敗」、つまり組織論の切り口で敗因を分析している。「自己革新ができない組織は新たな環境に適応できない」との指摘は、現代にも通じる日本の組織特性ではないだろうか。

〔菜根譚　前集一一〕——自己を見失う事（淡泊で質素な生活）

本文

藜口莧腸者、多氷清玉潔、袞衣玉食者、甘婢膝奴顔。蓋志以澹泊明、而節従肥甘喪也。

訳文

アカザのおひたしやごぼうの料理のような粗食で、毎日生活する者は、氷のように澄んだ心、玉のように汚れのない心を持った人が多い。その反対に、きれいな服を着て、うまいものばかり食べている者は、媚びへつらう者とだけしか付き合えず、自立する心を失い、自己に甘くなって、堕落してゆく。志は、淡白な生活によってのみ磨かれ、その人間としての品位礼節は、贅沢な生活によって失われてゆく。

「清貧」という言葉がある。私欲を捨てていて、生活が質素で、かつ行いが正しいために、貧しいことをいう。清貧とは、単なる貧乏ではない。それは自らの思想と意思によって、積極的に作り出した簡素な生活の形態であり、日常生活に支障を来す貧窮、困窮、赤貧などとは異なる。西行、兼好、芭蕉、良寛ら、かつての日本の文人たちは、この「清貧」という思想を追求していたという。

物欲にかられたバブル時代後の日本に、清貧という美しい生き方を突き付けてベストセラーになった書物があった。中野孝次著『清貧の思想』(草思社)である。本書の中で、著者はこう書いている。「物の過剰の中でわれわれの生が決して充実しないことを知った現在こそ、生産とか所有とかを根本から見直す好機だろうと、わたしは思っている」

人間は、所有に対する欲望を最小限に制限することで、逆に内的自由を飛躍させることができるという。現世の生存様式を最も簡素でミニマムなものにすることで、生の感覚は鋭く磨かれ、宇宙の原理たるものに通ずる可能性が開かれる。人間にとっての最高の宝は、財産でも名声でも地位でもなく、死の免れがたいことを日々自覚しながら生き、今あることを、楽しむだけなのである。

清貧を生涯貫いた人物といえば、土光敏夫である。石川島播磨重工業や東芝の社長、経団連会長まで務めた経歴をもちながら、その質素な生活ぶりで「メザシの土光さん」と呼ばれている。全ての給与は、母親が創設した女学校、橘学苑に毎月寄付。石川島播磨の社長になっても、バス通勤をやめなかった。戦後一度も床屋に行ったことがなく、髪は自宅で息子がバリカンで刈っていた。農作業用のズボンのベルトは、古いネクタイ。積極的貧乏、清貧に自らを誘う行動はなんと強靭な心の証であろうか。

島田洋七の名著「佐賀のがばいばあちゃん」(ムーンライトファクトリー)も面白い。小学校の先生に昨日の夕食の献立を聞かれ、洋七は「イセエビ」と答える。先生が家庭訪問をしてみると、一間しかない粗末な家にビックリ。貧しい老婆との二人住まいだった。「何でイセエビ?」と聞くと、ばあちゃんは洋七に、ザリガニをイセエビと呼ばせていることが判明する。戦後の日本人の逞しさが感じ取れる楽しいエピソードだ。

〔菜根譚　前集一二〕――心を広く放つ

本文

面前的田地、要放得寛、使人無不平之嘆。身後的恵沢、要流得長、使人有不匱之思。

訳文

人は生まれて後、死す。万全の人生は、生死両方の生き方を定めて努力しなければならない。生きているときには、心は広く大らかに保たなければならない。また、死後については、長く後世に伝えられる精神的恵みを残さなければならない。そうすれば、豊かな心を、人にも分け与えられる。

人間の一生はそう長くはない。子供の頃は時間が経つのが遅いが、大人になるとあっという間。老いを意識し始める頃には、人は死後のことを考え始める。死後はいかにすべきか。菜根譚は、長く後世に伝えられる精神的恵みを残すことを理想としている。しかしその恵みを自分で考え生み出すことは容易ではない。

ここでいう「精神的恵み」は哲学や心理学の類ではない。おそらく「あの家の爺さんは、代々正直者であれと子や孫に説いている」「だからお爺さんの言う通りの皆正直者なんだね」とご近所が話す。そんな意味での教えである。この家族の在り方は現代社会において一層重要さを増している。

農耕社会から工業社会へ、田園生活から都市生活へ、大家族から小家族核家族へ。

人の住む在り方が短時間のうちに大きく変化した。兄弟が沢山いた。親戚も歩いてすぐの近所に住んでいた。孤独を感じる暇もない。それがここ四〇年足らずで、子供はいないか、一人。夫婦は共働き。離婚は三人に一人。親と別れて住むことが当然。みそ汁の味が母の味ではなく、味の素か永谷園という時代だ。この傾向を悪いと言っても解決にはならない。実際これが、ゆるぎない日本の現実なのである。

その結果、育児放棄、乳幼児虐待、いじめ、その連鎖が始まっている。もし、こんな状況下でも精神的恵みを残す父親、祖父がいたとしたら、その家は救われるのではないか。「生きていくには強くなければならない。勉強しろよ、いい大学に行くんだよ」。これはどこの親も言うこと。しかし、強くなっても優しくなければ生きていく意味がない。もう一度言う。強くなければ生きていけない。けれども優しくなければ生きていく意味がない。これを繰り返し子や孫に語る人間がいたのなら、食事もさせずに幼児を家に放置するお母さんはできなかったかもしれない。

結婚するとき、出産のとき、家族の誕生日に、その家に伝わる大切な恵みを改めて確認するような家庭は素敵だと思う。当たり前を学ぶ仕組みが壊れてしまった。人間の根底にある心理の中に、助け合い、分かち合い、温かさ、優しさを失わせるがん細胞のようなものが存在する。それに対抗できるのが「精神的恵み」、いわば抗がん剤なのだ。長く後世に伝えられる気持ちを考え、どうか言葉にしていこう。

〔菜根譚　前集一三〕――ゆずる気持ち

本文

径路窄処、留一歩与人行、滋味濃的、減三分譲人嗜。此是渉世一極安楽法。

訳文

すれ違えないほどの小道は、急がずこちらが歩みを止め、相手を先に行かすようにしなさい。美味しいものを仲間で食べる時には、仲間がたくさん食べられるように、三分少なめに食べるようにしなさい。この生き方は、社会生活を送る上で、最も適切で正しい方法である。

人を先に立てて、自分は出しゃばらない態度。万事控えめな姿勢は、人柄が良いとされる日本人の固有の文化。礼節を説く儒教思想の影響とされる。謙譲は、社会円滑化を図るために欠かせない内面の必須要素である。単にへりくだる精神性に効果を求めるということではなく、やがて分業やネットワーク化への心構えにつながるからだ。

力のあるものが謙譲を尊ぶことで社会が円滑にまわる例として、とある狩猟採集民における分業について、人類学に詳しい友人から話を聞いたことがある。それは次のようなものだった。

Aは、小柄、やせ型で視力４・０。木に登り遠くの獲物を探す。

Bは、背が高く足が速い。獲物を真っ先に追い込んでいく。

Cは、槍、弓の名人。追い込まれた獲物を仕留めて殺す。

Dは、屈強の力持ち。獲物を難なく運び持ち帰る。

現代の価値観では、獲物の分け前は、ＣＤに集中する。しかし、
Eは、村に着いた獲物の皮を剝ぎ、肉にする。

Fは、母たる女性。獲物の肉の分配権を全て握る。

FはG（子供）に腹いっぱい食べさせる。その後、H（老人と障害者）に分配。残りをF（母たる女性）が食べる。それでも余った場合だけ、A～Dに分配される。

狩猟採集民の分配といっても民族によっていろいろなタイプがあるようだが、このようなシステムであれば、人の個性と機能別に全ての能力を発揮させながら、合理的に生産性を最大化できるだろう。文明が、進展すると、屈強の男性、殺傷を得意とする者などが、先に取ることになる。実は、そのやり方では社会は崩壊する。強者が遠慮するシステム・精神性が、謙譲の美徳の根底に存在する意義である。

日本文化には武士道がある。武士は常に謙虚でなければならない。強く、武器を持つ、故に謙虚。働きを数値化すれば、壮年男子が七、女性や子供は三。その客観性で富を分配すれば偏在が固定化される。社会の一番底辺、一番弱者よりも武士たる自分を下位に置く謙虚さが、社会の持続性につながる。

〔菜根譚　前集一四〕――心をわずらわされない生き方

本文

作人無甚高遠事業、擺脱得俗情、便入名流。為学無甚増益功夫、減除得物累、便超聖境。

訳文

平凡な人間に生まれ、何の業績もない人でも自己の欲がなければ、高尚で偉大な業績を挙げて、なお欲得に駆られた人間より、はるかに一流の人物といえる。学問の世界で、何ら学識に貢献していない人でも、純真な気持ちを備えていれば、名誉栄達を求めて走り、いつも煩わしい雑事を抱えている人より、聖人の域に達しているといえる。

「小さなことを積み重ねることが、とんでもないところへ行く、ただ一つの道」。これは二〇〇四年にイチロー選手がメジャーリーグ年間安打記録を破った際に残した有名なフレーズである。まさに凡事徹底の人。凡事徹底とは、当たり前のことを当たり前にやるのではなく、当たり前のことを人には真似できないほど一生懸命やるということ。かの宮本武蔵も「千日の稽古を鍛とし、万日の稽古を錬とす」という名言を残した。二人に共通する真意は、平凡の非凡。「平凡なことを毎日平凡な気持ちで実行することは、すなわち非凡なの

である」（アンドレ・ジイド）

平凡には無名の利あり。政界で目立たないことの大事さを感じさせた人物に、藤波孝生《たかお》元官房長官がいる。リクルート事件で受託収賄罪に問われ、有罪が確定した人物といった方がピンとくるだろうか。生家は、お伊勢様おかげ横丁の饅頭屋「藤屋窓月堂」。ここの利休饅頭は、今も売れ筋だ。藤波氏は早稲田大学卒業後、毎朝四時から餡子を練っていたという。その後、町内の推薦で県会議員になる。情の政治家と呼ばれ、俳人としても知られていた。「控えめに　生くる幸せ　根深汁」、彼はこの句を自身の人生訓とする。「したたかと　言われて久し　栗を剝く」は並べて語られる中曽根康弘氏の句。

非凡な人間が、平凡に生きることの困難についても触れよう。大英帝国の国王が自ら国王を辞めてしまった実話である。エドワード八世は、米国人の既婚女性ウォリス・シンプソンと熱烈な恋愛関係となる。彼女には離婚歴があり、交際当初はまだ人妻であった。英国国王は、国教会の最高首長でもあり、国教では自分も相手も離婚厳禁だ。そこでエドワード八世はやむなく退位し、ウォリスと結婚する道を選ぶ。世にいう「王冠を賭けた恋」である。大英帝国の国王に、なれるならなりたい人は大勢いる。しかし国王を辞めたい人はそうはいない。エドワード八世は、平凡でなければできないことを世界に示してくれた。

〔菜根譚　前集一五〕——義俠心と純粋な心

本文
交友、須帯三分俠気。作人、要存一点素心。

訳文
友人と付き合うには、三分の義俠心を持たなければならない。人間として一人前に生きてゆくには、少しでもいいから純真な心を持たなければならない。

まさにその通りの言葉である。しかし改めて言われると胸に響くものがある。そこで、詩になり歌になった。「妻をめとらば才たけて　みめ美わしく情けある　友を選ばば書を読みて　六分の俠気四分の熱」「恋の命をたずぬれば　名を惜しむかな男ゆえ　友の情けをたずぬれば　義のあるところ火をも踏む」（与謝野鉄幹）。特に多感な青年、旧制高校の学生の愛唱歌となっていました。おそらく明治期の文学者なら、菜根譚のこの一文が念頭にあったに違いない。中学校の漢文に杜甫の「貧交行」が登場する。友達を大切にという思いが込められている。

「手を翻せば雲と作《な》り、手を覆せば雨となる。紛紛たる軽薄、何ぞ数うるを須《もち》いん。君見ずや、管鮑《かんぼう》貧時の交わりを、此の道、今人《こんじん》棄つること土の如し」。人情義理が地に落ちた当世では、堅いちぎりを結んだはずの友人でも、ふとしたはずみで、気が変わり、全く話にならない軽薄さだ。ちょっとは、昔の、管仲《かんちゅう》と鮑叔《ほうしゅ》牙《くが》の間のような、貧富変わらぬ交友ぶりを見習うがよい。ここに言う管仲は、鮑叔牙と幼なじみで、お互い才能に秀でていることを認め合っていた。双方とも斉の主君に仕えた。国は分割され、二人は敵味方になった。鮑叔牙は斉の桓公を擁し戦争に勝利した。管仲は、捕虜となった。鮑叔牙はかつての友誼を忘れず、斉の桓公に、国を強くするためには、管仲をこそ、宰相にすべきと進言。敵の捕虜を宰相に迎え、斉は春秋一の覇者となった。こんな友情はめったに起こりえないとしても、あまりにも見事な展開である。今も昔も、古い友人といえども、落ちぶれれば同情はするが犠牲を払ってまで友人のためには尽くさない。今一歩の更なる友情の大切さがつかみ取れる物語である。

鉄の団結を誇っていた幕末の新選組も、内紛で組織解体の危機があった。芹沢鴨の暗殺である。副長である芹沢鴨は、謀反のかどで暗殺されてしまう（文久三年九月一六日）。命令した近藤勇隊長は、会津藩松平容保《かたもり》、京都守護職の指導下にあった。まさに時代は、勤皇か佐幕かで揺れていた。京都は勤皇の志士の暗躍するところとなり、幕府は秘策を練り志士にも対峙しうる新選組を結成した。しかし、芹沢鴨は、水戸天狗党の流れを汲み、尊王攘夷思想であった。桜田門外の変以降、水戸浪士は、幕府側ではあるが尊王思想である。ここに思想の混在がみられ、観察の視点によっては純粋徳川本流には裏切り者と映るのである。芹沢は、細かな配慮に欠けていた。豪胆無比。しばしば近藤勇隊長への報連相を怠った。折しも、有栖川宮織人《たるひと》親王に、一五人の隊士を連れ、藩にも隊にも無断で出仕を申し出る。近藤は、分派と見て、副長片腕の芹沢鴨の暗殺計画に入る。鴨は、梅毒であった。持病の梅毒が進行し、自覚症状に悩まされ、その恐怖から逃れるために、鴨は酒と女に明け暮れた。宿泊先の壬生八木家で、愛妾お梅と裸で寝込んだところを、土方歳三、沖田総司らに急襲される。あわてて、文机で転んだところを鴨は滅多切りされ即死。お梅も首を切られ惨殺される。血気盛んな若者たちに情け容赦はない。辞世の句は、「雪霜に色よく花のさきがけて 散りても後に匂う梅が香」。惜しい人物を失う。究極の恐怖による統治は、分派の原理が必ず働く。ほとんど思想信条の違いという好悪の問題に昇華される。京浜安保共闘、浅間山荘事件、よど号事件、かつての極左勢力は全てこれによって組織が縮小していくことで、この世から消えていった。狭い教条主義は、仲間を選別することになり、やがては組織縮小、崩壊の道を辿りがちになる。新鮮組も新左翼もこの運命を辿った。

人間として一人前に生きてゆくには、少しでもいいから純真な心を持たなければならない

〔菜根譚　前集一六〕――寵愛と利益そして修行

本文

寵利毋居人前、徳業毋落人後。受享毋踰分外、修為毋減分中。

訳文

他人から利益を受けるときには、人の前に出てはならない。他人に利益を与えるときには、人の後ろに退いていてはならない。人から物をもらうときには、限度を超えてはならない。自ら修業するときには、限度を超えなければならない。この法則を守ることができれば、君子に近くなるであろう。

「天は自ら助くる者を助く」。福沢諭吉はサミュエル・スマイルズ著『自助論』を読んで感激した。「近代市民国家の個人の心得の書」として日本人にも是非理解してもらおうと自助を説いた。スマイルズの『自助論』も日本訳されて『西国立志編』として出版された。

「自助の精神は、人間が真の成長を遂げるための礎《いしずえ》である。自助の精神が多くの人々の生活に根づくなら、それは活力に溢れた強い国家を築く原動力ともなるだろう。外部からの援助は人間を弱くする。自分で自分を助けようとする精神こそ、その人間をいつまでも励まし元気づける。人のために良かれと思って援助の手を差し伸べても、相手はかえって自立の気持ちを失い、その必要性をも忘れるだろう。保護や抑制も度が過ぎると、役に立たない無力な人間を生み出すのがオチである。いかに優れた制度をこしらえても、それで人間を救えるわけではない。(中略)どんなに厳格な法律を定めたところで、怠けものが働き者に変わったり、浪費家が倹約に励みはじめたり、酔っ払いが酒を断ったりするはずがない」(『自助論』竹内均訳 三笠書房)。

スマイルズはまた、シェークスピアの人生を紹介している。その作品の中に出てくる船員用語があまりにも正確なので、ある人は、シェークスピアは船乗りだったに違いないと主張する。また、昔は馬を扱う商売をやっていたと断定する者もいた。シェークスピアは、六〇回以上も転職を繰り返した。その短い職業経験の中から、研ぎ済まされた観察力によって、その職業に何年も携わったかのような知識を得ていたのである。貧しさのために転職し、経験を積むことができた故に名作は生まれた、と例示して自助を説いた。

菅義偉《すがよしひで》総理がその公約の一番に掲げたのが「自助・共助・公助、そして絆」であった。慶應義塾の建学の精神を掲げ、さらに現代の孤独感に対して絆という谷垣禎一氏の総裁選挙公約を借用している。けれども、残念ながら予算委員会の審議を聞いている限り、そもそもの公約の深い理解を感じる答弁はない。これは近代市民革命を遂げた国家の国民としてのあるべき矜持なのだと堂々と福沢諭吉の激しさで答弁してほしかった。また、自助とともに語られるべきは国民の、王権に対する市民権はややもすると分断されがちになる。市民の大事な心得として絆、結合がある。明治期、これを強く主張したのが早稲田建学の母、小野梓である。「一滴の水、集まりて大海となる。一粒の砂、積もりて大地をなす。全て万物は結合にあり、強き個人の結合こそ強き国家の基となる」。菅総理がこの神髄を語ることになれば支持率回復。

〔菜根譚　前集一七〕——一分の寛大さ

本文

処世譲一歩為高。退歩即進歩的張本。待人寛一分是福。利人実利己的根基。

訳文

世の中を生きてゆくには、自分から一歩譲るのがより優れた道である。一歩を譲ることは、やがては逆に一歩を進めることにつながってゆくのである。人を処遇するには、完全を求めずに、九分にとどめることである。あとの一分は、寛大にして見過ごすことが何より大事である。

人間は私欲の塊である。少しでも先に行きたい。人に負けたくない。種の保存本能か競争心か、心をせき立てる。それが普通であることを承知したうえで、一歩を譲る人物に出会ったとき、どのような感情を抱くであろうか。「立派な人だ」「礼節に厚い人物だ」「奥ゆかしい」という評価が下されるように思う。人は限られた範囲の社会で生きている。何度も人に道を譲って、顔見知りになったとしたら、別の場面で、「いつも有難うございます」と言ってくれる関係になっている。私欲を抑える高貴な精神の持ち主であると、評価されるなら、譲ることの効果は大きい。譲は、逆に一歩を進めるのである。人の処遇を考える立場は、相手よりかなり上の立場である。会社で上司が部下の勤務評定をする的なことが例示される。人間は一たび高い位置に立ったならば、目下に対してはかなり残酷である。少しの過ち欠点も見逃しやしない。むしろそんな立場であれば、寛大さが双方のグッドバランスを取ってくれる。見過ごしてくれたことへの恩義となって、定かではない将来、お返しが来るというものである。

この人間真理・消息を把握して人生を送った能力ある人物がいた。山本五十六（一八八四〜一九四三）海軍大将である。新潟県長岡に生まれる。海軍兵学校三二期生。一九一九年ハーバード大学に留学。その後一九二五年から米国日本大使館駐在武官となる。国際的視野を身につけた山本は、海軍内の方針について旧勢力と対峙する。大和型戦艦を建造すべしとする「大鑑巨砲主義」と機動性に優る航空機による海戦が優位に立つとする「航空主兵主義」に分かれた。後者の代表が山本となった。それでも海軍は大和建造に向かう。

山本は、よほど肝が据わっていたと見える。新橋の元芸者梅龍《うめりゅう》（本名は河合千代子）を彼女としていた。軍人、即ち国家公務員の身分で彼女を妻以外に作る。現在では論外である。しかし、当時の社会では許されたことなのであった。一九四二年、ミッドウェー海戦に赴く前、千代子に今生の別れを告げた。千代子が広島県呉市の駅まで来てくれたのである。山本は、眼鏡をかけマスクをして変装した。千代子は、結核を患い歩ける状態ではなかった。山本は、その千代子をおんぶしてホームを堂々と歩いた。出撃間近には、千代子に手紙を送っている。「うつし絵に口づけしつつ幾たびか　千代子と呼びてけふも暮しつ」。五十六は、完全無欠の秀才ではなかった。海軍の将校たちは、洋上の軍艦で生活することが多い。その時、仲間とカードゲームに興じることも多かった。勢い、カジノでもバカラ・ポーカーなど、慣れたものであった。モナコに停泊したとき、五十六がカジノに行った。信じられないほどの勝ち方をした。次の日も、その次の日も勝ち続けた。ついに、モナコカジノ協会から出入り禁止を言い渡される羽目になったという。このような性格と人生観があったればこそ、真珠湾攻撃もできたのであろう。

その五十六が、人の使い方はかくあるべしとの明言を残している。「やって見せて、言って聞かせて、させてみせ、ほめてやらねば、人は動かじ」。あくまで、上に立つ仕官の立場の言葉であるが、人間の心理のポイントを上手く突いている。五十六にとって、部下としての立場でもおよそ、そのような態度で臨んでもらいたかったのではないだろうか。賭け事と女が大好きという軍人はそうざらにはいない。まさに菜根譚のいう、寛大に扱ってほしい部分がある人間である。もし、寛大な措置がなかったならば、山本五十六が、これほどまでに出世することはなかったのではないか。

五十六には、尊敬する同級生がいた。海軍兵学校三二期同期の堀悌吉である。同期生は「神様の傑作は、堀の頭脳である」と、堀には敬服していた。堀は首席で卒業し出世街道を驀進した。一九三〇年、堀は軍務局長という要職にあって、ロンドン海軍軍縮会議を担当していた。同期の五十六も、海外経験から米国英国との軍備競争をまともにやっていては、国家が持たないとの論であった。堀の手腕で条約の締結を密かに願っていた。結果条約締結に至ったが、海軍内部で、軍備拡張派が力をつけ人事を握ってしまった。堀は降格されて、海軍を去り郷里大分に帰ることとなった。無二の親友五十六も、同時に海軍から身を引き、長岡に帰り千代子と暮らしたいと漏らしていた。堀は、そんな五十六に、辞めてはいかんと励まし思いとどまらせた。謹厳実直な堀が、唯一五十六に期待を掛けたのは、五十六の、褒めることのできない一割の才能だったのではないか。そんな世界を持つ五十六だからこそ、日本を戦争から回避できると期待を掛けていた。二〇一八年、堀の遺品から、五十六が送ったとみられる遺髪が見つかった。

世の中を生きてゆくには、自分から一歩譲るのが
より優れた道である

〔菜根譚　前集一八〕　——矜る心と悔いる心

本文

蓋世功労、当不得一個矜字。弥天罪過、当不得一個悔字。

訳文

世界を驚かすどんな立派な業績も、それを自慢する心が生じたら、全く価値がなくなってしまう。また、残虐非道の許されざる凶悪犯罪の罪人も、悔い改める純な心が生じたら、どんな罪悪でも消滅したと同じである。

菜根譚は、終始一貫人間の傲慢さ、奢り、高ぶりを厳に戒める。どんなに成功しても失敗しても、毎日たゆまず努力していかなければ人間としての価値がなくなる。足を前に少しでも出し、前傾姿勢で坂道を歩む姿こそあるべき姿なのだ。事業に成功しても事業は無限に広がるもの、自慢することはそこで歩みを止めて、安逸を貪る己があるのみ。人間の価値は失われ、むしろ努力している者たちに邪魔な存在でしかない。

犯罪者であった者が、晩年修養団の創設者となり多くの人間に慕われた稀なる例が中村天風である。青年期、福岡修猷館高校在学中喧嘩で刺殺事件を起こす。有罪となり退学。当時一六歳。右翼団体福岡玄洋社に預けられる。総帥の頭山満の紹介で、帝国陸軍軍事探偵（諜報員）となる。満州馬賊と抗争、松花江爆破などに従事。多数の殺戮を繰り返した。ロシアでコサック兵に囚われ銃殺刑に処せられる寸前逃亡する。その後三〇歳で、重篤な結核を患い、軍の任を解かれ病気治癒の為の世界旅行に出る。甲斐なく帰国の途につく。船上偶然にインドの聖人カリアッパ師と出会う。カンチェンジュンガ山麓で二年半ヨガの修業で完治。三七歳、再び頭山満の命で、一九一三年インドから中国へ、第二次辛亥革命支援に向かう。中華民国最高顧問となる。革命失敗。謝礼として、革命財産の分配を得、東京実業貯蔵銀行頭取就任。一九一九年、一切の財産処分。心身統一法、後の「天風会」を設立する。このとき四三歳。九二歳で没するまで心、気、の持ちようで人生は変わることを説き続けた。すなわち、人生は、所詮、心ひとつの置きどころ。人間の心で行う思い方、考え方が、人生の一切を良くもし、悪くもする、というのが人生支配の根本原則。思い方や、考え方が、積極的であれば、積極的なものができ、消極的なら消極的なものができる。何事においてもその時の心の状態が、成功を生み、また、失敗に追いやる……。天風の教えはひたすらインドヨガの教えで人生を成功に導く。それはクンバハカの解説であり、次のようなことである。まず、終始肛門を締める。締める気分を忘れないこと。初心者は、気づいたら、開いている。気づいたら閉まっているという身体意識まで、練習すること。肩を落とす。肩を上げない。臍下丹田は常に力がこもっている。すなわち「尻肩腹三位一体」。身体の秩序が整ったら、自然に心も整う。一九六八年に没してもなおその精神を理解しようという大勢の弟子たちが押し寄せている。今でも残る肉声での講義に感動を覚えて天風流の身心調整法に没頭する人が絶えない。私もその一人であるが、体得することは困難である。しかし、呼吸を整え、丹田を意識して肚に力を入れ、時に肛門を締め、初心者なりにその効果が偉大なものであることを実感している。

〔菜根譚　前集一九〕——才を見せず、磨きをかける

本文

完名美節、不宜独任。分些与人、可以遠害全身。辱行汚名、不宜全推。引些帰己、可以韜光養徳。

訳文

名誉な働きや、見事な業績は、自分ひとりで独占するものではない。その一部を、他人に分け与えるようにすると、いつの間にか、危害は遠ざかり、天寿を全うすることができる。恥ずべき行為や、評判の悪い出来事も、全部他人の責任と押し付けてはいけない。一部を自分が引き受けるなら、静かに落ち着いて、人格を磨き高めることができる。

世の中は自分と多くの他人とで成り立っている。自分一人だけでできることは、ほぼ皆無である。見事な業績があれば、本心自分がやったと思っていても、他人の貢献も指摘して分け与えなければ、人間関係は上手くいかない。逆に、失策や失態があったときには、部下の犯人捜しをして責任を押し付けることができたとしても、自分の責任をきちんと認めて、私がもう少ししっかりしていればと謙虚に頭を下げる態度に出れば、不評や批判があっても炎上には至ることはない。「達すれど驕らず、窮すれど鈍せず」。人間の価値は、

究極のとき明らかになる。利己主義(エゴイズム)であってはいけない。

人の世界は、表の世界と裏・秘密の世界がある。できれば表の世界を華々しく生きたい。政治家であれば尚更である。特に裏の世界では失敗も成功も知られることはない。しかし、裏であるからこそ実権を握ることができた政治家もいる。田中光顕である。高知県佐川町出身で最後の勤皇の志士と称された。日本初の内閣、伊藤博文総理の下、官房長官(内閣書記官長)が田中であった。不思議なのは、高知県であまり知られていないのである。それと対照的にファンが多いのは坂本龍馬である。一九二八年(昭和三年)五月、桂浜に龍馬の銅像の完成除幕式が行われた。龍馬の死後六一年目のことである。沖合に海軍省派遣の駆逐艦「はまかぜ」が威風を誇り、銅像前には陸軍歩兵四四連隊隊長ほか有志五〇〇人が参加していた。資金は、土佐の青年有志の募金で賄われた。台座の銘板には「建設者　高知県青年」とだけある。このように龍馬は今も昔も英雄なのである。なぜ、田中は裏に回ったのか。田中は、一九歳の時、武市瑞山の土佐勤皇党に加入した。当時の結成名簿によると、一番は武市瑞山、九番が坂本龍馬、一七番に中岡慎太郎、そして一三三番に浜田辰弥(田中光顕)である。間もなく、武市の密命で家老吉田東洋暗殺を指示される。犯行後、田中は奈良十津川に潜伏していた事実から、主犯格であったのであろう。その後の田中の人生は、波乱に満ちている。田中は中岡慎太郎を頼り一緒に長州に脱藩する。さらに長州で高杉晋作の知遇をえて奇兵隊に所属する。龍馬は勝海舟を後ろ盾に海援隊を、中岡は高杉を背景に陸援隊を結成し陸軍の基礎を作り出した。その副隊長に田中は納まっている。そして、龍馬暗殺(一八六七年)。時の資料によれば、その現場に田中は確実にいた。それにも拘わらず事件の真相には一切触れていない。重要な先輩二人が同時に消え去り、急に田中にポストが回るのである。以後宮内大臣として天皇の威を借り実権を握る(『日本の本当の黒幕』鬼塚英昭著、成甲書房)。

〔菜根譚　前集二〇〕——完璧を求めず控えめに

本文

事事留個有余不尽的意志、便造物不能忌我、鬼神不能損我。若業必求満、功必求盈者、不生内変、必召外憂。

訳文

公私にわたり何事も、余裕をもって控え目に生きてゆくことができれば、造物主も私を忌み嫌って禍を加えることはできない。また、鬼神も私に害を加えることはできない。そんな生き方と裏腹に、仕事はいつも向上成長ばかり求め、功績評価は、十分満足するものでなければならないという生き方であるなら、必ず内部崩壊か、外部から攻撃されることになる。

人間は、生きている限り、生老病死の四苦を負う。つまり、ストレスは必ずある。人生の成功や失敗もストレスとの折り合いである。本項でいう「余裕をもって控え目に生きてゆく」ことは、ストレスを縮小させる秘訣の一種であると言えるかもしれない。

ストレスは、身体を蝕む。近年の研究では、心の動きが体に悪影響を与えていることが明らかになってきている。心療内科医・鴨下一郎氏の著書『何もかも嫌になって泣きたいときに読む本』（青春出版社）によると、「活性酸素の過剰発生」や「免疫力低下」といった身体の不調を引き起こすトラブルの原因は、ナチュラルキラー細胞（NK細胞）の活性低下に関係しているという。恐怖、怒り、不安、絶望などのストレスを感じる時、NK細胞は非活性となる。逆に、希望、喜び、幸福感、充実感はNK細胞を活性化させる。故に、NK細胞がストレスで活性低下に陥ることは、ガン発生の遠因ともいえるのだ。

アメリカの心理学者ホームズとレイは、人生の出来事（ストレッサー）に評価尺度を作成し、ストレスの強度を知る測定法を開発した。配偶者の死（一〇〇）・結婚（五〇）・転居（二〇）など四十数個のライフイベントに点数をつけ、一年間でこの点数が三〇〇点以上になると、ストレスが原因の病気にかかる危険が高いとした。妻が死亡した（一〇〇）後、若い後妻と結婚（五〇）して、ハワイに転居する（二〇）と合計一七〇点。加えて、子供と別居（六〇）となり、なれない英語を話し（四〇）、ゴルフから、釣りに趣味を変え（二〇）、母親が死亡したら（六〇）、ほぼガンになる。選挙は、おそらく当選で五〇点、落選で一〇〇点。

ラットの実験でも、環境ストレスとNK細胞の関係について、興味深い話を聞いた。単独生活のラットのNK細胞は非活性。これに対し、複数生活のラットのNK細胞は活性する。伴侶友人は必要ということか。さらに、過密生活のラットのNK細胞は著しく活性低下。これが長期間続けば病気になる。これは自然界の生物個体調整の作用なのだろうか。混雑・騒音・多忙・情報過多といった環境はストレス度が高い。加えて、独居・孤独感はガン化を生む。大都市に潜む危険が見えてくる。

壮年期を過ぎたら余裕で生きるのが良い。十分な睡眠、早寝早起き、粗食、適度な運動、社会貢献、他者との歓談、そして、田舎暮らしを時々。

〔菜根譚　前集二一〕　――家庭の中の真実

本文

家庭有個真仏、日用有種真道。人能誠心和気、愉色婉言、使父母兄弟間、形骸両釈、意気交流、勝於調息観心万倍矣。

訳文

昔の大勢いた家族の時代には、その中に、本当の仏様がいた。日常生活の中にも、一つの真実の道があった。難しいことではなかった。お互いが仲良くしようと努め、温かい気持ちで、にこやかな表情をし、優しい言葉を使うだけのことであった。家族の間で、身体も気持も溶け合って、通じるようになってくる。この境地は、道教の呼吸法や、瞑想法、聖者のヨガなどの修行による効果よりも遥かに高いものであった。

日本の戦前の農村にあった三世代同居の家族の風景を思い起こす。子供は一〇人近くいて、赤ちゃんの泣き声、子供同士の喧嘩、にぎやかである。そこには、孤独感・挫折感・被害意識のような、人間を不幸に陥れる感情はどこにも落ちていなかった。今は、親と同居する家族は激減。世帯数の最も多いのは、独居世帯。一人暮らしである。名実共に孤独そのもの。極端な少子化、高齢化、未婚化、大都市人口集中が一人暮らしを助長してきた。孤独から逃れるために、ペットを飼う。早朝の東京は、縫いぐるみのような犬の散歩が多い。しかし、人間とは違う。癒されたい面積の二〇%がせいぜいである。若者の間では、シェアハウスも人気である。好きな時に会話し、適当に部屋に帰る。鬱陶しさと快適さを選択できるのである。これも家族の心の繋がりには敵わない。

無限の愛情に支えられた子供は強い。何があってもどんな時も、あなたの味方という肉親の存在は人を勇気付ける。第二六代駐日米国大使のハワード・ベーカー元上院議員（一九二五〜二〇一四）は、退任後も好きな日本に滞在していた。二〇〇六年秋に米国シティ・バンクのアドバイザリーボードに就任。当時金融担当大臣の私のところに表敬に来てくださった。愉快なカウボーイのお爺さんという感じで、終始笑顔で冗談を言っていた。その話の中でその通りだと思うことがあった。

「日本人はリスクが嫌いですね。なぜだかわかりますか？　小さな子供の教育ですよ。子供はよくテーブルの上に上がって、ジャンプする。米国でも同じです。日本のお母さんは『危ないから早く降りなさい。怪我したら大変ですよ』と十人中十人が言うのです。私の孫などは、全く違います。ジャンプすると、母親は『ビッグボーイ、ナイスボーイ』とその勇気を称賛してやります。祖父の私も一緒に家族中、囃し立てるのです。子供は、勇気をもって何かをやろうと決断したとき、家族が喜ぶと信じるのです。米国の国民が貯蓄より投資、安定した就職よりベンチャー企業の起業に向かうのは、幼児教育にあるのです」。

昨今、ヘリコプター・ペアレントが日本で多くなったと言われる。これは、過干渉の親のことを言う。親が子供を頭上で旋回し、目を光らせている様子を指しているのだろう。子供は自己解決能力がなくなり、自己否定感が強くなる。今の日本の現状を見事に映しているように思える。

〔菜根譚　前集二三二〕——静かな境地と溌剌とした活動力

本文

好動者雲電風燈、嗜寂者死灰槁木。須定雲止水中、有鳶飛魚躍気象、纔是有道的心体。

訳文

積極的かつ行動的な人物は、雲間の稲妻のように動いてばかりで落ち着くところはない。消極的かつ沈思黙考を好む者は、火の気のない灰や枯れた倒木のようなもので、冷たく只静かなだけである。このような極端な人間では君子達人にはなれない。心の深層では、動かざる不動心を持ち、表面の行動原理は、鳶が飛び魚が跳ねる位の溌剌とした活動力を持っていることが大事である。そんな人物になって、やっと成長する人間になることができる。

人間の性格は天与のものと後天的なものとで形成される。活動的な人間は落ち着きがないと言われ、物静かで思索的な人間は地味で面白くないと評価される。極端に度を越すと普通の人々からは付き合い辛く思えてしまう。この人間の静と動の性格分析を統合すれば「心は不動で行動は溌剌とする」というのが理想である。

性格分析は古今人気がある。生まれた星、十干十二支による易、手相など。易者が街角で生計を立てている。二〇〇〇年頃北京で占い師に遭遇した。江沢民の側近占い師の一番弟子との触れ込みである。私より少し若い。頭は丸刈り、衣服は清潔だが高価な感じはなかった。占い師というよりヨガのインストラクターといった感じであった。格別依頼をしたわけではなかったが、見てもらった方が良いと勧められて料金もいらないとまで言われて、さあ見てもらうことになった。

まず生年月日と出生の時間を紙に書くと、手相も見て顔もまじまじ見る。八卦という木の道具を並べ、さらにサイコロを振れというので適当に。紙に何やら結構長い時間メモを記述して、ほぼ三〇分して、顔を起こして私に顔を向けた。「あなたは困難を乗り越えましたね」という。咄嗟に私は、「有難うございます」と答えた。内心、大学受験、司法試験、県議会選挙、衆議院選挙、何が困難か判然としないまま適当に相槌をうった。良く聞いてみると椅子に座って努力するとか、それによって社会的使命ができたとか、どうも司法試験に合格して弁護士になって職業として活動したことを言っていることが理解できた。

とても驚いたのは、その後結婚して子供が生まれて、その子供が四人あり全部女の子であることを言い当てた。同席した友人は、予め調べてきたのじゃないかと疑っていた。しかし、確実に私に出会い、過去を指摘するなどの機会があるとは、およそ予測できない出会いである。私はやっぱり、中国三〇〇〇年の膨大な統計ディープラーニングの結果、予測可能となったのではないかと易占いに味方したい。

性格を精緻に分析できたとしても、それはプロセスの一つ。動かざる不動心。潑剌の活動力。これを養うのは容易ではない。活動的になる一番の方法は、健康とスポーツである。年齢を経ても剣道やテニス、ママさんバレーに余念がない方々は活動的である。困難なのは心の確立。心を鍛えることのメソッドはさほどない。

私は動かざる心とは困難に直面した時も平常心でいられるかどうかであると思う。NHKの「ためしてガッテン」の放送で座禅の修行をした僧侶と放送局のADとが登場した。二人とも何の予告もなく、山の中に連れて行かれ谷のつり橋からバンジージャンプをしろというのである。単純に二人の脈拍と呼吸の数字だけ比較していた。僧、全生庵平井正修《しょうしゅう》さんは、つり橋から落ちる前も後も数字に変化はない。ADさんは、落下寸前は脈拍呼吸ともピーク、通常の倍以上、心臓はバクバク、呼吸はハーハー。そこで明らかになったことは、ゆっくりとした呼吸。一分間に二回くらいの速さで呼吸を整える訓練が、どんな場面でも呼吸と脈拍の安定につながっていることだった。

動かざる不動心を持ち、表面の行動原理は、
潑剌とした活動力を持っていることが大事で
ある

〔菜根譚　前集二三〕——叱責の度合い

本文

攻人之悪、毋太厳、要思其堪受。教人以善、毋過高、当使其可従。

訳文

人に忠告するときにはあまりに厳し過ぎるようにしてはならない。その人が果たして忠告の言葉を受け入れることができるかどうかよく見極めておく必要があるからだ。また、人に教えてあげるときには、目標を高く置き過ぎてはならない。その人が実行できる範囲にとどめておくことが大切であるからだ。

毎年話題となるサラリーマン川柳。いつの時代も上司と部下の関係性や苦労をうたう句が尽きない。上司も人間、部下も人間。優秀作品に選出された句を対比してみると実に面白い。

「教え子が　上司になって　倍返し」／「やっと縁　切れた上司が　再雇用」

「上役の　三歩先行く　新人類」／「常識も　上司代われば　非常識」

松下電器、パナソニックの創業者松下幸之助の書籍に『指導者の条件』（ＰＨＰ研究所）がある。発行部数九六万部にも上るベストセラー。この本で彼は、古今東西の事例を交えながら、指導者の条件を説いている。その松下幸之助の側近だった江口克彦が東洋経済オンラインでの連載でわかりやすくポイントを紹介してくれている（のちに東洋経済新報社から『ひとことの力』として書籍化）。すなわち、その条件とは一〇二項目にも上るのだが、「ある項目は八〇％、ある項目は三〇％というように、程度の差はあっても、この一〇二項目全てについて、多少とも考え実行できているものがなくてはならない。だが、ある項目が全くゼロという人があれば、他の点で優れていても、その人は指導者としての資格はない」と言っている。要するに、一〇二項目は指導者として心掛けるチェック項目ということだ。ただし、これほど多くの条件を眺めていると「気がめいる」と江口はいう。

江口はあるとき、新聞記者が松下に質問する場面に立ち会っていた。記者は松下に、指導者、経営者が絶対に持っていなければならない条件をひとつだけ挙げてくださいと頼んだ。そのとき松下は「自分より優れた人を使えるということ」と答えたという。

そんな指導者に最近出会った。「しぶこ」の愛称で人気の渋野日向子プロを育てたコーチ、青木翔氏である。彼が実践するのは「教えないコーチング」。答えを教えてあげれば目の前の問題は解決するかもしれないが、問題を解決する力は身につかない。選手自らが結論を出せるようにサポートすること、これが彼の指導法だ。渋野プロは二〇歳にして、二〇一九年全英女子オープン優勝を果たした。

〔菜根譚　前集二四〕――汚れから潔きが生まれる

本文

糞虫至穢、変為蟬而飲露於秋風。腐草無光、化為蛍而耀采於夏月。固知、潔常自汚出、明毎従晦生也。

訳文

糞土から生まれる虫は、この上なく汚い。この虫も殻を破り蜩《ひぐらし》となると、秋風の中の白露を飲み、飛びながら吟ずる。光のない腐った草の中から、蛍は生まれ、清らかな光を月明かりに輝かす。つまり、潔きものは汚きものから生まれ、光明は暗闇から生ずる。

菜根譚は、汚きものへエールを送っているようにも思う。社会には、貧富・貴賤はつきものである。この社会における格差は、不合理であるもののそれを完全に解消するには至らない。人間社会に内在する宿命的要因がある。宇宙万物全てに何らかの陰陽、明暗、好悪、善悪二元の存在があると同様なのではないか。

「この上なく汚い」という表現はこの場合さげすむ言葉ではなく、やがて美しくなって本当に見違える姿に変身を遂げるとの前提の誇張である。「糞」「腐る」は教養書に出るべき文字ではない。しかし、それほど激しく変化して、見る者を感動させる清らかさと美しさを備える妙味を表現している。人生は長い。かつて汚い存在であったかもしれない。また暗闇からはい出せずもがき苦しむばかりの人間であったかもしれない。しかしそんな人間も何かの拍子に変わることができる。「男子三日会わざれば刮目して見るべし」なのである。そして潔きものは汚きものから生まれ、光明は暗闇から生ずると断定する。

一九九三年生まれのパリコレのモデル、ダニエラ・コットは一三歳からブエノスアイレスのごみ拾いをしていた。一五歳のとき割れたビンで手を切り血を流してうずくまっていた。通りすがりの女性デザイナーのマリーナ・ゴンザレスが手当てをして可哀そうに思い服をおいて立ち去りました。ダニエラは物乞いのためにゴンザレスを訪ねたところ。シャワーを浴びるよう勧められ汚れを落とした彼女は美しい原石であることがわかりました。ダニエラの美貌は瞬く間に花開き国際モデルコンテストで優勝。世界の美女にランキング。かつての彼女の腕は生々しいタコ、傷跡、痛々しい瘡蓋だらけのごみ拾いの痕が残っていた。シンデレラ物語であるが、神は必ず希望ある者、純真な心で夢見る子供たちを助けに来てくれる。疑いを持たず信じる気持ちを絶やさない、そんな人間を天国に連れて行く。

スラム街出身のサッカー選手、カルロス・テベス（アルゼンチン）、アントニオ・カッサーノ（イタリア）、ルイス・スアレス（ウルグアイ）、イブラヒモビッチ（スウェーデン）、アレクシス・サンチェス（チリ）、ネイマール（ブラジル）、ロナウド（ブラジル）……。数えきれないほどの億万長者ばかり。彼らは、サッカーに出会うまでは、スラム街で自転車を盗み、酒やたばこ、喧嘩に明け暮れていた。そのエネルギーをサッカーに打ち込んで、今ではスター・プレイヤーになっている。

彼らの有為転変人生の浮沈を眺めると、幼虫がさなぎへそして立派な蝶へと変化している。違う生き物への転換が可能となっている。過去は過去なのだ。

〔菜根譚　前集二五〕――迷心を捨ててこそある真実

本文
矜高倨傲、無非客気。降伏得客気下、而後正気伸。情欲意識、尽属妄心。消殺得妄心尽、而後真心現。

訳文
驕り高ぶったり、上から目線であったり、それは本当の自信ではなく、借り物の元気である。この借り物を押さえつける力を得ると、本物の勇気が現れてくる。欲望や執着は、迷った心により生ずる。この迷いを消し去る力を得ると、本当の心が現れ、思うように伸びてゆく。

驕り高ぶりは周りの人を傷つけ嫌な思いをさせる。しかし本人は気付かない。つまり、相手の反応を検知するセンサーが壊れている状態を指している。節を知らない。上から目線は、謙虚さに欠けた物言いになっている状態でほぼ驕り高ぶりと同様の独りよがり的意識状態を指す。この場合、相手のプライドを傷つける恐れに気付いていない。礼を失する。こうした人物は、組織や社会のチームワークを壊し全体の力を削いでしまう。

欲望や執着は迷い心の表象である。実はこのことはあまり意識されていない。性欲や出世欲、食欲など個人の個性の範囲で片付けられている。執着も人間の趣味個性のレベルの話になっている。しかし、じっくり観察してみれば欲望執着は、どこか本気で人生の王道を歩んでいるときには顔を出していないことがわかる。言ってみればスランプのときの隘路なのであろう。うまくいかない、思い通りにならないときの無意識なストレス解消が欲望執着なのである。このスランプを克服する道を求めて人間は努力し続ける。本物の勇気、迷いを払う力さえ見つかれば、人生の勝者、成功者になるのである。

歴史上の人物で欲望や執着にとらわれない実に愉快な人生を送った人物に高橋是清がある。しらけた世の中を運と努力で勝ち上がった高橋は、江戸に住む絵師の婚外子として生まれた。世間に知られてはまずいと父親が仙台藩の足軽の養子にしてしまった。その後、藩命で横浜のヘボン塾に学び、アメリカに留学することになった。そこでも不幸は重なる。米国の貿易商に渡航費などを着服され、さらにホームステイ先では奴隷売買契約書に署名させられてしまった。米国では必死に働き、一四歳で無事難を逃れやっと帰国。東大教授フルベッキの小間使いとなる。そこでまじめに働いてはいたが、一七歳になると、酒と女に溺れ、東屋という芸者に入れあげてしまった。女装して芸者と芝居小屋にいるところが発覚。フルベッキは無言で聖書を高橋に渡し、静かに解雇した。仕方なく芸者の世話をする箱屋という職に就いた。その後英会話はできるので森有礼の紹介で、唐津藩の英語教師の口を見つけ一年半ほど勤務した。その後、東大入学、卒業後官僚になる。すぐに辞職。もともと山っ気の多い高橋は、ペルーの銀山開発が儲かると再び渡航してひと山当てに出かけたが大失敗。一文無し。その後仕方なく肉体労働に従事。やがて日銀本店の建設現場で主任になる。そこで東大卒が効き日銀に中途採用。やがて総裁。あきれるほどの有為転変が面白い。

〔菜根譚　前集二六〕――事後（後悔）を思って迷心を捨てる

本文

飽後思味、則濃淡之境都消、色後思婬、則男女之見尽絶。故人、常以事後之悔悟、破臨事之痴迷、則性定而動無不正。

訳文

食事を十分にした後、腹いっぱいの状態で、料理の巧拙を問うことは、難しいものである。また、色欲を満たした直後は、全く欲情はないに等しい。単純な肉体的欲望は、満たせば興味関心が激減してしまう。こう見れば、欲に駆られた前と、欲を満たした後では、人は全く違う考えになることがわかる。このことを忘れず、ことを終えた後の心で、落ち着いた本心をもって、物事を判断できれば、道を誤ることがなくなる。

欲望を否定してはいない。否定しているのは、欲望に駆られて無軌道な人生を送ることのほうだ。人が人生を誤る時、そこにはいつも欲望という悪魔の指示が潜む。欲を満たした後にだけ、この悪魔は人間から離れる。人間は、悪魔が離れたこの隙に、自分自身で物事を判断すれば、道を誤ることはない。

しかし、人間は欲望に依存しやすい。一説によると、欲望に依存する原因は、快感に達した時にβエンドルフィンという脳内麻薬物質が放出されることにあるという。マラソンのランナーズハイは、苦しい状態が一定時間続いた時、ストレス軽減のために脳内でβエンドルフィンが分泌された状態をいう。パチンコで大当たりした時など、ギャンブルでも分泌される。負けるか勝つかの不安状態に追い込まれたあげく勝った時、その達成感がβエンドルフィンの分泌を呼ぶのだ。性欲もそう。欲情すると抑圧が掛かり、それがストレスとなるために同様の結果をもたらす。脳内麻薬物質の効果は、モルヒネの六・五倍だという。

依存者と正常者との差は、セロトニンが分泌されるか否かだ。セロトニンは精神を安定させる「幸せ物質」といわれ、快感と依存の調整役を果たしている。セロトニンが増えると、安眠、ストレス耐性、感情コントロールなどの効果が表れる。「早寝早起き」「太陽光を浴びる」「リズミカルな運動」「食事はよく噛む」「スキンシップ」「号泣」などでセロトニンは増える。メリハリのある生活が、丈夫な心身を作るのだ。

恋愛のメカニズムも欲望と大いに関係するだろう。どのエッセイか失念したが、開高健氏が次のようなことを綴っていたのを読んだことがある。

「人間には果てしない欲望がある。生きるための食欲が何より大きい。次に性欲、睡眠欲かと思っていた。文明が進むと、景色は変わる。命がけで好きだと思う妙麗の女性と、美しい夕日に輝く湖を眺めながら、芳醇なワインをたらし、よく吟味したキャビアを舌に乗せつつ、女性の瞳に映る世の中の如何に清らかなことかとしばし酔いしれる」「そして、腹も満足仕切ったところ、外の漆黒の色を確認しながら、おもむろにベッドに入る。全てを尽くして、世界中の満足を手に入れた上で、死んでも仕方がないといわんばかりの一瞬を味わい、果てて行く中に、深い眠りへと落ちてゆく、その眠りを求めて、男はひたすら働き、ひたすら闘争し、命を燃やすのである。幸福は、眠ることが終局にある」。

〔菜根譚　前集二七〕——世俗の地位にあって隠遁の心を持つ

本文

居軒冕之中、不可無山林的気味。処林泉之下、須要懐廊廟的経綸。

訳文

地位が高い時には、辞めて山に隠居した時のことを思い浮かべて行動しなければならない。欲得によらない正しい判断が必要だから。その逆に、すでに隠居生活して居る時には、現役で国家の重要な役職を果たしているつもりでいなければならない。現実に欲得の決してない生活の中から、本当の国家の取るべき道が明らかになるからである。

この菜根譚の教えを彷彿とさせる著作物が日本にもある。江戸時代の佐賀藩家老、山本常朝が、口述して表された『葉隠』である。この名著の作者常朝は、佐賀藩主鍋島光茂没後、草庵で隠遁生活に入った。一〇年たったある日、二〇歳年下で仕事に行き詰まった田代陣基《つらもと》がやってきて、藩士の心得を聞かせてくれと言う。最初は相手にしなかったが、あまりにしつこいので、生活を邪魔しないという条件で、日が暮れたあと、囲炉裏で火がおこる間だけ話をすることになった。七年の歳月を経て聞き終えたが、聞き書きは、囲炉裏で燃やす約束であった。常朝が病気になり、田代は、燃やしたと嘘を言って、後世に聞き書きを残した。本の冒頭（聞書第一）、「武士道というは、死ぬことと見つけたり」。『葉隠』の象徴的な文章である。人間は、どんな時も死ぬか生きるかの岐路に直面する。特に死に物狂いで戦わなければならないときに、死ぬ覚悟なく、もし事を仕損じてなお生きていれば、腰抜けと誹られるだけであろう。ところが、死を選んでさえいれば、事を仕損じて死んだとしても、恥にはならない。これが武士道の本質なのである。

とにかく、武士道を極めるためには、朝夕繰り返し、死を覚悟することが必要なのである。常に死を覚悟しているときは、武士道が自分のものとなり、一生誤りなくご奉公し尽くすことができる。

常朝は、死を覚悟していた本物の武士である。登用してくれた藩主鍋島光茂が他界するや殉死するつもりであった。しかし、殉死禁止令が幕府から出され叶わぬことになった。そこで出家隠遁生活となったのである。この隠遁は、常朝の恥であり公表すべからざる不名誉な事態であった。だから、田代から懇願されても拒絶しひた隠しにメモすら許さない行動の下、実現した口述筆記なのであった。

さて、高位高官にあるとき、隠居生活を考えて判断しろというのは賢明な在り方である。実際、米国大統領のキャンプデービッドの生活は、まさしく隠居すればこのような場所でこのような生活という雰囲気である。おそらくどの国の為政者も統治能力、権力者の心の健全化に腐心した結果、健全な判断ができる場所の用意をしている。イラクのクウェート侵攻のとき（一九九〇年）。このときブッシュ大統領は、キャンプデービッドに滞在したまま戦争の推移を見ていた。日本の首相は海部俊樹。夏休みで白根山に。遊んでいる場合かの新聞の批判に、すぐさま官邸へ。しかしできる手立ては何もなかった。これは国柄の違いではなく、国民意志の合理的思考の問題である。

〔菜根譚　前集二八〕——他者を慈しめることが恩恵

本文

処世不必邀功。無過便是功。与人不求感徳。無怨便是徳。

訳文

人生というものは、功名を求めて生きていくものではない。それは、大禍なく生きていくだけで、功名だからである。他人のために奉仕しようとするなら、決して恩に着せてはならない。それは、恨まれずに生きていければ、それだけで感謝に値するからである。

人間は欲望、私利私欲がある。神様は、生存に必要な「食う・眠る」の原初的な欲望をＤＮＡに書き込んだ。それは当然人間に標準装備された仕組みである。その中で、功名を求める欲は、標準装備されてはいない。功名は、自己の努力や修業のみで得られるものではなく、他者・世間の大勢の他人が評価して初めて得られる他律的なものだからである。いつかのサラリーマン川柳に「大過なし　ましていわんや　貢献なし」とあった。見る人によって、評価は変わる。自分の身体も自由にならないのに、他人の感情をコントロールしたいとするのが功名を求める心である。土台無理な話である。

奉仕とは、他人のために代償を求めずにする行い。恩に着せた途端に代償・対価を求めたことになる。それ即ち、奉仕ではない。けれども、凡人はつい下心が出てしまう。人のために働くことは、かなり難しいことである。人間は、良かれと思って他人にお節介をしがちである。それはしばしば、「いらぬお世話の焼き豆腐」という結末になる。それが高じると、感謝よりも、鬱陶しい、迷惑だ、となりがちである。今の時代、「頼まれたときに頑張る、何も頼まれないときには、温かい目で見守る」の視点が大事になる。

演歌で一曲歌うのに九分かかるヒット曲がある。三波春夫の「俵星玄番」である。一九九九年の紅白で三波はトリをこの歌で結んだ。七六歳最後の大舞台である。墨田区が国技館近くに「俵星道場跡」との説明札を立てている。江戸時代の講釈師が創作した架空の人物が今では、三波の歌で実在となっている。私も、風呂でゆっくり歌を確認することがある。記憶力検査である。しかし物語としては見事な出来栄えである。三波の歌のクライマックスは、「サク、サク、サク・・サク……先生！　おおう……蕎麦屋か……」の下りが感動的である。これがなければヒットはしなかったであろう。浅野内匠頭が切腹して赤穂藩取りつぶしになって、杉野十兵次などの藩士は皆路頭に迷った。杉野は、江戸の町で蕎麦屋の屋台を引きながら、吉良の屋敷を偵察していた。そこへ俵星はなぜかよく蕎麦を食べに行っていた。蕎麦屋は、やがて俵星の槍の弟子になった。歌詞には「時に元禄一五年一二月一四日江戸の夜風を振わせて、響は山鹿流儀の陣太鼓……『おう、まさしく赤穂浪士の討入じゃ。助太刀するはこの時ぞ』、吉良の屋敷に来てみれば、今討入の真っ最中、総大将の内蔵助、見つけて駆け寄る俵星が、天下無双のこの槍で、お助太刀をばいたそうぞ、言われたときに大石は、深き御恩はこの通り、厚くお礼を申します。されどもここはこのままに、槍を納めてお引上げくださるならば有難し」。赤穂浪士は仇討ちを自分たちだけで完結すべきとの強い理念で決行している。その素心の美しさと、俵星の助太刀しなければとの多くの正義感溢れる日本人の心境を代弁した心持とがハーモニーとなって、胸にジンと来るのである。「いや、いや、いや、いや、襟に書かれし名前こそ、まことは杉野の十兵次殿、わしが教えたあの極意、命惜しむな名をこそ惜しめ、立派な働き祈りまそうぞ」。この師匠と弟子の劇的な再会が、恩と奉仕の絶妙さを写す。

人生というものは、功名を求めて生きていく
ものではない

〔菜根譚　前集二九〕——苦労も枯淡も度を越さず

本文

憂勤是美徳、太苦則無以適性怡情。澹泊是高風、太枯則無以済人利物。

訳文

人が努力していくことは、それ自体立派なことではあるが、度を過ぎて仕事や苦労ばかりであると、楽しみはなくなり人間の本来持っている持ち味も失われてしまう。また、無欲であることは、それ自体高尚なことではあるが、それも度を過ぎて枯れ過ぎると、社会の役には何も立たなくなってしまう。

ウォール街で働く金融マンはストレスが多い。彼らの仕事は二四時間だという。体力がないとできない。若くないとできない。なぜかと聞くまでもなく、資金の運用が仕事だからだ。特に株式市場は、NY、ロンドン、上海、東京。今は、シンガポール、深圳、シカゴ先物まで神経を研ぎ澄まさなければならない。NYとロンドンの時差は五時間、NYと東京の時差は一四時間。つまり徹夜で世界の市場を見ながら売買しなければならない仕事なのだ。しかも、土日になるまで市場に休みはない。

東京の丸の内にＮＹの金融機関の大手が進出してきた。巨大ビルの複数階を占めるオフィスが必要となった。インターネット回線その他ＡＩ機能があるのは当然だが、関係者が驚いたのは、二四時間稼働のスポーツクラブを要求されたことだった。さらに、スタバとレストラン。彼らの仕事の流儀は神経をすり減らしながらの徹夜の売買。休み時間が、三〇分取れたらコーヒー。二時間取れたら食事。三時間取れたら水泳とサウナ。どんなに高くついても良いからプールが要るのだという。これらのリクエストに日本人は不思議がる。

そんな仕事は四〇歳を過ぎると腕が鈍るとも言われる。四〇歳を越えるくらいで大半の金融マンはリタイアを考えている。一生食べていける報酬をすでに獲得して、引退後はフロリダでモルジブでシンガポールで悠々自適となる。引退後は、堅実な運用に切り替わり神経は使わない。目減りしないことだけを考える。リゾート地で若いのに高級車に乗ってぶらぶらしている青い目のＴシャツ男性はそんな人生なのだ。日本人でもかなり増えているという。彼らは、ひたすらストレスから逃れることを第一に人生設計がなされている。心身が壊れると全てが台無しになってしまう。お金があろうが名誉や地位があろうが、何の支えにもならない。五体満足、普通の欲望の大切さがわかっているから極端な転換が必要なのだ。一種スポーツ選手の人生に近似している。大リーガーの選手も四〇歳くらいでピークアウト。それまでに稼ぐのがまさに流儀。その意味で、過労に次ぐ過労、そして枯淡無為に過ごす。菜根譚の文章通りの生き方になってしまう。むしろ菜根譚は、その中庸を行きなさいと苦言してくれている。その真意は、人生は長い道のりであり、継続することを念頭に置きなさいと。持続可能性が大事なのだ。

過労の人生を四〇歳を越しても続けているアスリートがいる。タイガー・ウッズである。二〇〇九年消火栓にぶつかり自損事故。セックス依存症で離婚などのストレス過剰であった。二〇一七年薬物中毒状態で発見逮捕。ウッズは、当時金メダルのアルペンスキーヤーや美人モデルなどと付き合ったが落ち着かない。その後、行きつけレストランの支配人エリカ・ハーマンさんと交際。次の年ツアー優勝、その翌年もマスターズ優勝、復活を果たした。しかし、二〇二一年の二月二三日未明、ロサンゼルス南部で事故。頑丈でエアバッグが足にもある韓国の車「ジェネシスＧＶ８０」でなければ死亡していた。女性と薬に依存しながらやっと生きている姿が見え隠れする。中庸こそ貴人。

度を過ぎて仕事や苦労ばかりであると、楽しみはなくなり人間の本来持っている持ち味も失われてしまう

〔菜根譚　前集三〇〕――初心を思う

本文
事窮勢蹙之人、当原其初心。功成行満之士、要観其末路。

訳文
人生に行きづまり、挫折した時には、初心に帰り、原点の考えに戻るのが良い。人生の目的を達して、世間からの評価も十分なものであった時には、さらにその行く末の姿、つまり、落魄《おちぶ》れていく自分の身の哀れさをきちんと予測して、身を処して行かなければならない。

山には、上りと下りあり。登れば下ることになる。人には、現役と定年あり。現役の時は、上ばかり見てひたすらに坂の上を目指す。それは人との切磋琢磨となる。しかし、引退したら、あまり無理をして仕事にかまけていると、生活のリズムを壊して、やがては衰えからくる病気になってしまう。引退後は、現役のつもりであってはいけない場合もあるのだ。身の程を知って、人生の幕を閉じる終焉の心得を持って生きていくべきである。

「人生には三つの坂がある。のぼり坂、くだり坂、そしてまさか」。これは小泉純一郎の極意であり、小泉の初心を継ぐのが安倍政治である。

第一次安倍内閣は、二〇〇六年九月二六日に発足した。多くの小泉チルドレンの支持があった。小泉は、派閥政治を肯定し、かつ、清和会拡張論者であった。派閥の正統順番は、福田康夫。世の中の趨勢《すうせい》は、若い安倍晋三であった。しかし決断はあえてしなかった。安倍も福田も、戦う姿勢が濃厚だったからである。

小泉の政権運営の極意、初心を知る者は少ない。安倍は突然体調を壊し、二〇〇七年八月二七日に総理を辞任した。そこから改めて小泉政治を反芻することになる。安倍は、自信もプライドもこなごなに砕け散って、肉体、精神、共に再起不能となった。そんな中で安倍が考えた再起の足がかりは、二つであった。一つは、国民の中で、まだ安倍に期待があるのかどうか。二つ目は、総理の地位を維持するに足りる政策を持てるかどうか。これを初心と言うべきであろう。

第一の「国民の支持」は、即ち、次の選挙に断トツの票で勝利できるか否かである。「山口県人が、惨めに辞めた安倍をどのように評価するかが自分自身の将来を決める」、安倍はそう考えた。そこで彼は、これまでにないほど選挙区に帰り、極端に言えば、一軒残らず訪ね歩いて、その答えを聞いて回ったのである。そのおかげで、自民党が野党になる大敗の中、安倍は得票率全国一位で当選を果たした。自分自身を次につなげたのである。

次に、安倍は、政策について自問自答を繰り返した。最も悔しかったのは、なぜ小泉首相にできて、自分にできなかったのか。小泉は支持率七〇％を超え、その支持をほぼ最後まで保っていた。何が、小泉政治と安倍政治の違いか、反省ノートに試行錯誤を繰り返し書き綴った。

そして安倍は決定的な事実に気づいた。「政策は、戦いである」「政策は、自分自身を世に問う提案である」

「政策は、発想に限界がある役人任せでは絶対にダメ」「政策に、激論があればあるほど反対論が多くとも支持率は高くなる」というコロンブスの卵であった。郵政民営化、拉致被害者帰国、道路公団民営化など、小泉は、提案と激論を続けた。安倍も、黒田金融緩和、集団的自衛権行使容認、農協改革、ＴＰＰ、拉致再調査などを次々提案する。奇跡のカンバック、再チャレンジとなった。「政策は闘争、喧嘩である」、この結論は今も続く。

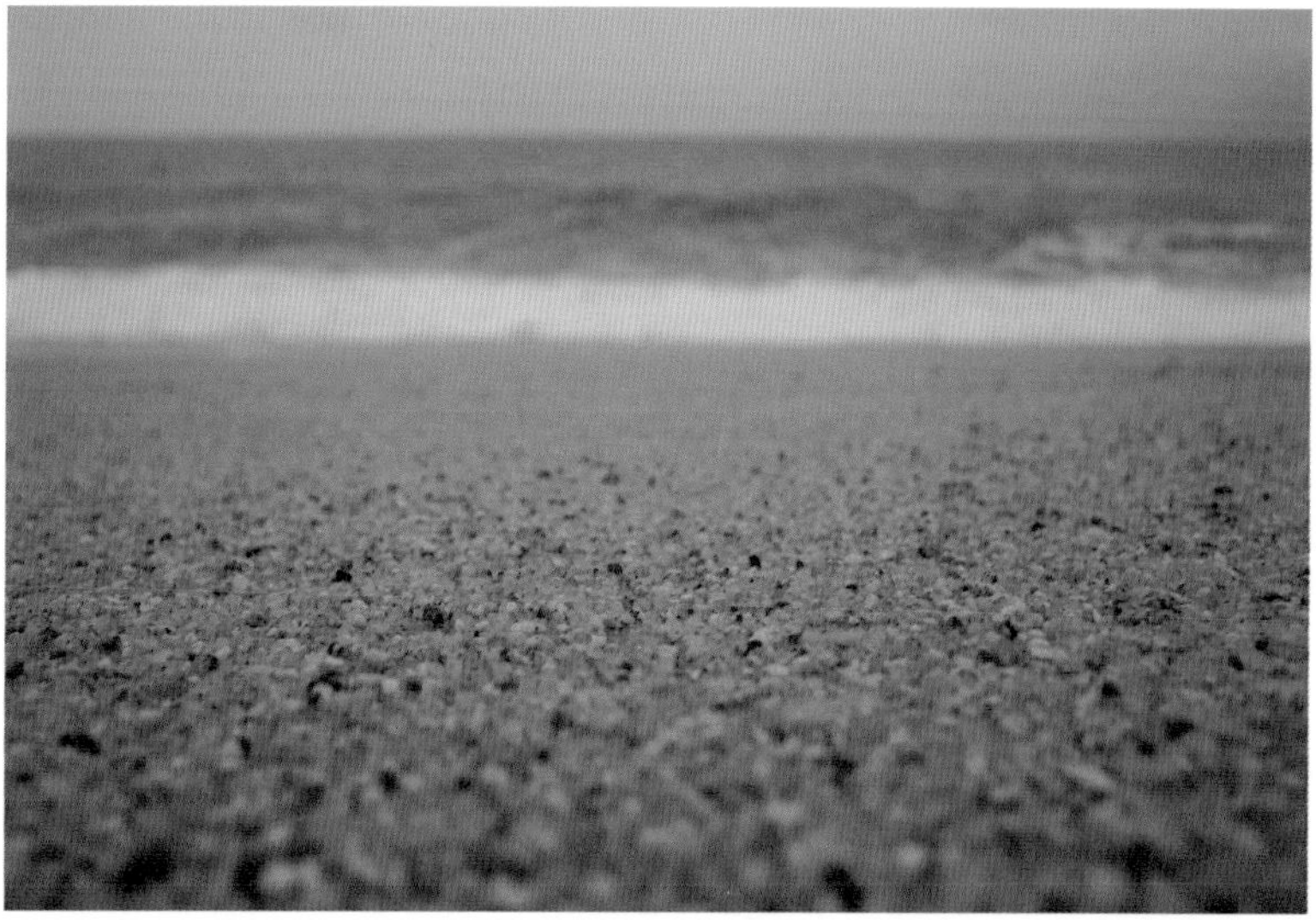

人生に行きづまり、挫折した時には、初心に
帰り、原点の考えに戻るのが良い

〔菜根譚　前集三二〕——財があっても才があっても控えめに

本文

富貴家宜寛厚、而反忌刻。是富貴而貧賤其行矣。如何能享。聡明人宜斂蔵、而反炫耀。是聡明而愚懵其病矣。如何不敗。

訳文

財産と名誉のある人は、寛容な人物が多いように見えるが、実際は、恨み、妬み、嫌味が多い人物ばかりである。こうした人は、物質的には恵まれていても、精神的には、貧しい人である。これらの人には、人生の福は訪れない。才知に優れた人は、道理に明るく控えめな人物が多いように見えるが、実際は落ち着きがなく才能をひけらかし自慢する人物ばかりである。こうした人は、知識教育はあっても精神的な教養のない人である。これらの人は、必ずどこかで大失敗をするものである。

財産と名誉があればそれ以上望むべくもない。けれども人間の欲には際限がない。もっと欲しいと悪あがきをする。そんな考えで歴史を見ると、文禄の役（一五九二～一五九三）、慶長の役（一五九七～一五九八）の史実は秀吉の悪あがきに見える。応仁の乱に始まった戦国乱世は織田信長の死（一五八二）、豊臣秀吉の天下統一（一五九一）で終止符を打った。明智光秀を討ち、柴田勝家を討ち、大坂城を築城し、家康と戦い和睦（小牧長久手の戦）、関白になり聚楽第を造営し天皇を招き、奥羽を平定し天下統一を果たした。出世野心の亡者でも、命がけの勝負を何度も重ねたら、少しは一息つくというものだろう。日本国内に歯向かう者は誰一人いない完璧な平定を果たした。それがもう翌年には、朝鮮出兵なのである。

秀吉は尾張の国愛知郡中村郷の極貧の百姓屋に生まれた。あまりの貧しさに寺に預けられていた。父親が誰かは判然としない。身分が低いため記録が定かではないのだ。そんな秀吉が五〇歳の年、大坂城を築城し世界一優美な迎賓館聚楽第を建設する資金に恵まれるのだから、まさに千成瓢簞の秀吉の馬印を地で行った人生となった。次は名誉である。天皇の次の位は、武士ならば征夷大将軍である。しかし、秀吉はそれには関心を示さなかった。関白を要求し獲得している。未成年の天皇を補佐する官職を摂政、成人の天皇を補佐するものを関白といった。藤原道長以来、常設となり藤原家が世襲した。子孫は五摂家といわれ、近衛、九条、二条、一条、鷹司の家で摂関に就いた。その公家たちを排除して関白職を得なければならない。財を与えさもなくば、死を見せしめにできる秀吉しか歴史上できない技である。

ここで重要なのは、決して天皇になろうとはしなかった点である。日本人における天皇は生きる神である。公家の中から世襲でなりうるものとしても、たとえ権力や武力があろうとも、天皇にはなれないのである。その意味では、世界中の国家で、武力や権力でもなく、国民合意とその尊崇の念だけで、元首たるの地位を保持し続けている国家は、日本のみである。統一を果たした翌一五九二年、朝鮮出兵を行っている。しかも佐賀県唐津市に名護屋城を築城した上での挙兵である。海防の城である。その名も、秀吉ゆかりの名古屋から取ったもの。今の北朝鮮の平城まで占領している。明を奪いこの国王にならんと。

〔菜根譚　前集三二〕――一歩退いて世間を観る

本文

居卑而後、知登高之為危。処晦而後、知向明之太露。守静而後、知好動之過労。養黙而後、知多言之為躁。

訳文

身分が低いと高い地位にある人が、いかに危険な状態におかれているかがよくわかる。世俗の生活から退き、人里離れた山の中で暮らしてみると、都会での余裕のない暮らし方がいかに身を削っていたかがよくわかる。静かな環境にいると活動的に生きることの無駄がよくわかる。寡黙に生きていると発言の多い人の騒がしいだけで落ち着きのない様子がわかる。

身分が高い人にはわからない視点がある。都会で働きバチをしている人の苦労は田舎に行けば解消される。静かな環境に居る人には、喧騒と雑踏に居る不快がよくわかる。寡黙に生きる人の落ち着きは、活発にイライラ生きる人の人生の無駄を見抜くことができる。どのテーマも、今いる環境や考え方を少し変えてみれば、全く違う発想や余裕が生まれることを説き明かしている。

発想を変化させる技術としていくつかの方法がある。「ジャーナリング」法。紙に書くだけの単純な作業。

思い悩みを紙に書くことは、人に語る以上に自分の心に強い自覚を与える。繰り返し頭で同じことを考えても回答は見つからない。むしろそれによって絶望し鬱への傾斜が強くなる。それを避ける策として書くことの効果が高く評価されている。次に、「アンガーマネージメント法」即ち、怒りをコントロールする方法がある。まず怒りの構造分析をする。①出来事に遭遇する　②出来事に意味付けする　③怒りが発生する。この②と③の思考回路を遮断できれば、怒りは発生しない。

しかし、どんな方法より即効性、根本解決には睡眠が有効である。深い睡眠は生命力の再生が可能となる。睡眠にはレム睡眠とノンレム睡眠がある。レム睡眠は精神は覚醒していて身体は眠っている状態。夢を見るのは頭脳は起きているから、少し浅い睡眠といえる。これだけでは起きたときの爽快感はない。ノンレム睡眠は精神も眠ってしまう状態。この睡眠は起きていて体験したことの記憶をデーター化して保存する機能がある。さらに、死に至る状況と同じで、脳はあの世と直結してしまう。天の啓示、予知力、奇跡などはこのノンレム睡眠時にあの世との交信で可能となると考えられている。しかし、通常の生活ではそれほど深く眠れないもの。悩みを抱えて、幾夜も寝られずに何か月も過ごす。へとへとになりながら明日への絶望の中で、何かの拍子にグッスリ寝てしまう。そのノンレム睡眠で神が降りてきたりする。昔、新進党山口敏夫さんが事件に巻き込まれ地検特捜部に逮捕された。その前日、彼は、絶望の淵に立って、自殺を考えていた。自宅は実姉と暮らしていた。その夜、姉は夕食の味噌汁に強い睡眠薬を混入させる。山口は、全く気が付かずに飲んでしまい、午後八時から、翌日午後一時まで一七時間熟睡してしまった。三時には東京地検へ行かなければならず、自殺する余裕はない。現在もお元気で生きておられる。睡眠は、状況を変えてくれるのだ。

田中角栄は、最初に選挙に出たとき落選してしまった。自信過剰の彼は立ち直れずに腐ってしまい、やる気も元気もないまま、ひたすら布団の中で何日も終日過ごしました。

やがて、むくむくと生命力が溢れてくることに気が付く。彼を訪ねてくる落選議員には、「寝ているか？今は気のすむまで寝ていろ、必ずやる気が起こるから」と励ましたそうだ。江戸の狂歌に「世の中に寝るほど楽はなかりけり、浮世の馬鹿は起きて働く」とある。眠るのは人生を転換させるチャンスなのだ。

人里離れた山の中で暮らしてみると、都会での余裕のない暮らし方がいかに身を削っていたかがよくわかる

〔菜根譚　前集三二〕——地位も仁義も捨ててみる

本文

放得功名富貴之心下、便可脱凡。放得道徳仁義之心下、纔可入聖。

訳文

功名富貴を求める心を捨て去ることができたなら、それで凡人の境地から脱することができる。また、道徳仁義にしばられることから逃れることができたら、それで聖人の域に達することができる。

皆、誰でも功名富貴を求める。勉強するのも頑張って働くのも功名富貴を求めているからに違いない。それを捨てろという。一体なぜ捨てなければならないのか。それは、簡単な話である。高い現世御利益を追求する姿は、目的が自己利益である以上、褒められた話ではない。傍からみれば、その努力は評価しても動機目的において不純な面を感じてしまう。もっと高い理想を掲げて自分の利益に囚われなければ、凡人の境地を脱する。では、自分の執着をどうすれば捨てることができるのであろうか。老子は最善の生き方は水のように拘りなく生きるのだと説いている（上善水の如し）。

実は執着すると悲観的な心情を生んでしまう。執着心は手に入らないもの実現しがたいものが対象となる。容易に執着の対象を手にできれば執着心は生まれない。手にできないから執着となる。いつまでも手に入らなければ、苛立ち焦り怒りの連続的心情が繰り返される。明朗快活さは失われてしまう。特にありがちなものに、「過去への執着」がある。学校時代のいじめ体験。殺してやりたいぐらい相手を憎み恨む。これが尾を引いて明るい人間には到底なりえない。どこかで執着を切り離さなければ幸福になれない。幼児体験のトラウマ。親への先生への不信。最も多い執着である。次に、「物への執着」は普遍的。窃盗万引きは執着の現れ。仕事してやっと蓄えた貯金をブランド品に全部使う。いってみれば、高級ブランドは、あの手この手で執着を作っているのである。高級車フェチなど。「人への執着」。例えばマザコンは、母親への執着。失恋は、恋人への執着。執着がなければ、シェークスピアのハムレットも世に出ることはないのだ。淡泊ばかりでは、恋心を満たすことはできないが、恋に破れて自殺するのはまさに悲劇。執着とは、副作用のある妙薬。この執着に拘りを持たなければ副作用もなく人生は楽になる。本物が見えてくる。拘りを根本から除く効果的な方法に断捨離がある。断捨離とは、部屋の片づけや高度な掃除の方策である。この言葉はやましたひでこの『新・片付け術 断捨離』(マガジンハウス)で知られるようになったが、今では一般的な言葉となり、広く人口に膾炙している考えである。

人生を楽にする片付けという点では、米国在住の日本人近藤麻理恵さんが書いた『人生がときめく片づけの魔法』(サンマーク出版)も広く知られている。彼女は一種の宗教的集団の教祖化してしまった。各国で講演の依頼があり、最早世界中で三〇万人以上が信者となっている。それも、単に部屋を片付けるだけで精神的な大きな効果を発揮して、①心にゆとりができた ②時間に余裕ができた ③無駄遣いしなくなる ④

探し物が見つかる　⑤部屋がきれいなだけで運気が上がるなどと、物を捨てるだけで執着から解き放ち、人々の心を楽にしているのである。「一つ買ったら一つ捨てる」。人間は、右手でいっぱい物をつかんで、それでも足りないから左手でまたつかむ。両手がいっぱいになったとき、もっといいもの欲しいものが目の前に来る。それなのに、右も左もつかんだものを離さない。離せない。そこで、どちらか、さっと離すことを断捨離という。あっという間に心が軽くなる。手を放して今の物を離せばもっといいものを手にできる。それがわかったとき、人間は気づき、安堵し、明日への希望が湧いてくる。捨てれば、まだまだつかむ明日がある。これが執着を捨てる。これが水のごとく生きる。上善水の如し、である。またコンマリは言う。一〇〇の小物を捨てるとき、何を残して何を捨てるかのルールを皆さん決められずにいる。昔の物や子供のときの思い出から残す、などとセンチメンタルな基準では全く片付かない。ルールはたった一つ。「それさえあればワクワクする」だけ残してあとの物は一気に捨て去るのだと。ワクワクして生きていくのが一番だと。

功名富貴を求める心を捨て去ることができたなら、それで凡人の境地から脱することができる

〔菜根譚　前集三四〕——慢心が道をさえぎる

本文
利欲未尽害心、意見乃害心之蟊賊。声色未必障道、聡明乃障道之藩屏。

訳文
利益を求める欲望の心は、それが全て自己の本心を害するとは限らないが自分の意見が意外にも、それに固執して本心を害することになってしまうこともある。耳や目などの感覚の対象となるものは、必ずしも道を得る障害となるとは限らないが、かえって聡明ということが意外にも道に入るのを妨げる大きい障害となることがある。

菜根譚は、中国の明王朝の時代、作者洪自誠が人生の指南本として出版し命名した。当時でも野菜は貴重な食材。けれども、一般家庭では野菜の葉の部分のみ食べて、下の根の部分は食べずに捨てていた。この捨てる根っこを常食とするほど質素な生活を送れば、どんな過酷な状況でも、笑顔で乗り切ることができるという意味が、この菜根譚という名には込められている。それ故、利益を求める心は当然戒められるものである。しかし、そんな欲望の駄目な心でも自己の本心を腐食してしまうとは限らないと言っている。欲望も生活の原動力となり心の全てでなければ、人生を誤ることはないのであろう。しかし、自己の意見、つまり自分の主義主張はそうではない。ことによっては大変な事態になる。拘るあまり他人を傷つけ、会議を台無しにして、仲間を失い、本来持っていた自分の意見をも誤解を生んで意図することとは異なる評価にしてしまう危険がある。

また、五感即ち、視覚、聴覚、味覚、嗅覚、触覚で感じることは、ありのままである。現状そのものを捕らえている。そこに解釈や技巧演出はない。この感覚で生きている限り、道つまり、人間が本来学ぶべき徳を高め事理弁識を向上させる修練の道を歩むことには支障や邪魔にはならない。けれども、聡明つまり、才気があり、人よりも頭脳明晰であることは大きな障害となる可能性を秘めている。道を説き教えてくれる先生よりも聡明な人物は先を知りさらに詳しく理解している。そこに慢心や傲慢な心が出てくれば、それはもう謙虚に学ぶ姿勢はなく、道を辿り極めることは不可能となる。賢いと言われたとき、要注意なのである。

人間の心には、段階に応じて三つある。本能心（欲望心）、理性心、霊性心。物事が成功するには、特に事業で成功を収めるには本能心ではほぼ失敗。理性心では、半々。霊性心なら、十中八九成功だと言われる。この人間の動機付けの大事な心の様相のうち行動の動機として、欲望であるなら一気に見破られて、誰も支持しないし評価も低い。理性心なら、研究を深め森羅万象を調査研究してことにあたることから、ほぼ成功確率は半分は行くと思われる。大きな事業を成し遂げる。大成功を収める人たちの心は、ほとんどが霊性心だという。この霊性心は、理性心の基礎が不可欠である。十分に論理的に検討された上での行動であることが大前提である。それに加えて、損得利害打算を超越していなければならない。一心不乱になって行う事業であるか否かは他者が見ても信頼度が違う。その上、超越の気持ちが、他人のため国家のため世界のためと本人が心に誓っている事業は、傍の人間の賛同や関係者の協力支援の度合いが違ってくる。まさに神がかり的熱意で取り組む動機のある心が霊性心なのである。例えば、松下幸之助の自転車のライト。本田宗一郎のオートバイのエンジン。井深大《まさる》のウォークマン。開発型の事業会社の創業者には、発明という宿命がある。その成功は偶然や神がかりが必要とされている。そんな原理で考えれば単なる聡明の域では、まだ危ういのである。

かえって聡明ということが意外にも道に入る
のを妨げる大きい障害となることがある

〔菜根譚　前集三五〕——ゆずる心

本文

人情反復、世路崎嶇。行不去処、須知退一歩之法。行得去処、務加譲三分之功。

訳文

人の心や立場は、手の平を返すように翩々する。行く手は山道でも海路でも険しいが、それ以上に、人情の道がより険しく困難である。行こうとして行けないときは、自分から、一歩を退くことを知らなければならない。逆に、行くことが可能なときは、他人を先に行かせるか、少しでも他人に手柄を譲るように努めなければならない。

人生は険しい道ばかり。それを乗り越えるためには退くことが大切であると説く。大学時代山岳部の友人と山歩きをしたことがある。リュックの詰め方から指導を受けた。適当に必要なものを入れれば済むと安易に考えていたところ、低いところには重いもの、背中に当たるところはやわらかいもの、順序や合理性があることに感心した。平らな山道は軽いスニーカーが良い。登坂角度の急な箇所はゴツイ登山靴に替える。そして大事なのは絶対に無理をしない。数人のグループになって登るとき、一番先に登るのは二番目に丈夫な人間。一番丈夫な人間は一番後に位置して登る。鉄則であった。体力に自信の持てない子供やお年の方は、真ん中の安全な位置に置く。いよいよ登頂となると、一行に休憩を命じる。水を飲ませ飴玉を舐めさせ愉快な会話で気持ちを和ませる。そして、登りきる快感を皆で共有する。単純に見える山歩きでも専門家や達人は深い経験と知識に裏打ちされていて、安心が数倍になったものである。人生の山道もそうした達人がいるに違いない。

山本五十六の海軍兵学校の同期生から四人の海軍大将が輩出された（山本五十六、塩沢幸一、島田繁太郎、吉田善吾）。しかしそこには同期で最も優秀な堀悌吉の名はない。堀は山本五十六と親交厚く、山本は兄に「兵学校で一人の友を得たり」と書簡を送っている。また、堀は、著述の中で「深く相識り、相許し、相図り、相教え、相戒め、相助け、相慰め、共に憤り、共に励まして、公務に私事によく尽くし合った」と述べている。しかし、一九三〇年に海軍内部で主導権争いが起こった。ロンドン軍縮条約を受け入れるか拒絶するかの海軍の在り方を問う切実な論争である。当時軍務局長の堀は、同期のトップを走っていた。この国際情勢の中で日本だけ軍艦装備を拡大することは国際的孤立を招くと条約を受け入れた。途端に「弱腰、腰抜け」の怨嗟の声に囲まれる。堀の海軍内での立場は弱くなり、一九三四年の人事ではついに予備役に編入されてしまう。五十六は自らの辞任を決意するが、堀に「早まるな。必ずわかる日が来る」と諫められ留まることとなった。五十六は「堀という海軍切っての逸材を失うことは戦艦何隻にも値する損失だ」と痛憤した。

郷里大分に帰った堀は海軍の話を誰にもしなかった。遺品から、五十六からの手紙が二通見つかった。そこで明らかになった事実は、山本の日米開戦反対論を堀がとどめ、堀の忠言を聞いた山本が最後まで海軍に残ることとなった、ということ。五十六の活躍の裏に譲ることを知る堀という逸材がいた。

〔菜根譚　前集三六〕　――人に媚びず、礼を忘れず

本文

待小人、不難於厳、而難於不悪。待君子、不難於恭、而難於有礼。

訳文

徳もなく修行もしていない、小人物に対して、その欠点を責めることは、容易である。しかし、その欠点を包容してかつ憎まないことは、難しい。立派な人物に対して、その長所を尊敬することは容易である。しかし、尊敬の礼がともすると方向を失い媚びへつらいに変わることがままある。これを避けるのは難しい。

悲しいかな人間には能力に差がある。小人は所謂《いわゆる》凡人で欠点があるのが当然だ。その欠点を責め続けることはしばしば悲劇を生んでしまう。

張成沢《チャンソンテク》は、いわば北の華麗なる一族の中の長たる存在だった。何しろ最高指導者たる朝鮮労働党委員長、金正恩《キムジョンウン》の叔父なのだから。金日成《キムイルソン》北朝鮮国家主席は当時の北朝鮮の国民にとっては偉大だった。その娘金《キム》敬姫《ギョンヒ》は金正日《キムジョンイル》朝鮮労働党総書記の妹に当たる。つまり張成沢は金敬姫の夫になる人物なのだ。

金正日死後、張成沢は金正恩朝鮮労働党第一書記の摂政となり、すぐさま政治局員に昇格。順調な栄達を重ねていきました。ところが、二〇一三年一二月三日韓国国家情報院は「張成沢国防委員会副委員長が失脚し、その側近二名が公開処刑された」と発表した。同年一二月一三日、何と張成沢の突然の死刑執行。罪状は、「金正恩元帥の唯一的指導を拒否し国家転覆陰謀行為があった」「党大会において傲慢な態度を示し金正恩元帥に対しいい加減な拍手をしていた」「張の側近李龍河《リリョンハ》、張秀吉《チャンスギル》らに宴会の席で張閣下万歳と叫ばせた。万歳といっていい人物は金日成、金正日そして最高指導者である金正恩以外にあり得ない。これは反党反革命分派行為に他ならない」であった。

処刑は、一四・五ミリの重機関銃四丁で機銃掃射。人体は粉々で原形はとどめない。遺体は金正恩の「地球上から痕跡をなくせ」の一言で、火炎放射器で焼かれて灰になった。一説には残虐な拷問の後、「張と彼の側近五人は衣服を脱がされ鉄製の檻に入れられたのち、三日間飲食していない猟犬一二〇匹が放たれ殺害された。また、三〇〇人を超える北朝鮮高官が処刑の様子を観覧した」と香港電子版は報じている。

韓国中央日報は、「金正恩自身が政権ナンバー2の張を独裁の障害となりうると判断して自ら排除した」とする。中国筋の話によると真相はこうである。二〇一二年八月張・胡錦濤会談が北京で行われた。このとき中国共産党政治局員の周永康が部下に盗聴させた。「張は胡錦濤に金正日の後継者について、現状金正男が有力だと説明した」。この情報を周は金正恩に密告している。金正恩は激怒して、その後の張処刑と金正男の暗殺につながったとみられる。その後周自身も中国政府によって国家機密漏洩罪と汚職により失脚した。

一人の神格化した権力者を出現させるとその周囲は媚びへつらう者の集団と化する。また、親類近親者が根拠なく権力の座についてゆく。国民全員が媚びる体制は、異常で残忍な結果を招く。

〔菜根譚　前集三七〕——清き名を残せ

本文

寧守渾噩而黜聡明、留些正気還天地。寧謝紛華而甘澹泊、遺個清名在乾坤。

訳文

自分が思う以上に、素朴で簡明な生き方をして、あえて、才気に走ることがなければ、浩然の気、即ち、至大至剛の万物を生成する根源的な精気が、自らの身体に宿る。その気は、死ぬ時に天に返せばいいので、生きている限り徳と勇気が湧き出る。自分が思う以上に、淡白で清貧な生き方をして、あえて、華美に走ることがなければ、清らかで尊敬に値する名声を得て、子々孫々まで高い評価を受けて、肉体は死滅してもその名は永遠に残る。

「浩然」の気という言葉もその存在も今は忘却の彼方。しかしその気を求めて止まない人物もわずかにいる。

その方々は合気道の分野に主におられる。私が初めて気というものが存在として実在すると確信を得たのは栃木県にある「氣の博物館」でした。藤平光一《とうへいこういち》さんが館長をなさっておられた頃お訪ねしたときである。そこの展示品の中に、「あなたの氣の強さを測ってください」と書いてある。やじろべえのような理屈で紙飛行機が針の上に載っている。手のひらを当てて手に接触しないようにして、動かしてください。少し動けば少しの気、大きく動けば大きな気が出ています、と説明されていた。私の後ろにいた年配の女性が、「そんなもの動くはずがないじゃないの」と話している。私もまさか手を触れずに動くとはと疑問を持ちながら、手を近づけた。そうすると、意外や一センチほどグイとばかりに動いたのである。後ろの女性が大声で動いたと言ってくれたので、私はその場で天才になった気分で鼻が膨らんだ。それに触発された家内が手を近づけると三センチほど、まるで回っていくように動いた。手から何かエネルギーが出ていることは明らかだった。

それ以外にも様々な展示があったが、何と言っても有名なのは、王貞治選手の一本足打法を編み出したのが藤平さんであるとの写真。毎日の血の出るような努力にもかかわらずスランプが続いていた王選手を見るに見かねて、荒川さんが藤平さんを訪ね、指導を仰いだという。私もその指導の一部を経験させていただいた。まず普通に立っている私の身体を指で突く。さすがの私も指では少し動くくらいである。次に、頭の上にハエが止まっていますよ、と言われて指で突かれると、私はたまらず、後ろに大きく一歩退いてしまった。その次に今度は、あなたの足に鉄のおもりが付いていますます重くて動きません。そう言われて指で突かれると微動だにしない。指の力を加減しているのかと疑ったが、どうも誰でも同じ事になるので、加減ではないとわかった。頭に気が上がれば不安定。下半身に気をしずめれば安定。浩然の気を養いましょう。

〔菜根譚　前集三八〕――自らの魔性こそ退治せよ

本文

降魔者、先降自心。心伏則群魔退聴。馭横者、先馭此気。気平則外横不侵。

訳文

魔に勝つためには、まず、自らの心に勝つことである。心を支配できれば、どんな魔が大勢押し寄せようとも、立処に従わせることができる。横暴な扱いを受けることが嫌ならば、自分も他人に横暴な扱いをしてはならない。まず横暴を招く気を制御しなければならない。人間関係を取り巻く気が、横暴を招いてしまう。気が平らかならば、横暴など起こることはない。

魔というものは邪心や欲望の類を言う。そしてそれに負けるは、邪心欲望の赴くままに行動してしまうことを言っている。自分の行動は心が決めていく。その心を支配していれば自分の考え通り行動できる。魔も自分の心の一員である。であるならば、心を統制支配していれば魔も統制支配しうることになる。自分自身の心に勝てれば魔も脅威ではなくなるのである。

人間関係は気が重要な役割を果たしている。暗い雰囲気、明るい雰囲気。そんな違いだけではなく、横暴をも気が原動力になるという。不良少年の多くいる学校に入った新入生はたちどころに不良少年になってしまう。いじめにおいてもいじめを常態化させている家庭、学校共にいじめを根絶させることは難しい。

異世代間の児童虐待（いわゆる世代間連鎖）の発生率を予測した報告では、子供時代に虐待を受けた被害者が、親になると子供に虐待を行う傾向が指摘されている。普段問題はないが、いざ精神的ストレスが高まった場合に自らの子供時代と同様に今度はわが子に対して虐待する者が三分の一いると見積もられている（福井大学友田明美教授）。教授は暴言虐待が脳に与えるダメージが大きいと指摘。「お前なんか生まれてこなければよかった」と親に言われると、大脳皮質側頭葉聴覚野の一部の容積が増大するとの結果が公表されている。言語中枢、会話の能力などに影響が出る。これに障害が出ると発達障害になり将来、親や他者との関係をうまくこなせなくなってしまう。家庭の中における横暴を招く気は何が何でも取り除かなければならない。ゆったりと平らかな気を安定させている家庭を作ることである。軟らかい言葉、優しい仕草、褒める習慣。言葉の限界を超えたとき暴力が始まる。ハウスメーカーの社長が面白い指摘をしていた。「リビングの設計を見ていて広いのにTVをおいていない家がある。どこもそんな家は親子が円満な感じがする。たぶん夕食のとき家族の会話が楽しみになるのではないか。私の家は、TVがつけっぱなしで家族沈黙のうちに食事が終わってしまう。子供は成人してしまっているのでもう遅いが、人生やり直せるなら、もう一度夕食はTVのない部屋で食べたい」。

専門学校の就職率は普通大学のそれより高い。しかしもっと高い学校がある。いつもほぼ一〇〇％。しかも国立。広島少年刑務所である。微塵の手加減なく矯正する。人生で初めて命令されて行動する新鮮さがたまらなく嬉しいという。寝て起きるのも教官の一言。少年は愛を感じるという。

〔菜根譚　前集三九〕——若者の教育、不浄の芽を刈れ

本文

教弟子如養閨女。最要厳出入、謹交遊。若一接近匪人、是清浄田中下一不浄種子。便終身難植嘉禾矣。

訳文

弟子を上手く教える秘訣は、気品ある少女を扱うように大切に扱うことである。その日常、外出や帰宅についても厳しく管理し、その交友関係については、少数の良い子だけと付き合うように注意しなければならない。もし碌でもない不良と付き合うことになったら、清らかな湧き水を引く美田に、不浄の雑草の種子をわざと撒くようなものである。

美味いワサビや生姜は、少しでも水が濁っていれば病気になってしまう。人間も植物と同じと考えれば、純粋培養して不浄なものに接触させない工夫が要るであろう。けれども一方で、ドクダミやヨモギのように、雑草にも負けない生命力を持つ植物のように強く逞しく屈強なリーダーを育成するとするなら、やや純粋培養教育だけでは心もとない。

歴史上弟子を上手く育てた例は何と言っても松下村塾が筆頭である。山口県萩市の今も残る塾の史跡を拝

観しても、ただ木造の小さな建物があるだけでその具体的中身には接しようもない。一八五七年吉田松陰が塾頭となった。塾生は五〇人。一八五九年松陰は二九歳で死に至るのであるから、僅か二年間で幕末維新の英傑を教育したのである。久坂玄瑞、高杉晋作、伊藤博文、山縣有朋、品川弥二郎などが集った。教育手法は、身分に拘りなく志を抱く若者であれば、誰にでも門戸を開いた。江戸時代学問は武家のものと決まっていた。長州藩の藩校明倫館は士分しか入学できなかった。松下村塾で優秀な生徒として四天王とされたものは、久坂玄瑞、高杉晋作、吉田稔麿《としまろ》、入江九一《くいち》であった。久坂は、松陰をして「天下一の英才」と言わしめた。その久坂は尊王攘夷運動の中心人物となった。高杉は、奇兵隊を創設し討幕論を展開して長州の藩論をまとめ上げた。吉田稔麿は陽の高杉、陰の稔麿と言われ表には出ないが頑固一徹な論者であった。長州藩の兵をまとめて軍事面で活躍した。入江九一は下級藩士の生まれ、親を助け働きながら勉学に邁進。尊王攘夷の塾を代表する論客。

こうした磨けば光る人材が、身分職業を超えて集まった。全ての原動力は人材を広く糾合したことにあった。伊藤博文などは、百姓の家に生まれたが父親が借金だらけだった。優秀な子供なので養子先がたまたまあり、塾に通うことができた。「千里の馬は常にあれども伯楽は常には非ず」の故事からすれば、千里の馬がいたとしても、その馬を当時は馬として扱えない身分制が大きく邪魔していた。それを思い切り打ち砕く革新的平等教育が原点なのである。改めて塾則を見ると、人として武士としての振る舞いを教えている。「一、両親の命に背くべからず　一、両親へ必ず出入を告げること　一、朝起きて顔を洗い髪を整えること。先祖、御城、天朝を拝すること　一、長幼序あり目上を敬うこと　一、塾中において礼儀を正しくすべし」。貧しい子供たちにとっては、礼儀作法を学ぶことすらも家ではありえない。しかも、塾四天王の若者のやる気や見識身なり、まさに驚嘆に値したに違いない。それだけで士気は否応なく上昇した。さらに、松陰の教え方は、講義形式ではなく完全ゼミ形式の授業であった。一人の疑問は皆の疑問、徹底して疑問は共有され自分の立ち位置と解決策とその困難性も共有された。何より、松陰の骨格には山鹿流儀の兵法があった。これは林羅山から山鹿素行へとつながる漢学教育で神道和学を旨として尊王思想から国の独立、即ち国防、戦法論へと展開していく、明治陸軍の思想的基盤となっていった。そして行動に出るには覚悟がいる。その覚悟をどう作るか。教科書などの現実乖離の学究論はおよそ皆無で、お前はどうする、俺はこうする、との議論の中で、陽明学における知行合一、決死の覚悟行動力が備わる教育がなされていった。知識を超える実践あるのみの行動主義が塾生に生まれたとみられる。従って高杉の奇兵隊、稔麿の屠勇隊など実軍隊を結成している。長州軍は藩兵に加えて自発的義勇軍が参加した特異な軍隊を形成するにいたった。ここに長州から明治新政府の陸軍軍人や政治家を出す芽を作ったともいえる。教育おそるべし。

弟子を上手く教える秘訣は、気品ある少女を
扱うように大切に扱うことである

〔菜根譚　前集四〇〕――道理のまえでは尻込みするな

本文

欲路上事、毋楽其便而姑為染指。一染指便深入万仭。理路上事、毋憚其難而稍為退歩。一退歩便遠隔千山。

訳文

人間の欲望に関しては、安易に食指を動かしてはいけない。ひとたび少しだけだと思って、指で舐めて味わってしまうと、その味を忘れられなくなり、やがては溺れてしまうことになり、ついには、底知れぬ泥沼の淵に落ち込んでしまう。逆に、人間の道理に関しては、ためらいや遠慮、奥することや躊躇は禁物である。ほんの少しの尻込みで、やがては、全く手が届かないほど困難な行為となってしまい、容易に実行出来た道理を、全くなしえなくなってしまう。

欲望には順序がある。まず肉体の欲求が一番。その中でも、生存に関して必要とする欲望が優先して行く。睡眠、食欲、性欲の順である。

禅寺の若い僧侶は、深夜まで、座禅の修行。朝は早朝から作務が日課。これは欲望の制御を体得するための重要な教育過程である。私は、京都宇治の黄檗宗《おうばくしゅう》萬福寺の住職と二人きりで夕食を共にする機会をいただいた。様々な話題に興じていたところ、お付きの秘書役の若い僧侶が部屋から下がらずに、ずっと正座のまま板の間に座っていることに改めて気が付いた。気の毒だと思って「まあ、足を崩したらいかがですか」と声を掛けた。すると住職は「山本さん、いいんですよ。この子たちは慣れていますから」。私は、自分たちが美味しいものを食べて、それをわざわざ見せつけているような気がして申し訳なく思い、つい「この若いお坊さんにも何かご飯を取りましょう」と住職に促しました。すると住職は、「いいんです。まず睡眠を我慢する。次に食事を我慢する。その我慢をしてこそ修行をする意味がでてくるものなのです」「その他の欲望は、この我慢ができれば治めることができるのですよ」「女性が欲しいとか、お金が欲しいとか、眠くて眠くてしょうがないときに考えられますか。一週間水しか飲んでない、何も食べていない空腹のとき、女性がどうのこうの考えられますか」。住職は平然と語っておられた。私は、気兼ね遠慮しながら、若いお坊さんの見ている横で食事をとらせていただいた。修行とは、人間にとって本物になるための大切な経験だと確信した。

人間は善行を行うのに躊躇があってはならない。正義感をもって人のために事を成す姿勢が人間としての価値を増大させる。そこであなたならどうする、の質問がある。新宿駅の朝、通勤の人でごった返しています。ホームの階段で人が倒れている。若い男の人だ。誰も声をかけない。ほっといたら、心臓病や脳疾患で命の危険があるかもしれない。正義感、人のため、善行を成すなら、声をかけるべきではないだろうか。実際、新宿駅では駅員が声をかける以外、通行人が声をかけることはないそうだ。これは心理学で証明されている「集団の依存性」だ。「仕事が忙しい私以外の人が声をかけてくれるだろう」と。大勢の人が通行しているから……。言い訳ができる状況では人間は消極的な選択をする。それでも道理を貫くことができればまさに本物なのである。

〔菜根譚　前集四一〕――情には繊細にして淡泊

本文

念頭濃者、自待厚、待人亦厚、処処皆濃。念頭淡者、自待薄、待人亦薄、事事皆淡。故君子居常嗜好、不可太濃艶、亦不宜太枯寂。

訳文

人間が濃厚かつ緻密で細部まで入念な人は、自己のことに対しても手厚いが、他人に対しても、疎かにせず入念に考えている。用意周到である。これに対し、人間が淡白かつ粗大で、自分のことも拘らない人は、他人に対しても、大らかで拘ることはなく、無頓着である。君子は、大勢の人々の指導的立場にあることから、濃密でも淡白でも、その極端な一辺倒では、人々を導くことはできない。だから、両者混在する立場、あるいは、中間の性格を持たなければならない。

本項では、人間の気質を二つに分類して語っている。緻密な性格とおおらかな性格。君子、指導者はその両方が必要だと説く。理屈はその通りだが、そんな理想的な人物はなかなかいないものだ。

歴史上の人物で、最高の指導者は誰かと考えてみた。キリスト、空海、しかし具体的に検証しうる範囲にはない。そこで、ナポレオンはどうであったかと考えた。指導者の代表に違いはない。英雄は歴史の必然で生み出される。性格は、その次ではないかと思う。時代を失ったとき、英雄はその地位を失うからだ。

ナポレオンはイタリア沖コルシカ島の貴族の家に生まれた。九歳でフランスの陸軍幼年学校に国費で入学、一五歳で戦争に興味を持ち、陸軍士官学校に貴族枠で進学。成績は優秀で、通常は四年履修のところを一一カ月の異例の飛び級で砲兵科を卒業。早くも存在感を示す。身長は低いが、頭脳は抜群。英雄はしばしばコンプレックスをエンジンに変える。

一七八九年、フランス革命勃発。二〇歳のナポレオンは、この頃、故郷コルシカ島で独立運動を支援していた。結果は失敗し、マルセイユに移住することとなるが、若い時代のこの挫折体験が後に役に立つ。二七歳でイタリア方面軍司令官となったナポレオンは、オーストリアを撃破し、北イタリアをフランス領とする。この武功で彼は国民の人気を博す。

一八〇四年、三五歳でフランス皇帝となる。宿敵イギリスと和平を結び、「法の前の平等」「信仰、経済活動の自由」を入れたナポレオン法典を制定。国民投票と議会議決によって、ナポレオンは人民による皇帝に就任した。まさに、時代を味方につけた結果だった。翌年、パリ凱旋門を建設し、入城。

一八一二年、四三歳、ロシア遠征で敗北。地中海の孤島エルバ島に幽閉されたが、未だ威令は衰えず。ヨーロッパ全土掌握の野望に駆られた。三年後、皇帝復帰。ナポレオン神話は生きていた。けれどもヨーロッパ中が敵になり、セントヘレナ島に流刑。お手伝いの女性は彼がフランス皇帝だったと聞いても信じなかったという。〝お手伝いに英雄なし〟であり、個人の能力だけでは群集心理を統御しえないことがわかる。

〔菜根譚　前集四二〕　――意志の自由は神にも勝る

本文

彼富我仁、彼爵我義。君子固不為君相所牢籠。人定勝天、志一動気。君子亦不受造物之陶鋳。

訳文

もし彼が富の力で私を支配しようとするなら、私は仁の徳をもって対抗する。もし彼が地位名誉の高さで支配しようとするなら、私は仁義を大切にする道で対抗する。仁徳や仁義によってその地位に就いた君主や宰相は、富や名誉の力で権力を得た君主や宰相に負けてしまうことはない。

原理原則を言えば、国民主権主義のもとでは、多数の国民が支持をした者が権力の座に就くのがルールである。議会制度下では、多数党の党首が宰相になる。大統領制度下では、国民投票によって大統領が決まる。

日本の戦後政治の実情は、そうは言ってもこのようなクリアな構造だとは誰も考えてない。特に、田中角栄総理誕生の背景は、地盤・カバン・看板の三バン政治と揶揄されていた。国会議員だけで採決する時は公職選挙法の適用はなく、資金援助の額で面倒見が良い人が、高い評価を得て支持者が増えるという仕組みになっていた。カバンの力が何より強力であった。本項の教えで言えば、「富の力での支配」である。

今日では、資金を多額に配布したなら、あっという間にマスコミが公表して、評価は上がるどころか地に落ちてしまう。では何の力が富よりも重視されているのか。少なくとも仁徳仁義であるとは聞かない。多数を獲得するエネルギーで言えば、派閥の大きさ・数が物を言っている。派閥のトップに就任するためには、ほぼ世襲主義になっている。二世三世の議員が、父親・祖父の代からの世襲の信用力で小さな村社会の長を引き受ける仕組みが出来上がっている。小泉純一郎元総理、安倍晋三元総理しかりである。これは本項の教えからすれば、「地位名誉の高さで支配する」という手法に近い。

アメリカ独立戦争以前の米国大陸には、多くの部族が存在していた。その中でイロコイ族の首長選びは極めて合理的である。まず、子供を二人以上生み育てた経験のある女性全員が集まり、合議の上で代表者を決める。その女性がクランマザーとなり、部族の青年の中から首長を決定する。母親の眼から見た息子たちの指導力評価だ。平時はまじめで優秀な子供を選び、戦時には勇敢で屈強なものを選ぶという。

富や地位の手法をひっくり返し、仁義仁徳という価値観で権力を握ることを可能にする制度や仕組みが、将来に見つかることを期待する。

〔菜根譚　前集四三〕——真の心の情態

本文

風恬浪静中、見人生之真境、味淡声希処、識心体之本然。

訳文

いわば、風が安らかに治まり、波が静かになった静寂のときにはじめて、自分の人生の本当の姿を見ることができる。食事のおりには、味が淡く薄いときにはじめて、本当の味を知り、また、話すおりには、声が小さく静かな語り口のときにはじめて、即ち、己の心と身体の本当の状態を知ることができる。

知る。それは人生で最も肝心で最も困難なことではないだろうか。

人間の脳は重要な機能をより深部に置いている。脳内の中央に直感を司る松果体、聴覚性言語中枢を司るウェルニッケ野がある側頭葉の深部に記憶中枢の海馬がある。

松果体やウェルニッケ野は微妙なセンサー機能を有していて、ノイズ、騒音、雑踏などのランダムな刺激により機能が極端に低下するという。本当に知りたい「直感」に集中したり、事態を把握し正確な言語で認識したりするためには、静かで淡い環境が不可欠なのだ。

『低き声にて語れ―元老院議官 神田孝平』（新潮社）という本がある。この本のタイトルは秀逸である。著者の尾崎護は、竹下登内閣下で、消費税を日本に導入した立役者である。この官僚が目標とした人物が、神田孝平《たかひら》であった。

神田は、明治維新の前年に日本初の西洋経済学の訳本を著した。経済財政大改革を遂げた開明派官僚である。明治の躍進の背景には、開国の現実を踏まえた啓蒙人材と、彼ら元幕吏を採用した明治新政府の力量があった。尾崎は、自身に神田を投影して、財務官僚人生を振り返っているのであろう。その題の「低き声」は、説得力を最大に付与したところである。低き声のみ真に真実を語りうるからである。

人類最大の文化遺産ともいえる「般若心経」も、究極の「知ること」を説く。今人間として、苦しいなどとほざいていても、やがて餓鬼や地獄に行けば、今の苦しみなど何のことはない。ただの現象に過ぎない。全ては空であり無である。そう思わなければ、やってられない。それこそが知恵の完成であり、この悟りが知恵であり、真言である。

仏教は、四苦八苦、輪廻から解脱することを目指し、苦を楽に変える意識変化を修行で獲得する妙手である。つまるところ、現実逃避の知恵か、苦を感じない変性意識の知恵か、永遠の諦めを抱けるのか、「三世《さんぜ》諸仏」過去、現在、未来において正しく目覚めた者は、「究竟涅槃《くきょうねはん》」永遠に静かな境地に安住できる。

〔菜根譚　前集四四〕――遊び心を持って世間を観る

本文

立身不高一歩立、如塵裡振衣、泥中濯足。如何超達。処世不退一歩処、如飛蛾投燭、羝羊触藩。如何安楽。

訳文

世間の中で、一角の人物になろうとするなら、他の人より一歩高い所に立っていなければならない。そうでなければ、あたかも、塵の中で衣を振るい、泥の中で靴を洗うようなものである。到底塵も泥も拭えるものではない。世の中を、無事に過ごして行くためには、常に一歩だけ世間の人よりも退いていなければならない。さもなければ、夜火の中に自ら飛んで入る蛾のように、焼け死んでしまう。また、さもなければ、牡羊が、垣根に角を突っ込んだように進退窮まってしまう。こんなことでは、到底安楽に生きて行くことはできない。

高潔な人物は、尊敬を集め人を率いる。謙虚な人間は、嫉妬、恨みを買うことがない。これは人生成功の極意である。

中国の故事、『楚辞』の中で最も有名なものに「漁父《ぎょほ》の辞」がある。屈原《くつげん》の孤高を象徴する詩といわれ、過度の高潔さへの警鐘を鳴らす。

屈原は追放され、汨羅《べきら》という川の畔をさまよっていた。見かけた漁師が驚いてたずねた。「あなたは、三閭大夫《さんりょたいふ》の屈原様ではないですか。何でこんな辺鄙な田舎に、あなたのような国の重要人物が居るのですか」。屈原は答えた。「この濁世で、政治家も官僚も世の中皆、汚いやつばかりになってしまった。高潔な者は俺一人しかいない。こんな汚れた政界に最早、我慢ならない」。漁師は言った。「屈原様、多少のことは目を瞑って、人との協調も大事にしなければ、政治家なんかやっていけないでしょう」。それを聞いた屈原は、「馬鹿を言うな。お前のようにだらしない奴らばかり居ることが、俺には本当に我慢ならない」と言い放った。漁師はあきらめ、船を漕いで遠くへ立ち去ってしまった。その後、屈原は悲嘆に暮れ、川に身を投げて自殺してしまう。死んでも高潔を保つ一念居士の象徴となった。

屈原の生き方は、儒教の教えであり、漁師の生き方は、道教の教えであると解かれている。今日まで、この政治家の在るべき姿論争は続き、高潔か、清濁併せ呑むか、議論は止まない。野党は高潔を望み、与党は清濁を好む傾向は、今昔変わりはない。

五・一五事件で犬養首相を襲撃し死刑囚となった三上卓による世直し思想は、屈原の高潔性に端を発すると言えるだろう。この三上が作詞作曲した「昭和維新の歌（青年日本の歌）」は、高潔こそ最良の価値とする青年将校の決起を促していった。その結末が二・二六事件である。「漁父の辞」は、単に鬱病で自殺したに過ぎない屈原の事実を描写したものである。これを歪に美化し、軍人のメンタリティを、高潔こそ最良の価値としてしまった。こうして以後の歴史は血に染まっていく。

〔菜根譚　前集四五〕——学問を名誉・功績に用いてはならない

本文

学者、要収拾精神、併帰一路。如修徳而留意於事功名誉、必無実詣、読書而寄興於吟咏風雅、定不深心。

訳文

学問の道を志す者は、心の整理をして、精神を集中させなければならない。およそ世俗の名誉功績を求めながら、勉学を行っても、本物の学者にはなり得ない。また、詩文の遊びや、風雅の道に興味がある者が、いくらまじめに深遠な研究に取り組むといっても、深い理解や心境に達することはできない。

一般的に人間は、幸福になろうと、快楽と地位を求めることに奔走する。よい食事、素晴らしいセックス、高級車、海外旅行、これらの快楽は生活の質を構成する重要な要素である。満たされなければ、心理的バランスを失う。しかし、睡眠、休息、食事、セックスなど身体的欲求は、すべからく生物学的プログラムによって設定された満足感情である。一方で、世俗の地位名誉は、社会的条件付けに過ぎない。期待通りになったときに得られる満足感情である。これら快楽と地位名誉は、得やすく消えやすい。それは本物の幸福ではない。

では、本物の幸福とは何か。ある人が高級リゾートで味気なさを感じる一方、ある人は強制収容所の中で喜びを感ずる。単なる欲望の満足を超越し、「精神の成長実感」「自己世界の拡張感覚」を得る生活こそ、真の幸福である。それを得るためには、ゾーン体験やフロー体験の蓄積が必要である。

ゾーン体験は、アスリートが自己記録を更新するときに、しばしば体験する感覚である。リラックスしているが集中している状態。試合が思うように運び、負ける気がしない。体と心が一体化している。時間感覚がゆがむ。ボールや人の動きが、ゆっくりあるいは止まって見える。この体験は、神が近づくことに似た聖なる幸福感がある。

フロー体験は、ゾーン体験より軽めの体験である。日常的であり、没頭状態をいう。人間がその時にしていることに完全に浸り、精力的に集中していて、勝敗、巧拙の感覚を超えて、今の活動自体に穏やかな快楽を感じている精神状態だ。心理学者ミハイ・チクセントミハイによると、人間の脳は身体的幸福時よりも精神的幸福時のほうが、脳内麻薬を分泌するという。例えば日本画の画家、陶芸作家などはフロー体験を頻繁に味わう。人間は、受動的利益より、積極的利益、獲物を捕る方の快感が大きいのだ。

努力は本物を生む。その努力は、苦である限り、二流である。本物の努力は、常に楽しくて面白いものである。集中し、フローの連続とゾーンに溢れた努力に、人は勝てない。本物は一心不乱の楽しさにある。

〔菜根譚　前集四六〕——慈悲・慈愛は平等である

本文

人人有個大慈悲、維摩屠劊無二心也。処処有種真趣味、金屋茅簷非両地也。只是欲蔽情封、当面錯過、使咫尺千里矣。

訳文

いかなる人にも広大な慈悲の心がある。菩薩の化身と言われている維摩居士にも、牛馬の屠殺を仕事にする者にも犯罪者の首切り死刑執行人にも、皆等しく慈悲の心がある。どんな場所にも、一種のまことの趣はある。富貴の人の住む立派な家にも、貧賤の人の住む粗末な家にも、それぞれの家には、住めば都の味わいがある。それなのに、人間は貧富貴賤を殊更に言い、人々は、あえていつも人を区別している。欲望や感情が清らかな心を被い、本当の気持ちが隠れてしまっている。ほんの僅かな差別が、千里先には、大きな違いとなってしまう。

本項は、階級のない世界、貧富のない世界、軽蔑のない世界、平等な世界の実現を説く。人間の根底にある心は、平等精神である。平等とは「人種、信条、性別、門地、社会的身分などの違いに関わりなく個人相互の間において、人間としての価値に差異はないという思想」のこと。我が国は憲法一〇条に「日本国民たる要件は、法律でこれを定める」と規定する。

仏教用語に「維摩一黙」という言葉がある。雄弁よりも沈黙のほうに価値があるという意だ。「維摩」は釈迦の弟子の名前で、維摩経は、般若心経の空の思想を受け継ぐとされる大乗仏典である。空は、とらわれを捨てること。維摩経の入不二法門《にゅうふにほうもん》には、「絶対平等の境地」が説かれている。

どうすれば不二法門に入ることができるかという問いに対し、文殊菩薩は「絶対平等の境地は、言葉もなく、説くことも、示すとも、認知することもできない境地である」と答える。維摩は、文殊の考えを肯定し、黙然として語らず。それを見た文殊は、維摩を讃えたという。維摩は、言葉によって真理を説くことは、たとえそれがどのように巧妙なものであっても、単なる一つの説明に過ぎず、あらゆる対立を超えた絶対平等の境地を偏向なく示し得ないとした。

平等精神を壊しているのは、利己心や欲望、不安定な感情である。インドの身分階級制度「カースト制度」は、アーリア人の侵略に始まった。北方から攻め入ったアーリア人は、ドラビダ人ら先住民を征服した。侵略範囲が広大化するにつれ、アーリア人は経験したことのない感染症に罹患していく。風土病に免疫のある先住民と免疫のないアーリア人。自分たちの種族ばかりが死んでいく事態に危機感を持った彼らは、隔離政策、婚姻禁止戦略を取るようになった。それが差別、階級社会の起源とされる。カースト差別は、現在もヒンドゥー社会に深く根付き、国連反人種主義差別撤廃会議の議題となっている。

〔菜根譚　前集四七〕――世を救い治めるには無心の思い

本文

進徳修道、要個木石的念頭。若一有欽羨、便趨欲境。済世経邦、要段雲水的趣味。若一有貪著、便堕危機。

訳文

人が個人的に徳を積み、一つの道を修めるには、木石にならなければならない。それは、世俗の富貴にとらわれることのない無心の境地が必要だからである。一度、富貴を得て喜んだり、富貴を得ず羨ましく思ったりする心が生じたならば、たちまち欲望の世界に入ってしまうであろう。人が政治家として世を救い国を治めるには、恬淡とした行雲流水のような無心な趣が必要である。もし、むさぼりや執着の心が生じたら、たちまち世も国も危うくなる。

木や石のように外部からの刺激に何の反応も示さない無心の思いを「木石の念頭」という。無欲恬淡で停滞することのない心の味わいを「雲水の趣味」という。この二つの心掛けが、人には不可欠と説く。自然の摂理の中に道を求める老荘思想、道教の教えである。

人として、富貴など世俗の欲に染まらないという姿勢こそ、成功の秘訣である。政治家は、身を肥やすことなく、無私であれ。

欲望とは、創造主の作りたもうた種の継続のためのメカニズムだ。地位は、その時々の社会の立場に過ぎない。高い地位に就いたときは適合感覚に快感を抱くが、ことが過ぎればまた元に戻る。富は、蓄積してもそれ自体は幸福感を生まない。有効に使用するときの喜びのみである。欲望、富、権力、地位は、社会の重要な要素である。しかし、それらのみでは、真の幸福は得られない。幸福は、フロー体験や、それが進化したゾーン体験（至幸体験）の積み重ねである。この充実感、達成感以外に幸福をもたらし、自然に脳内麻薬、エンドルフィンを分泌することはできない。

そう、真の成功は、三昧の境地にある。時間の余裕、経済的余裕、心理的余裕、この三つの余裕が先のフロー体験を生み、三昧の境地を作り出す。現在の日本の政治は、これにはほど遠い。選挙で圧勝する。演説で聴衆が感動する。鳴り止まぬ大拍手は、一種のゾーンに入ることもある。しかし、大衆に迎合したり、笑いを取るため顰蹙を買ったりすることも大いに有る。気を鎮め、意識を下に落として重厚な思考をしていく方が、よほど自然に支持が高まるであろうが、出世すればするほど余裕はなくなる。特に、警備が付く地位、党三役、閣僚の余裕の無さは著しい。必ず国家を脆弱化させていく。長期的視野に立つと、これを打破する勇気がなければ、後世政治的判断を誤る事態が起こるだろう。いくら出世しても、「起きて半畳、寝て一畳。天下を取っても二合半」である。

〔菜根譚　前集四八〕――善と悪

本文

吉人無論作用安祥、即夢寐神魂、無非和気。凶人無論行事狼戻、即声音咲語、渾是殺機。

訳文

善人は、起居動作が実に安らかであり、眠っていても穏やかさが伝わってくる。それに反し、悪人は、なすこと全て道理に反していて、笑い声までも、殺伐としている。

人柄は、表に現れる。人間は、顔や形が似通っていても、その心根、性格が攻撃的か温和かなどによって、人相物腰が異なってくる。特に目つきは顕著であり、「目は口ほどに物を言い」である。

人体から発せられる微弱なエネルギーのことを、オーラと呼ぶ。転じて、人や物が発する霊的な雰囲気のことも指す。オーラは人を取り巻く気の場であり、人の健康、気分、エネルギーレベルについて教えてくれるサインでもある。人間は波動体であるから、思考内容が視覚的に現れるという説まである。

オーラにも性格と強弱があるという。健康を害すと、オーラは必ず弱くなるそうだ。特に、脳疾患が最もオーラを減弱させる。血や気のめぐりの速さや強さと関係があるのだろう。年齢は関係なく、武術家は年齢が増すごとにむしろ強くなりうるという。臍下丹田《せいかたんでん》、気海丹田という身体の中心軸を強化できるからであろうか。合気道家、塩田剛三氏の「気」は格別である。地の気を足の裏から身体全体に流入させ、小柄な体格ながら瞬時に屈強な男を倒す姿は、見事の一言に尽きる。

一方、悪人のオーラはどうかというと、強いが歪曲しているという。嶮《けん》があり、刺《とげ》がある。陰なる雰囲気で、色も暗い。おそらく考え方もオーラに影響しているのであろう。正と邪とは、半々の関係。滅びは、次の芽吹きであり、未来である。神は、意図して邪を残す。しかも、それはかなり強い。悪人の強さは、狂である。これに正での対抗は、容易ではない。

一九五五年、自由党と民主党の保守合同により、自民党が結成された。党首たる総裁がなかなか決まらず、四人の総裁代行委員が置かれた。四人とも、かつてはオーラが強かったが、後にその差は顕著に表れた。

鳩山一郎は、一九五一年に脳出血で倒れて以降、オーラは弱くなっていた。三木武吉は既に癌に侵されており、死期が迫っていた。翌年には死を迎えるほど、オーラは弱まっていた。緒方竹虎も、過労がたたり病に倒れ、同じく翌年に亡くなっている。当然ながらオーラは弱い。唯一、大野伴睦《ばんぼく》だけが健康体であったが、彼は品性が下劣であった。大野は自らをおいて鳩山を初代総裁にした。しかし鳩山にはオーラも統率力もなく、一年で退陣、やがて死亡する。大野は酒と女に目がなかったが、その強いオーラで人々を魅了していた。大野の為なら死んでもいいという人間さえいた。オーラの強さでは大野の一人勝ち。

〔菜根譚　前集四九〕——罪と災い

本文

肝受病、則目不能視、腎受病、則耳不能聴。病受於人所不見、必発於人所共見。故君子、欲無得罪於昭昭、先無得罪於冥冥。

訳文

糖尿などで肝臓が悪くなれば、目が見えなくなる。腎臓が病気になると、免疫が落ち中耳炎で耳が聴こえなくなる。病気というものは、まず、身体の内部が悪くなり、その後、身体の外部に現れてくる。だから君子たる者は、人目につくところで、恥をかかないためには、人目につかないところで、罪を犯さないことである。

二〇一三年、ローマ教皇・ベネディクト一六世は辞任し、フランシスコが新たな教皇となった。辞任の理由の一つが、児童への性的虐待と言われている。二〇一一年から二〇一二年にかけて解任処分を受けた聖職者は三八四人。カトリック教会の一二〇〇人の神父が、四〇〇〇人以上もの児童に性的虐待を行った事実があると、ニューヨーク・タイムズは報道した。思春期の少年が個別に悩みを相談している時が最も危険だという。ベネディクト一六世自身も枢機卿時代に事件の隠蔽を図った疑惑があり、批判を受けていた。なぜ、このようなことが起こるのか。人間は、あまりに清廉潔白すぎる表の顔を持つと、汚い裏の顔が要るのかもしれない。学校の校長先生もしかり。それを乗り越える何かが、さらに必要だ。

「裏の顔（内部）が大切」ということは、病気のメカニズムからも言える。第一段階は「未病」と呼ばれ、まだ病気とは言い難いものの、軽い症状が出てきている状態にある。ストレスや悲観感情はガンの発生原因の一つであると言われており、過食やアルコールなどへの依存も精神的不安定が生むという。「病は気から」である。未病の段階では心の持ちよう、魂の浄化が大事なのである。

心の歪みは、身体の歪みの要因にもなり、そのうち目に見える部分に病気が現れてくる。それが第二段階の内部疾患だ。この段階では、生活習慣の変化に自ら気付き、まだ軽いうちに身体の異常を見つけられれば、大病を予防することができるという。疾病が身体の表面にでてしまったら、第三段階。この段階では、自分自身で治癒することは困難である。未病まで遡りたいと願っても、後悔先に立たずなのだ。

「陰徳あれば必ず陽報あり」というように、人知れず良い行いをする者には、必ず良い報いがある。生き方にも、未病の心得を持ちたいものだ。

〔菜根譚　前集五〇〕——多心は災いを呼ぶ

本文
福莫福於少事、禍莫禍於多心。唯苦事者、方知少事之為福、唯平心者、始知多心之為禍。

訳文
人生の幸福は、平穏無事が一番である。できうれば、事件や事故が少ないことが大切である。この無事平穏であることの幸福は、多くの事件事故に苦しんだ者でなければわからない。また、多情、気持ちの多いことが災難である。これを理解できるのは、気持ちの平静を求めて、静かに生きて行こうとする者だけである。

本項は、人生の真の幸福について説く。多くを望み、多くを得ることが幸福と思いがちであるが、禅の教えに「無事是貴人」とあるように、煩わしさのない人生の美と幸福は格別である。この境地は、辛酸を舐めた後に骨身に沁みて感じる真理。大病の後の退院、刑期後の出所、ひとしおの青空である。

「だから、あすのことを思いわずらうな。あすのことは、あす自身が思いわずらうであろう。一日の苦労は、その日一日だけで十分である」（マタイ福音書　第六章三四節）。極端な話だが、キリスト教では、衣食住それをも心配するなと説く。原初的人類の精神的不安、生存の心配すらも無用とする。

病気や事故とは別に、人生の平穏無事を脅かすものがある。結婚と離婚だ。「判断力がないため結婚し、忍耐力がないため離婚し、記憶力がないため再婚する」とは、フランスの劇作家アルマン・サラクルーの言葉。とある結婚式で、再々婚を経験した男性がこんな祝辞を述べている。「私は、故あって離婚しました。そしてすぐに再婚しました。しかし、懲りもせずまた離婚し、今は三度目の結婚です。結婚して三年経てば、女性はみな同じであることにやっと気付きました。どうか、新郎はこのことを噛みしめて、仲良く、離婚しないようにしてください。以上」。かの小泉純一郎も、離婚後、独身を貫いている。曰く、二度と結婚はしない。何故なら、離婚が大変だから、だそうだ。

前にもご紹介したが、心の平静を求める人には、『人生がときめく片づけの魔法』(近藤麻理恵著　サンマーク出版)がヒントになる。整理の妙手で米国を熱狂させ、世界で二〇〇万部も売れた名著だ。近藤の片付けは、「捨てる」ものを探すことから、「残したい」「ポジティブにしてくれる」ものを探すことに思考を転換する。片付けることは、いわば縮小の美学。片付けに成功すると、生活の疲労感がすっと減少する。「ときめくもの」「幸せな気持ちになるもの」と暮らしたい。日常の基本姿勢をここに置けば、心に革命が起きる。

〔菜根譚　前集五一〕——臨機応変

本文

処治世宜方、処乱世宜円。処叔季之世、当方円並用。待善人宜寛、待悪人宜厳。待庸衆之人、当寛厳互存。

訳文

平和な時代に生きるには、規則に従って正しくきちんと生きることが大切。戦争の時代には、万事円転滑脱、生命の維持を一番に生きることが大切。末法末世の現代は、両者兼ね備えた方円両方の生き方を臨機応変にすることが大切。また、善人に対しては、寛大な態度で接し、悪人に対しては、厳格な態度で臨まなければならない。世間の凡庸な人々に対しては、その時と場所に応じて、寛厳両方の態度を用いて対処することが大切である。

平和な時代は、規則が通じる。戦乱の時代は、生き残りの力と知恵の勝負。平治は規則が有効であるが、乱世は規則が有ってもなきが如し。水のように方円自由、融通無碍に生きなければ、命が危うい。末法末世といわれる現代は、平治に留まるか、乱世に変化するかの岐路にある。菜根譚は、方円自由な生き方の選択が重要と説く。

例えば竹下派の七人の幹部、竹下派七奉行は、平治・乱世をどう生き抜いてきたか。金丸信はかつて、メンバーのうちの三人をこう評した。平治の小渕恵三、乱世の梶山清六、大乱世の小沢一郎。至言である。喧嘩をせず、人柄の良い小渕。陸士五九期筋金入りの根性と高い見識を持つ梶山。不幸な生い立ちにもかかわらず、小石川高校、慶應義塾大学、日大大学院とけなげに成長した小沢。メンバーは他に渡部恒三、羽田《はた》孜《つとむ》、奥田敬和、橋本龍太郎がいた。実に七奉行のうち三人が総理大臣となっている。

竹下登が没した二〇〇〇年以降、全ての政局は小沢が作出した。しかも、現状破壊の将来構想なき改革であった。創るのではなく、壊し屋だった小沢。田中角栄にも金丸にも兄事し、親類である竹下に忠誠を誓っておきながら、裏切ったのである。終始、飼い主に懐かぬ野良犬であった。当時、自民党の屋台骨、官邸運営のノウハウを持つ唯一の派閥は竹下派のみ。この派を壊せば、自民党は必ず崩壊する。誰もがそう考えていた。まさにその時が来た。小沢が離党したのである。そして、羽田、奥田、渡部と続いた。七奉行の過半数が党を離脱。これより小沢政治、すなわち「破壊、カオス」が始まり大乱世となってゆく。やがて政権は、細川、羽田、そして鳩山、菅、野田と移り、反自民勢力の小沢闇（病み）将軍が背後に存在する政権が誕生した。

日本の戦後政権には日米の不自然な事情が見え隠れする。占領下の政権か、独立国の政権か。占領権限は、マッカーサーから随時承継されていった。首相である海部を飛び越えて連携していた小沢とアマコスト駐日米国大使との関係も、異常であったと言わざるをえない。

〔菜根譚　前集五二〕――怨みは忘れ、恩は忘れるな

本文

我有功於人不可念。而過則不可不念。人有恩於我不可忘。而怨則不可不忘。

訳文

自分が他人に善行を施したとき、それを心に留めてはならない。もし、自分が他人に迷惑をかけたとき、それは必ず心に留めて置かなければならない。また反対に、自分が他人に、恩義を受けたときは、決して忘れてはならない。もし、自分が他人から迷惑を掛けられたとき、それは直ちに忘れるようにしなければならない。

本項は、恩と怨みの心の視座を説く。前集二八で学んだ「人に与えては、徳に感ずることを求めざれ」と同趣旨。日本流にいえば、「掛けた情けは水に流し、受けた恩義は石に刻め」である。しかし、つい真逆の行動に出るのが凡人の習い。窮状にあるときに支援の願いを無視された、失敗を笑われた、一方的に約束を破られた、といった上から目線の相手の態度には怨みを抱きがちである。これらを忘れることは本当に難しい。

記憶と睡眠のつながりは密接だ。人間はよく眠ることで、忘れるようにできている。再度の話になるが、睡眠には「就寝時の深いノンレム睡眠」「中頃の浅いノンレム睡眠」「朝方のレム睡眠」というように幾つかの性質がある。深いノンレム睡眠には、嫌な記憶を消去してしまう機能がある。浅いノンレム睡眠は記憶統合の機能があり、水泳を覚える、自転車に乗るなどの日中の運動の成果を身体に記憶させる。朝方のレム睡眠は、その他一般の記憶を定着させる。

寝付きが悪いと深いノンレム睡眠がなく、嫌なことを忘れることができない。また睡眠が短いと、運動能力が低くなったり、物忘れの多い人間となる。一般に、睡眠の質が悪いと、幸福感が薄いといわれる所以だ。

一方で、忘れないことの効用もある。「臥薪嘗胆」が書かれた故事にはこんな話がある。呉越戦争で越に敗れた呉王夫差は、怨みを忘れないよう薪の上に寝て、睡眠を浅くし、そうして越を破った。負けた越王勾践は、毎日苦い肝を舐めてその怨みを再確認し、後に呉を破った。

ただし、これは戦場における非常時の場合の話。平常の生活においては、嫌なことは忘れるに限る。元気で九〇歳を越える方々に共通なのは、熟睡できること。深いノンレム睡眠によって、浮世の汚れを流してしまうからに違いない。嫌なことを忘れることを人を活かす最善の策である。

〔菜根譚　前集五三〕——恩は着せるものではなく着るもの

本文

施恩者、内不見己、外不見人、即斗粟可当万鍾之恵。利物者、計己之施、責人之報、雖百鎰難成一文之功。

訳文

人に恩恵を施す者は、自分の行為を意識してはならない。また、施す相手に感謝や賞賛を期待してはならない。この鉄則を守るなら、僅かな恩恵でも膨大な価値になる。反対に、人に恩恵を施す者が、施しがどれだけか計算してはならない。また、相手に少しでも報酬や代価を求めるような心を起こしたならば、膨大な施しも少しの価値すら無くなってしまう。

恩の受け方。これは菜根譚のメインテーマといえよう。前集二八、五二と今回は、ほぼ同趣旨の「恩のあり方」を説くが、内容は少しずつ異なる。

前集二八は、上から目線の恩は不要と説き、前集五二は、恩と記憶、怨みと忘却の有り様を説く。そして本項は、恩恵を施す行為の実行段階の意識内容を説く。刑事法の実行行為における故意にも似た精神構造である。打算でする恩恵を戒めている。それは利害打算の戒めである。

利害打算を超える人物といえば、山岡鉄舟が思い浮かぶ。幼少時から剣を習得し、晩年は独自の境地で無刀流の開祖となる。曰く、「勝負を争わず、心を澄まし、胆を練り、自然の勝ちを得るを要す」。

山岡鉄舟は、江戸無血開城の立役者である。鉄舟は、勝海舟の手紙を持って官軍の駐留する駿府へ向かった。官軍の野営は四重に防護され猫の子一匹通さぬ様相。そこを鉄舟は、「朝敵徳川慶喜が家臣、山岡鉄舟まかり通る」と叫んで通過し、西郷の営まで辿り着いた。身長一八八センチ、体重一〇五キロという、当時でも他を圧する巨体の迫力が事を可能にしたのだろう。西郷は、「金もいらぬ、名誉もいらぬ、命もいらぬという人は始末に困るが、そのような人でなければ、天下の偉業は成し遂げられない」と称賛した。

実は海舟は、官軍江戸攻撃の秘策として火攻めを考案していた。品川の関所を官軍が通過した後、出られないように柵で囲い、江戸八百八町に火を放って官軍を殲滅《せんめつ》するというものだった。鉄舟の届けた手紙が、後に海舟と西郷の会談を実現し、江戸城は平和裏に開城されるに至る。

恩を施す者は、人間として完成している。例えばヒマラヤの聖者、マザー・テレサ、良寛さん、長屋のご隠居もそうである。彼らは自己への信仰心が不動であるから、恩を施しても返礼、報酬を求めない。裕福でなければ、満足な布施はできないし、幸福でなければ、相手を十分幸福にはできない。恩も、自己が完成していなければ、与えられるものではない。

〔菜根譚　前集五四〕――順・不順で迷わない

本文
人之際遇、有斉有不斉。而能使己独斉乎。己之情理、有順有不順。而能使人皆順乎。以此相観対治、亦是一方便法門。

訳文
人生は、満足できる時もあればそうでない時もある。ならば、どうして自分一人だけいつも満足できる状態であることを望めようか。また、自分の心境を考えてみても、平穏な時も有れば、そうでない時もある。ならば、どうして他人にいつも平穏でいるように望めようか。

人の人生には順逆の二つの境がある。この状況を異常とみるか通常とみるかで生き方が変わる。異常と見る見方は、逆境のときを失敗と見て、成功を収めるためにはどうすればよいか、切歯扼腕、煩悶を繰り返す。通常と見れば、また陽は昇る、朝の来ない夜はないと、慌てず時を待つのである。どちらの生き方が正解かは不明である。その選択は、ネズミやリスと生まれたか、象やカバと生まれたかの違いなのではないか。書店にあまりにも多い、人生指南書、ビジネス成功法の類があるのは、ネズミ、リスに生まれた方が多いことを示している。

太陽の黒点には変化がある。また、地球の地軸や自転にも微妙な変化がある。地球は氷河期と温暖期の繰り返し天地万物は流転する。この変化を自然と見れば、その一つの人間に変化がないはずはない。大局的に言えば、順逆の変化は当然、人為的に順調一辺倒に修正することは不可能である。この大きな原則を忘れてはならない。この宿命の下にいかに生きるかを考えたとき、f分の1のゆらぎの話が興味深い。

あらゆるものの空間的・時間的な平均値からのズレ、ランダムな変動を「ゆらぎ」と言う。大まかに三パターンに分けられる。①「ホワイトノイズ」予測不可能なランダムな変化の場合。②「ブラウンノイズ」「f分の1の二乗ゆらぎ」コインの裏表を当てるようにある程度予測可能な変化の場合。③「ピンクノイズ」「f分の1ゆらぎ」予測できそうにない偶然性と予測可能な期待性の両方含んだ①、②の中間のゆらぎ。この③のゆらぎは人間に心地よさを与える。小川のせせらぎ、木漏れ日、波の音、虫の音などである。健康な人の心拍データを解析すると、心拍周期の平均値に対してきれいな「f分の1ゆらぎ」が現れる。人は五感を通じて「f分の1ゆらぎ」を感じると生体リズムと共鳴して快適感を感じる。

現代人は、人工的な直線・規則的な造形に囲まれて生活している。また、自らの生体のリズムではなく、時計が示す時刻に従って行動している。自然界にはない刺激を受け続けることは人間を疲労させてしまう。人工的な規則性が強いる緊張感から解放するには、「f分の1ゆらぎ」を持つピンクノイズが、一番良い効果を生むという。モーツァルトの楽曲は「f分の1ゆらぎ」を多く含むといわれている。高音やリズムが早いものはパワーが小さく、低音や動きの鈍いものはパワーが大きい。波形で見るとゆらぎがf分の1そのものであると評価されている。モーツァルトは自分が心地よいと感じて作曲しただけかもしれない。この感覚が順境を招くのではなかろうか。

〔菜根譚　前集五五〕――清浄な心にこそ宿る真理

本文

心地乾浄、方可読書学古。不然、見一善行、竊以済私、聞一善言、仮以覆短。是又藉寇兵、而齎盗粮矣。

訳文

心の雑念を払って、爽やかな気持ちで、書を読み、故事に接する事が大切である。心が卑しければ、故事に接しても、自分の手柄話の素材に使うか、さもなくば、失敗の言い訳にしてしまうに過ぎない。これでは、折角書を読んでも、自分が向上するどころか、敵に武器を与え、盗人に金をやるような愚を進んで行うようなものである。

勉強の心構えを説く。幕末維新の志士の学問に、邪心はない。尊王、勤王、蘭学、四書五経、論語、孟子、いずれをとっても人の価値を高める向上の手段である。現代の勉強は、就職、収入、出世の道具となり、生活向上がその目標である。勉学は、志が正しければ、その正への力は倍増する。逆に、志が邪気に満ちていれば、その害悪も増幅する。

『転落の歴史に何を見るか』（齋藤健著、ちくま新書）から明治と昭和の指導者の違いを考える。日露戦争以降の日本の歴史は、明治の元勲たちが次第に歴史の舞台から立ち去り、代わって陸軍大学校、陸軍士官学校、海軍大学校、海軍兵学校などで専門教育を受けた軍事エリートが台頭してくる世代交代の歴史でもあった。中津藩下級武士の家の生まれの福沢諭吉は、史記、論語、孟子、蒙求、世説、戦国策の講義を田舎の藩校で聞き、左伝一五巻を一一回読み返し、面白い所は暗記していた。スケールの大きい中国の治乱興亡の歴史を何度も復唱する中で、指導者はどうあるべきかという課題を反芻しただろうことは想像に難くない。

指導者やスペシャリストの養成は、国の存立を左右する。一九四四年、太平洋戦争で決行されたインパール作戦は、日本軍敗北の象徴とも言える愚策であった。本作戦は、ビルマ占領を終えた日本軍に、インド駐留の英国軍の拠点であるインパールを占拠させ、ひいてはインド独立を支援し、併せて中国への連合国の補給を断つという作戦である。補給、兵站、移動、地形、天候などの基本原則をあえて無視し、敗色の色濃い戦線打開はこれしかないと賭けにでた。当初から反対の多かった作戦だが、牟田口廉也《むたぐちれんや》中将の強硬な主張により作戦は決行。結果、参加した兵がほとんど死亡し失敗する。後々まで牟田口は「部下が無能だから作戦は失敗した。残念」などと言っていたという。

インパールの失敗は、補給・兵站《へいたん》にあった。ビルマ、今のミャンマーから、英国軍の拠点でしかも中国軍への武器食料の輸送の拠点であったコヒマを占領すれば形勢逆転となる。その通り。そこで、三千メートル級の山道を日本軍は三〇日かけて行軍しなければならない。しかも、現場は上級者の山登り。まず、食料をどのように運搬するか。牛や羊は生きていれば歩ける。途中途中でこれを食え。これを「ジンギスカン作戦」という。理屈はそうだが、実際の処理には水や、と殺技術がいる。専門家と称する一部に秀でた者たちが、相互に連携なく自己主張。全体としてことを誤ることになった。

〔菜根譚　前集五六〕——富と才能は使い方しだい

本文

奢者富而不足。何如倹者貧而有余。能者労而府怨。何如拙者逸而全真。

訳文

贅沢な人間は、いくら裕福になっても満足することはない。慎ましい倹約生活をする人間は、どんな貧乏になっても、贅沢な人間には及びもつかないほど心に余裕がある。また、才能のある人間は、いくら苦労をし骨を折って成功したとしても、人の怨みを買ってしまう。才能に乏しい人間は、何の貢献もないが、いつも気楽にしていながら自然の本性を保っていて、才能のある人間には及びもつかないほど、人に好かれている。

余裕なき孤独な人生を作り続ける、現代社会の構造が想起される。富裕層と大企業は優秀な人材を集積し、「憧れの金持ち」「エリート」と称されて贅沢ができる。たとえ彼らが鼻持ちならぬ人物であっても、傲慢な嫌われ者であってもだ。彼らは自分に余裕のないことにも、ましてや嫌われていることにも気づかず、哀れな老いを迎えることとなる。現代社会の恐怖である。

今現在に満足すること、置かれた立場に感謝することが重要だ。才能はないながらも自分に無理のない範囲で稼ぎ、暮らし、余暇と趣味を楽しむこと。心と時間の余裕を感じられてこそ幸福と充実が始まるのだ。ノーベル経済学賞を受賞したジョゼフ・E・スティグリッツ教授は、世界金融危機の勃発を予言した数少ない経済学者の一人だが、現代社会に対し次のように警告している。

一パーセントの人間が九九パーセントの富を支配している歪んだ社会を、米国は理想と勘違いし続けている。金融経済の勝ち組にはモラルはなく、いつも勝ち逃げするチャンスをうかがっているだけである。銀行が私利を追求することは、不条理な食欲を放置することである。社会の幸福にはつながらない。

米国の金融規制の歴史を知ると、米国の懲りない体質が見えてくる。ここで、米国で最もぼろ儲けした男、ジョーの話を紹介したい。一八八八年、ボストン生まれ。父はアイルランド移民と侮辱されながらも州議会議員となる。その後、父のコネで州政府の金融検査官となり、親類の資金でコロンビア信託銀行の株式を買いあさり、なんと二五歳で頭取になる。その後も天才的なコネの活用で荒稼ぎ。海軍の資材調達の将校であったF・ルーズベルトと知り合い、そこでもひと儲け。四一歳で景気過熱を悟り、株式の空前の空売りを始めて膨大な資金を手にする。パールハーバー開戦以後は、軍需産業特需でさらにバカ儲け。大戦終了後は、表向き全米資産家九位となる。このジョーが米国金融規制機関SECの初代委員長になる。ただし現在の基準ではインサイダー取引といわれても仕方のない売買で儲けたこともあり、「インサイダー男に取り締まりをさせるのか」と議会は大反対。しかし、ルーズベルト大統領はゴリ押しし、以降、米国金融は、泥棒が取り締まる仕組みとなる。ジョーの息子はジョン・F・ケネディ。ジョーの膨大な財産は子孫に引き継がれ、政治活動資金となった。

〔菜根譚　前集五七〕——学んで自己の役割を実践する事

本文

読書不見聖賢、為鉛槧傭。居官不愛子民、為衣冠盗。講学不尚躬行、為口頭禅。立業不思種徳、為眼前花。

訳文

聖人や賢者の書を読んでも、その精神を学ばなければ、単なる文字面を追う字の奴隷に過ぎない。公務員になって、市民のことを考えなければ、単に俸給泥棒に過ぎない。学問を教えても、教えていることと自らの実際が異なるなら、単なる口先人間にしか過ぎない。事業を起こしても自己の利益に終始するなら、単なる散る寸前のあだ花に過ぎない。

形ばかりの「なんちゃって人間」の多い世の中。書物、公務員、学者、事業家を例に挙げて、本物追求を望む。何にでも、本来あるべき理想がある。本質を理解し実践すること。正しい道、あるべき姿、なすべき使命。その追求を怠ることへの苛立ちを本項は説いている。

「天災は忘れた頃にやってくる」。これは寺田寅彦氏が言ったとされる有名な警句である。随筆集などで、彼は災害に対して次のような言葉を残している。関東大震災に際し、「人間も何度同じ災害に会っても決して利口にならぬものであることは歴史が証明する。東京市民と江戸町人と比べると、少なくも火事に対してはむしろ今のほうがだいぶ退歩している。そうして昔と同等以上の愚を繰り返しているのである」（時事雑感）。

民俗学者の柳田国男氏もまた、『遠野物語』に明治三陸沖地震の爪痕と復興の現実を表し、津波災害を忘れてはならぬと強く主張する。昭和三陸大津波の後には、「高き住居は児孫の和楽、想へ惨禍の大津浪、此処より下に家を建てるな」との言葉が刻まれた石碑が数多く建てられた。これらの書の警告、書の精神を理解していればと悔やまれる。

公務員はこの世の天国か。高知県土佐山村で収入役が起こした一五億円の背任事件。真面目な公務員が、出世して村長の公印を預かったところ、こんなに簡単に大金を動かせるのかと感覚が狂ってしまった挙句の事件。小さな役所では「なれ合い」がある仲間同士の信頼が絶大で、不正をしていても疑う人はない。監査監視制度もない。議会などの調査能力も期待できない。この事件は、そんな背景で起こった。土佐山村は高知市に合併され、一五億にものぼる使途不明金は高知県が補塡。七〇歳に近い収入役は、何に使ったのか。地元の高知新聞の記事によれば、贅沢な生活をしていた節はない。隠し財産もない。競輪競馬に興じていたのでもない。三軒ほどのスナックに通っていただけとのこと。「経営が苦しい」と泣きつかれる度に、現金を渡していたようだ。経済的に苦しいという人のなかには、この収入役と知り合いになりたかったという人もいるかもしれない。

〔菜根譚　前集五八〕　――心の中に真の書物を持て

本文
人心有一部真文章、都被残編断簡封錮了。有一部真鼓吹、都被妖歌艶舞湮没了。学者須掃除外物、直覓本来、纔有個真受用。

訳文
人間の心の中には、本来立派な一冊の本が備わっている。しかし、世間の断片的で心ない悪書の数々に目を奪われて、本当に良い内なるその一冊の書物が固く閉じ込められて読まれることがない。また人間の心の中には、一組の素晴らしい音楽が備わっている。しかし、世間の猥雑な歌や舞に心を移し、その一組の音楽も全て滅ぼされてしまう。道を学ぶものが、達人の域に早く到達するためには、自分の内なる書や音楽に静かに耳を清ませ、その価値を理解し、自らの能力を生かすことができるまで、外界の雑音に惑わされないことが大切である。

自己の才能の開花は、精緻な自己分析から。雑音、騒音にさえ心を奪われなければ、自己の内部に才能のあることを看過することはない。脇見よそ見は、まさに宝の持ち腐れとなる。自己の内部の囁きを聞き、才能を得て、自信を取り戻すことが大事。

内なる書物があり、それを元として、次々と作品を表現していった人間の典型が司馬遼太郎ではないだろうか。司馬は、土佐人、特に坂本龍馬という人間の生い立ち、生き方、その死に方まで不思議な魅力を感じていた。司馬の内なる書物として、龍馬がはっきりと存在していたからこそ、司馬の『竜馬がゆく』（文藝春秋）によって日本人の龍馬像が完成している。彼は少年期から読書家だったが成績は芳しくなく、旧制大阪外国語学校蒙古語学部に進学すると、将来はモンゴルでの馬賊のような生活を夢見ていた。しかし学徒出陣のために仮卒業。終戦後には新聞社に入社し、記者をしながら執筆活動を行う。『梟の城』で直木賞受賞。これを機に退職し、退職金は土佐の古文書と坂本龍馬に関する書に注ぎ込む。薩摩の重厚、長州の怜悧、土佐の与太と称し、明るく肚に一物のない土佐人を好んだ。

司馬は龍馬について、日本に神がいるとすれば、その神は、救国のために地上に龍馬を送ったのではないだろうか、と言った。幕末史の主要な政治史はほぼこの書で総覧できる。龍馬の一日一日をただ追って描くだけで、それが何よりの幕末史の説明になるのである。陰謀と裏切りと暗殺が横溢する激動の空間で、生死を賭けた決断と美学を見せる。真剣な人間の生きざまと感動がある。この美しい日本人の姿こそ、司馬の心の内にある書物の中身であったといえよう。

日本の過去の流行歌や民謡からの派生ではなく、突然出現した変異種が、「ユーミン」こと松任谷由実の音楽である。以前、ＮＨＫのドキュメンタリー番組でその独特な歌声について分析していたが、モンゴルのホーミーに極めて近い豊かな倍音が含まれているという。もちろんユーミンがホーミーを真似したわけではない。本来的に彼女が持っている内なる音楽がそのようになっていたということだ。多少なりとも、万人に内なる書物と音楽が与えられているなら、今夜静かに、読み、聴いて、自己を新たにしていただきたい。

〔菜根譚　前集五九〕──苦労を喜ぶ

本文

苦心中、常得悦心之趣、得意時、便生失意之悲。

訳文

目標に向かって、こつこつと努力しているときは、いつも苦労の連続であるのに、なぜか心の底の方に悦びが存在する。その逆に、目標が達成し成功して全てがうまくいっているときには、何の不満もないはずなのに、なぜか心の奥底に失意の影が存在する。

「幸福は成功にあらず。失敗にあらず。ただ、その過程にあり」。菜根譚が終始一貫力説する人生の奥義である。

目標に向かう努力の途中は、金銭と時間の余裕はまるでない。ひたすら営業に走り回ったり、研究や開発に没頭したり、毎日毎日同じように挨拶回りに明け暮れる日々である。そこには、明確な目標がある。そして、今成すことと目標に整合性があり、迷いはない。余裕のないことは、外部の雑音が遮断され、いらぬ噂話や根拠なきデマに邪魔されることがない。この不安のない、ひたすらな生活は、人に充実感と幸福感をもたらしてくれる。

その反対に、一度成功し、世に名声を得て、大勢の人達に囲まれ、追従と礼賛、媚び諂いと嫉妬、妬みの渦は、人間の平常心を壊してしまう。選挙でいえば、当選前は案内人しか身の回りにいなかったのに、当選するや、相手陣営の者まで祝いに来て、ことさらに喜びをあらわに見せる。表面しか見ない成功者は、世を誤る。成功失敗は外部評価に過ぎないと気づくべき。

失敗には法則がある。例えば、過去の成功体験に依存してする失敗。これは創業社長にありがち。大塚家具はニトリには敵わない。世の中の変化に対応できない企業もまた失敗する。一〇〇年前の雑誌『フォーブス』で「世界企業ランキング」一〇〇番以内に入っている企業が、今、何社残っているか。エジソン創業のGE（ゼネラル・エレクトリック）だけである。

人間社会の原則「人材が決め手」を忘却した企業はどうなるか。企業統治とは、能力あるトップ人材が、その方針をいかに組織に忠実に伝えられるかで決まる。無能な指導者からは、指示も命令も組織に降りていかない。ゴマすり出世で上がれる企業体質は、組織破壊の前触れ。指導者より部下がはるかに有能であることが組織には不可欠だ。

指導者自身の向上と周りの向上、その教育システムがない組織も危ない。教育がなければ、競争力や危機対応力に欠ける。組織はまずその魅力で自己増殖し、次に切磋琢磨させることで人材の質が高まる。さらに全員一軍化で組織は競争力を生む。逆に、一部の重用、抜擢は組織を弱める。

〔菜根譚　前集六〇〕――根のない花は萎む

本文

富貴名誉、自道徳来者、如山林中花。自是舒徐繁衍。自功業来者、如盆檻中花。便有遷徙廃興。若以権力得者、如瓶鉢中花。其根不植、其萎可立而待矣。

訳文

人間の徳や人望によって得られた富貴や名誉は、山や野に咲く花のようなものである。それはやがて、枝や葉が伸び、生き生きと茂り輝いてゆく。事業の功績によって得られた富貴や名誉は、人工の植木や花壇の花のようなものである。それはやがて、捨てられたり、移し替えられたりする、人の心に左右されるものである。権力によって得られた富貴や名誉は、花瓶の切り花のようなものである。それはやがて、根がなく、ただ枯れてゆくだけである。

富貴および名誉を得るための手段は、三つの態様がある。人徳、事業、権力である。人徳が全てに優る。徳を積むことは、控えめに生きること、相手を優先させること。利他布施の心が必要。しかし、生き馬の目を抜く現代では、こんな地味な姿では富や名声は得られないと思わされがち。あくせくし、他人を出し抜き、犯罪でなければ何でもしてやれ、そんな人間ばかりが目に入る。だから、人徳で富貴名誉を得ることは容易ではない。

私は本項から、杉原千畝《すぎはらちうね》を思い起こす。リトアニアのカウナス領事館に赴任していた杉原は、ナチスドイツの迫害により難民となったポーランド人達に、日本外務省の訓令に背き、人道的立場からビザを発給した。わずか二カ月間で、その数は六〇〇〇名を超える。現在、彼らの子孫は世界中に三〇万人存在し、「センポ・スギハラに救われた」と感謝感動の事実を伝える。彼は日本人の誇りである。

カウナスでの杉原の情報元は、ポーランド軍将校達であった。反ドイツ、反ソ連の彼らは杉原を信頼した。一九四〇年七月一八日早朝、一〇〇名を超す群衆が領事館に殺到。ユダヤ人迫害を熟知していた杉原は、発給条件不備でもビザを発給した。難民達はシベリア鉄道でウラジオストクに行き、そこから敦賀港行きの船に乗った。杉原は八月三一日の領事館閉鎖の日まで、ビザを発給し続けた。ベルリンへの移動命令が出され、汽車の中でもホテルでもビザを書いた。万年筆は折れ、指は腱鞘炎で動かず、ほとんど睡眠もとらなかった。早稲田の学生時代のノートには、ヨハネ福音書の「友のために自分の命を捨てること、これ以上に大きな愛はない」と綴っていたという。

二〇一三年一〇月二四日、早稲田大学出身国会議員有志で杉原の顕彰レリーフがキャンパス内に建立された。二〇一四年九月、稲門杉原千畝顕彰会の山本有二会長、松原仁幹事長ら代表団は、イスラエル政府にレプリカを贈呈。同国外務省に永遠に掲示されることとなった。

〔菜根譚　前集六一〕——世の中に生きたとしても

本文

春至時和、花尚鋪一段好色、鳥且囀幾句好音。士君子、幸列頭角、復遇温飽、不思立好言行好事、雖是在世百年、恰似未生一日。

訳文

春が来て、穏やかな気候になったならば、花は鮮やかな色となり、鳥は美しい音色でさえずる。それと同じように、学問を志す者が、過酷な冬の時期を刻苦勉励して、頭角を現し、春が来たと同様に、一流の学者となり、高収入にも恵まれるとしよう。もしその者が、この春の恵みに満足し、その地位に甘んじ、努力を惜しみ出すとすれば、たとえ一〇〇歳まで生きたとしても、たった一日も生きたことにはならない。無駄な人生となってしまう。

人生は氷の坂道をスケート靴を履いて上がるようなもの。ひとたび、慢心、怠惰で歩みを止めれば、滑り落ちるばかりの結末。その努力は、社会的価値あるものでも、単なる個人的なものでもよい。ともかく、一歩でも向上する積極的精神が求められる。脳梗塞のリハビリで、廊下を少しずつ歩くことも重要な努力の一つである。生きることは、努力すること。努力を惜しむことは、生きることを無価値にすることなのである。

一般に、快楽の経験が幸福を生むと考えられている。しかし、快楽というものは地位と収入が高ければ得やすいものだ。快楽と幸福は、無関係ではないだろうか。快楽は消えやすく、快楽の経験が自己を成長させることはない。麻薬や違法ドラッグは、人を快楽に導く。その果ては、ただ破滅だけである。他方、文化芸術、スポーツの快楽は、たゆまぬ努力なくして得られない。これらは永遠の価値を持つ。

「われ未だ木鶏《もっけい》たり得ず」。これは横綱双葉山が、七〇連勝という大記録を前に敗れた時、安岡正篤《まさひろ》に送った電報である。求道心の強い双葉山は、東洋哲学者の安岡正篤を師と仰いでいた。その安岡に教わった荘子の「木鶏」になり得ないことをもって、敗れた事実を伝えた。強い者は威張る。さらに強い者は、眼光鋭く殺気がある。本当に強い者は、木でできた鶏のように、外部がどうあれ泰然自若としている。この連勝記録は今日まで残る。

安岡正篤は陽明学者として知られるが、吉田茂、岸信介ら歴代総理の指南役であったと言われ、経済界にも信奉する者が多い。しかし晩年の安岡は、地位と名誉、収入に恵まれ、それに甘んじてしまった。暴力団と深い関係があると指摘される女性占い師と入籍するなどのトラブルを起こす。認知症であることや結婚生活の実体がないことから、家族は婚姻無効の訴えを起こし認められた。その占い師とは、細木数子氏である。

若き時期の安岡は、松蔭の如く、清廉潔白でひたむきな学問の徒であった。実社会に対する免疫のない安岡は、手練のヤクザの手に掛かればひとたまりもない。「九仞《きゅうじん》の功を一簣《いっき》に虧《か》く」の人生である。

〔菜根譚　前集六二〕――拘泥しない生き方

本文

学者、有段兢業的心思、又要有段瀟洒的趣味。若一味斂束清苦、是有秋殺無春生。何以発育万物。

訳文

学問は、万物を生かし育てるものでなければならない。それ故、学問を志す者は、己に厳しく、戒め慎む心がなければならない。その上で、さらにさっぱりとして物に拘らない寛大な心持ちが必要である。もし、もっぱら自己を厳しく規制し、清廉で苦しい生活ばかりしているならば、万物は枯れしぼんでしまい、春になっても生命は生じなくなってしまう。それでは、万物を生き生きと、生かし育てることなどできるはずもない。

学問の力は強大である。一八六六年、ニトログリセリン研究に没頭する貧しい化学者は、ダイナマイトを発明し、万物を生かした。彼は二〇〇万ポンドもの富を得て、遺産の一部はノーベル賞基金となる。その化学者の名は、アルフレッド・ノーベルである。

ダイナマイトは、ニトログリセリンをしみこませたオガクズに珪藻土を混ぜ、雷管を付けたもの。ノーベルは珪藻土に混ぜることで、ニトログリセリンが日常的に安定することを発見し、米国特許を取得した。以降、米国は国策で大量のダイナマイトを生産し、世界戦略を練った。

一八七五年、つづいてノーベルは、ゼリグナイトという世界初のプラスチック爆弾を発明した。ゼリグナイトは安定から不安定まで調整可能で、爆発力も操作できた。採掘、掘削に適し、兵器用の爆薬として輸送も可能。世界五〇か国で特許を取得し、生産工場は一〇〇以上にのぼる。日本も群馬県高崎市に工場を作り、大量生産する。このおかげで、日露戦争の弾薬を賄い、日本海海戦、特に旅順攻撃において東鶏冠山北堡塁を二三〇〇キロという想像を絶する量のダイナマイトで吹き飛ばし、勝利の源泉となった。

この発明によって世界は、鉄鉱石の採掘、石炭の採掘、その生産量が飛躍的に伸び、現代社会の基礎を築いた。そして一挙に蒸気機関車、自動車、航空機の時代へと進む。戦争も、破壊規模が増大し、第一次世界大戦は、各国のダイナマイト工場の生産量が、軍事力、国力となった。

ノーベルは発明で万物を生かした。しかし個人の人生は、あまりにも地味で惨めでさえあり、枯れ萎んでしまった。終生独身で、友人も恋人もほとんどいない孤独な生活を続けたという。パリではうつ病の治療を受けた。相続財産は兄弟の子供たちが受け取った。しかし、今でも遺産を巡って裁判が続いている。人を信用しないノーベルは、ひそかに自筆の遺言を作成した。それによって、遺産の一部がノーベル賞基金となった。ノーベルの人生は華やかなものではなかったが、永遠に「ノーベル賞」は輝き続ける。

〔菜根譚　前集六二〕――なぜ未熟なのか

本文

真廉無廉名。立名者正所以為貪。大巧無巧術。用術者乃所以為拙。

訳文

本当に清廉潔白な人には、清いという評判は立たない。清いという評判の立っている人は、まだ、欲が残っている証拠である。本当に巧妙な術を体得した手練の者は、決して己の練達さを見せることはない。むしろ拙なる外見を装う。また、本当に雄弁なる者は、決して上手くは語らず、むしろ訥弁でさえある。

大賢は愚に似たり。老子は無為自然を説く。賢さや知恵は、何の役にも立たない。生まれたばかりの赤ん坊のように、術も策もなく無邪気に生きる。本来の個性のままに生きることを大切にする。これこそが、人生の奥義と説く。この影響を受けたトルストイは、『イワンの馬鹿』を書いて、西洋に東洋の思想、老子（タオ）を伝えた。最良の賢人は、常識の社会では、一種の馬鹿に見える。馬鹿になれる人材こそ、賢者なのである。清潔、清らかの演出をしているうちは、まだ馬鹿になれていない。

「百術は一誠に如かず」。多くの偉人が座右の銘として挙げる言葉である。人間は、知力、権力、金力、あらゆるものを駆使して欲望を実現しようと懸命になる。しかし、それで人間を動かすより、誠心誠意の心からの態度のほうが、人の心をつかみ、動かすことができる。理よりも情の原動力のほうが優る。

真の雄弁家について考察するとき、私は足尾鉱毒事件の闘士、田中正造を思い出す。彼は渡良瀬川の畔に立ち、「われ雄弁家にあらず、われ能弁家にあらず、われ真の社会主義に立脚した雄弁家たらんと欲す」と獅子吼したという。正義の主張の伝達力こそ、雄弁の本質である。時に、訥々と語らなければ伝わらないこともある。説く自分の座ではなく、聞く相手の立場に立つ名人の境地の言辞でなければ、雄弁家たるを得ない。

明治三三年、田中正造衆議院議員は、足尾銅山の鉱毒事件によって、亡国に至るを知らざれば、即ち亡国なり、と政府を糾弾した。その趣旨に賛同した早稲田、慶應、東大の学生たちは立ち上がり、救済運動演説団を結成。全国遊説に入った。政府は仕方なく、鉱毒調査委員会を設置。初めて学生の行動が社会を動かしたのであった。

その勢いを力に、早稲田大学雄弁会は設立された。総裁は大隈重信であった。「わが国には、能弁家や達弁家は多いが、真の雄弁家はほとんど見あたらない。我々は、事実の説明家や思想の叙述家を以て満足してはならない。宜しく輿論を喚起し、一世も動かすような雄弁家を作らねばならない」。小野梓が残した言葉が結成趣意となり、今日もなお受け継がれる。

〔菜根譚　前集六四〕——満たない心

本文

欹器以満覆、撲満以空全。故君子、寧居無不居有、寧処欠不処完。

訳文

古代中国には、欹器という容器がある。水を半分入れると正しく立ち、水をいっぱいにすると、倒れてしまう。また、撲満という貯金箱がある。土器でできていて口が小さく、いっぱいになると、叩き割って壊してお金を出す。二つの器は、満つれば共に、形を変える宿命にある。故に、君子は、足らざるをもって良しとし、決して、物欲で満たされる生活を送ることはない。

欹器《いき》という器は、空のときは傾き、水を半分入れると正しく立ち、水を満たすと倒れるという容器である。座右に置いて、満ちれば欠ける道理の訓戒とする道具とされる。この欹器には、孔子にまつわる次のような逸話がある。孔子が魯国の宗廟を参観した時、儀式に使う欹器に目をとめ、弟子に命じて水を注がせてみた。すると、満杯にしたとたんに器はひっくり返り、中の水は全てこぼれてしまった。それを見た孔子は「世の中には満ちてひっくり返らないものはないものだ」と嘆き、謙虚に退けば損をしないということを説いたという。

もう一つ挙げられている撲満《ぼくまん》は、陶器でできた貯金箱。日本にあるものと同じで、中のお金を取り出すには貯金箱を壊すしかない。こちらも満ちれば形を保てないたとえとして用いられる。中世中国の精神文化独特の比喩だが、日常生活の食器にまで、帝王学の教えを説く手段が施されている。やや飛躍を否めないが、正しく生きることへの切なる願いは十分伝わる。

日本にも、手を洗うたびに教訓を知る道具がある。「吾唯足知（われ、ただ足るを知る）」。臨済宗妙心寺派、京都の龍安寺にあるつくばいに、この文字が入っている。この意味は、大切なのは自分にとっての必要を知るということ。足るを知るもののみが幸福を得ると説く。

「この世をば我が世とぞ思ふ望月の欠けたることもなしと思へば」。これは一〇一八年に藤原道長が詠んだ歌である。道長はこの直後から体調を崩し、激痩せ。水をしきりに飲むようになった。糖尿病の悪化である。合併症で視力も衰え、五〇歳代後半には、対面する人物の顔すら判別困難になったという。加えて、心臓の持病もあった。

うまくいったと思えるのは、人生の僅かな一時期である。一〇二八年、六二歳で病没。背中に大きな腫れ物があったという。人間は平等である。幸福の量は一定である（幸福量一定の法則）。また、四季、人生の春夏秋冬、いい時期も悪い時期も誰にでもある（吉田松陰）。おごれるものは久しからずだが、おごっても自滅が待つばかりなのである。

〔菜根譚　前集六五〕——一片の名誉心

本文

名根未抜者、縦軽千乗甘一瓢、総堕塵情。客気未融者、雖沢四海利万世、終為剩技。

訳文

本当の君子になろうとする者が、名誉心を捨てきれなければ、いくら出世を遠慮拒否しても、いくら貧乏な暮らしに甘んじていても、結局は、世俗の欲望の真ただ中にいるのと変わらない。また、君子になろうとする者が、傲慢不遜な気持ちが解けて消え去ってなければ、どんなに後世に役立つ事業を起こしても、世界中が評価する功績を残しても、所詮は、無駄骨である。何の意味もない。

名誉心を捨て、傲慢な心を消し去ることは、会社などの組織の中では困難である。しかし、菜根譚は、君子になるためには捨てきること、消し去ることを求める。確かに、名誉心のための出世、謙虚さに欠けた成功ほど許しがたいことはない。根拠なき地位獲得と上から目線は、嫌悪感を生じさせる。人間の心の薄汚さを徹底的に排除することによって、はじめて君子になれる。「私利エゴを捨て、謙虚な姿勢で努力する」。失敗しても成功しても、同じ姿勢で努力する。それ以外の道は、人生に残されてはいない。

生い立ちはバネとなる。傲慢不遜と言われても、あくなき商魂で成功者たりえるのが一流の経営者であろうか。例えば、ソフトバンク社長・孫正義氏。二〇一四年の日本富豪ランク一位。

一九五七年、佐賀県鳥栖市に生まれる。在日韓国人の両親のもと、戦後の差別の激しい地域で、豚や羊と一緒の不衛生な貧困生活を送る。その後、父親は高利貸しやパチンコなどで財をなし、裕福な時代も経験する。久留米大学附設高校入学後、サンフランシスコのセラモンテ高校に編入。飛び級して一九七七年にカリフォルニア大学バークレー校経済学部三年に編入。一九八〇年、卒業。差別偏見の社会に生まれ、憎悪に満ちた日本を避け、人種のるつぼ米国に学ぶことで飛躍。米国シャープに自動翻訳機を売り込み、一億円を手にする。福岡に帰国後、起業の準備。一九九〇年、帰化。孫氏はその出自から、どんな屈辱にも耐えられる根性を培った。彼のビジネスは、傲慢不遜の評価など遥かに超えるブラックをも呑み込む経営手法を採る。

市場がグローバル化して、ビジネスでは米国的刹那主義、拝金主義が人間哲学に優る。現実のバランスシート上の数字が、思想や主義主張を超える風潮となっている。アングロサクソンの狩猟攻撃的経営に打ち勝つには、日本で同情に値する境遇に耐えた人間でなければ、なし得ないのかもしれない。

〔菜根譚　前集六六〕——暗きで見る青空

本文

心体光明、暗室中有青天。念頭暗昧、白日下生厲鬼。

訳文

曇りなき心を持つこと、即ち、正しく物事を理解し整理することができれば、暗く陰湿な部屋の中でも、青空の下に居るかのように、爽快極まりない気持ちになる。その反対に、心に曇りがあるならば、即ち、正しく物事を理解できず、心の整理がつかなければ、白日のもとにあっても、まるで悪霊に取り付かれ雁字搦めになって、暗く陰湿な部屋に閉じ込められているような気持ちになる。

「正しく物事を理解し、整理する」。言うは易く、行うは難しである。悩み、疑い、不安、人間はありとあらゆる事象に確信を持てないまま、翻弄されて日常をただ過ごしている。この不安定な心理に強い凝固剤を注入し、固い確信に変えることこそ、君子への道である。人生に存念がなくなること。また、一種人生への割り切りがなければできないことである。未練、欲望など、心の枝葉が伸び茂っている限り、この境地には至らない。修行三昧の禅坊主のように、座ること以外に何もない環境にして、それでも到達するか否かの境地である。この割り切りは、大病、倒産、刑務所生活など、自殺して当然であるくらいの経験以外からは会得できないと識者は言う。塗炭の苦労をせず、この書を読むだけで肚を構えることができれば、人生苦労はない。けれども、この消息を知っているだけで、曇りが溶け、救われることもありうるであろう。

「無一物こそ、無尽蔵」という禅語もある。何もないこと、援助支援の対象であること、それ即ち貧困と文明社会は整理する。物に溢れた生活を善とし、何もない生活を悪とする価値観は、製造業中心消費経済文明の徒花にすぎない。天地に神宿り、一汁一菜に感謝し、五風十雨の運行に身を任せ、巧まず自然《じねん》に生きる様を、貧困とは言わない。無こそ、湧き上がる幸福感、積極的人生の精神性を育む強い土壌である。

物の整理、部屋の片づけは、心の整理の出発点。物の整理術の要点は、捨てることにある。捨てなければ空間は整頓されない。伊勢神宮内宮の神殿は、白い玉砂利の世界に神々しくたたずみ、宇宙の計算式通りの寸分狂いのない位置に存在する。禅道場や寺も、心の純化にふさわしい簡素なたたずまいである。たとえ自己の家、部屋といえども、この感覚で整理されれば、気持ちも心も曇りは出ない。

捨てることは、自己への自信の現れ。捨てられない人の共通点は、自分に対する自信のなさ。物に自分を投影し、捨てる対象がまるで自分であるかのように錯覚する。無意識の不安を抱えている。何も見ずに捨てて、後で困ることはほぼない。断捨離が片付けの神髄と言える。

〔菜根譚　前集六七〕——本当の不幸

本文

人知名位為楽、不知無名無位之楽為最真。人知饑寒為憂、不知不饑不寒之憂為更甚。

訳文

世の中の人々は、高い地位にあることが楽しいことであることをよく知っている。しかし、彼らは、実は、もともと名声も地位も名誉もないときの楽しみこそ、最上でかつ真実の楽しみであることを知らない。世の中の人々は、衣食が足らず飢えや凍えに晒される生活が不幸であることを知っている。しかし、彼らは、実は、飢えや凍えがなくなったからといって不幸がなくなるわけではなく、さらに一層、深い憂いがやってくるものであることを知らない。

地位にあることとは、楽しいか。体操競技に例えると、高い平均台の上で難易度の高い演技をしているようなものである。下で見ている者は、心のどこかで失敗を喜ぶ。高所にいるだけでも緊張するのに、その上演技までしなければならないのだ。これが大臣なら立派な政策を作り、部下を管理し、答弁もそつなくこなさなければならない。上手にやって当たり前、少ししくじると大騒ぎである。どうせなら、高い地位を早々に引き上げ、本当の楽しみを味わいたいものである。

「私はアフリカの子供たちを救うことができる。飢えた子にはパンを。病気の子には薬を与えれば救うことができる。しかし、先進国の子供たちには何もしてあげられない」とマザー・テレサは言った。衣食は足りて身体的に発育できても、心の病は襲ってくる。一般的な愛の手法では解決しえない。心の病は個別性が強い。ケースワーク、カウンセリング、発達障害や思春期のホルモンバランスなど、微細微妙なコントロールが必要である。この問題に成功した先進国はいまだにない。

先進国の中で、日本の自殺者は異常に多い。二〇一八年の人口一〇万人当たりの自殺者数は一四・七人(二〇二〇年は一六・六人)。OECD加盟国の平均がおよそ一一人なので、先進国の中で高位にある。

ではなぜ日本人に自殺が多いのか。それは複合的連鎖的悪条件の存在がうかがえる。日本の社会は一つの躓きがあると、連鎖して不幸に転落する仕組みがあると言われている。例えば「失業」すると資産がないためすぐに「貧困」に陥り、「病気」になって、やむなく「多重債務」を負ってしまう。その上「引きこもり」になってやがて「うつ病」を発症。いったんこうした状態になってしまうと、なかなか自分で改善できるものではない。特に、大都会の匿名性、無記名性は個人情報の秘匿には好都合であるが、誰にも不幸な状況の確認をしてもらえず救いの手が差し伸べられることはない。都会の孤独を選択し、自由を満喫する半面、大きな落とし穴があるのだ。

〔菜根譚　前集六八〕——善事を矜る悪

本文
為悪而畏人知、悪中猶有善路。為善而急人知、善処即是悪根。

訳文
悪いことをしても、それを他人に知られることを恐れる人は、どんな悪人であっても、善に向かう良心があるといえる。善いことをしても、それを他人が知ってくれることを強く望む人は、善をなしたところで、その善そのものが、実は、悪の根源であり、この善は悪事そのものである。

善悪の分水嶺を考えさせられる。外形的行為とその結果を見れば、悪事をなした者が悪いのは当然。善をなした者は、その理由は何であれ、悪よりははるかに善いことは歴然である。しかし、その基準を内部的内心に求める時、結論は真逆になる。行為の未遂既遂とは離れて思考する。即ち、反対動機の形成が可能か否か、「思考が善に向かっているか否か」で決定するのである。たとえ悪事をなしたとしても、悔い改めの心があれば、次には悪事を働かないであろう。次とは即ち、将来。将来、善に向かうなら、それを善と評価する。逆に、善をなしたとしても、他人から風評を得たいだけなら、評判のために善をなしただけで、心には善に向かう気持ちは見いだせない。体裁のための善は、むしろ次に大きな悪事をなすための布石かもしれない。善への道筋が判然としない以上、悪の予兆とも思われる。この善は、悪の根源なのであると説く。

浄土真宗の教義に、悪人正機という思想がある。親鸞《しんらん》上人は『歎異抄』で「善人なおもて往生を遂ぐ、いわんや悪人をや」と説き、阿弥陀様の本願は、罪業の深い悪人を救うことにあるとしている。どんな小さな悪も見逃さない仏の目から見れば、全ての人は悪人である。一切衆生は末法末世に生きており、何もなしえぬ凡夫である。それが阿弥陀様の光明に照らされた時、即ち、真実に目覚めさせられた時、自らは誠の善など一つもできない悪人に過ぎないことを気付かされる。世の善人顔をしている者は、自分の善行であの世で極楽に行こうとしている。しかし、これは阿弥陀様の本願力を疑う行為で、偽りの善でしかない。称名念仏は、決して行ではなく、感謝の、報恩謝徳の意味なのである。

「悪」の意味は多様である。ユダヤ教では、「善も悪も神が作りたもうたもの」という。虚無主義では、善悪の区別は全く意味をなさない。善悪の分水嶺を阿弥陀様の心に置く時、一般の社会にいう善悪とは全く異なる概念となる。菜根譚本項と一脈通ずる論理である。

〔菜根譚　前集六九〕――天命をほしいままにする

本文

天之機緘不測。抑而伸、伸而抑、皆是播弄英雄、顚倒豪傑処。君子只是逆来順受、居安思危。天亦無所用其伎倆矣。

訳文

天は、人間の運命を操る。その操る仕組みは、人智では、到底推し量ることはできない。抑えて苦しめたかと思うと、今度は、伸ばして喜ばせ、伸ばしたかと思うと、また、抑えて苦しめる。天は、どんな英雄もほしいままに弄ぶ。豪傑をも木っ端微塵に打ち倒してしまうのである。ただし、道に達した君子だけは、そういう訳にはいかない。天が、逆境を与えれば、順境として受けとめてしまう。また、危険を与えても、平穏な日に、災害の備えをしており、危険を上手く回避する。だから、天も、君子にだけは、手が出ない。

一様ではない人の人生。誰にも人生の四季があり、また、不幸と幸せの量は一定だという。しかし、君子になった人には、この論理が通用しない。君子は生きているそのこと自体で幸福を感じられるのだ。だから、苦労も災難も、上手くかわすことができる。君子には順逆はなく、順のみである。しかし、よく見れば、この境地になるために多くの辛酸、艱難辛苦をなめている。地獄も天国も味わった後にしか到達できないのが君子である。君子になれば、逆を順に、難を平に変えるわざを得る。大難を小難に、小難を無難に変える。人生至難の業であるが、求める価値はおおいにある。

第二〇代総理大臣、高橋是清の人生は、順逆混在の流転の人生であった。

一八五四年、芝大門に生まれる。幕府の絵師、川村庄右衛門四七歳がその家の女中に産ませた子供。仙台藩の高橋家の養子となる（逆）。一三歳で、藩命により横浜外国人居留地の下男になる。小遣いを貯め、米国留学の予定が仲介業者に渡航費などを着服され、ホームステイ先では奴隷となる（逆）。一四歳で運良く帰国。英語力をかわれ、一七歳で唐津藩の中学の英語教師になる。その後、東京開成高校に移り、正岡子規、秋山真之《さねゆき》らを教える。特許庁に異動（順）。思い立って役所を辞め、南米銀鉱山の発掘事業に賭けるが、大失敗。一文無しで帰国。三八歳で清水建設日銀現場作業員となる（逆）。日銀の知人に会い、給仕で採用。日露戦争戦時国債発行のため登用され、公債募集でロンドンに。戦費調達に大成功。一九一一年、五六歳で日銀総裁となる（順）。五八歳、山本内閣。その後原敬内閣で大蔵大臣に。原暗殺後、総理大臣に。加藤高明内閣で農商務大臣。田中義一内閣で三度目の大蔵大臣。このとき、日銀総裁の井上準之助とインフレ政策で金融恐慌を乗り越えた。一九三一年犬養内閣で四度目の大蔵大臣。斎藤実内閣で五度目、岡田啓介内閣で六度目の大蔵大臣就任。このとき、八〇歳（順）。その後、軍事予算縮小。二・二六事件で暗殺される。享年八一歳（逆）。

〔菜根譚　前集七〇〕——成功できない人

本文

躁性者火熾、遇物則焚。寡恩者氷清、逢物必殺。凝滞固執者、如死水腐木、生機已絶。倶難建功業而延福祉。

訳文

情緒が不安定で気性が激しく、かつ、情熱に溢れた人は、火が燃え盛るように、何事も焼き尽くしてしまう。情緒が安定して冷静で全てに冷ややかな人は、出会った人の生気を奪い、何事も凍らせてしまう。物事に拘り自説を曲げず、頑に生きている人は、自分も相手も活かすことはなく、枯れた木と同じように、全く役に立たない。このような性格の人達は、事業を起こしたり、人のために役に立ったり、人を幸福にさせたりすることはできない。

人間の好悪を論じることは君子のなすべき行いではない。けれども、成功の指南のためには、どうしても伝えなければならない事柄がある。それがこの項である。「情緒不安定、激しい気性、かつ情熱溢れる人物」。何事も焼き尽くしてしまうことになるのでは、事業や組織は維持できない。けれども、こんな人物だからこそ、成しえることがある。天才モーツァルトがそれにあたる。映画『アマデウス』は、宮廷音楽家のサリエリとの対比の中でその事情を上手く描いている。非常識で不埒なモーツァルト。しかし、その曲は歴史に残る名曲となる。まじめに生きるサリエリは、嫉妬に狂う。まさに焼き尽くされてしまう。次に、「全てに冷ややかな人」も問題がある。仲間が育たない。人間の生存本能には群れを作って集団で生活をして生命を守る法則が組み込まれている。おそらく、長い狩猟生活から得られた、知恵と習慣であろう。そこでは、孤立、仲間から離れることは、生存の危機となる。冷ややかな人間は、仲間と盛り上がり信頼を得ることができない。次に、「頑なに生きる人」も問題である。人間社会では、心温かいことの価値は大きい。相手を尊重しなければこの世は成り立たない。より良い社会は、人のアイデアを活かすことから始まる。自分の意見と相手の意見と相互交流して初めて、新たな発想や発見にたどり着く。「自説を曲げず、頑なに生きている人間」は、人間社会発展の基礎を否定している。そのような人物は、世に役に立つことはない。

筆者は、このような人間にならぬように注意して、やがては成功を収めてほしいと願うのである。しかし、時代とともに産業も変化し成功の概念や成功者の思考や精神も変化している。狩猟採取から農耕文化へ、さらに産業革命へ。それぞれ成功する人間のタイプやスキルは異なるものがある。農業の成功は、豊作であった。特に日本の狭地農業は、広さに限界があるので、勢い深く掘り下げて根を強くする耕作方法が良しとされた。朝から晩まで働き、狭い田畑を鍬で深く耕す、いわゆる「一所懸命」の精神の持ち主が成功するとされていた。そこには自虐的までに自己犠牲を伴い過重労働に耐えた者のみが成功者となる。つい昭和の時代まで日本人の思想も完全に、努力する者が報われる的成功観である。他人より早く起き遅くまで働くことこそが成功の条件となった。けれども、現代のインターネット社会は、成功者のイメージを大きく変えた。アニメ作家、ユーチューバー、アプリ開発者、特に米国のアップル社の創業者スティーブ・ジョブズとアマゾンの創業者ジョフ・ベゾスの登場は、圧倒的な若者の人生観を変えている。「ステイ・ハングリー・ステイ・フーリッシュ」。スティーブの成功の秘訣である。自由奔放に思考をめぐらせ、夢中で楽しいことをしていく。ゾーン体験の連続で成功は導かれるのである。平凡な家庭のガレージで、友達と二人でコンピュータを組み立てる。夢だけを糧にIBM、マイクロソフトを超してゆく。『起業の天才』（大西康之著、東洋経済新報社）は江副浩正の人生を改めて分析している。リクルートは現在、八兆円の売上を誇る。江副が大学在学中に起業した「大学新聞広告社」のときの事業を実践するのが基本である。特に驚かされるのは、現在のアマゾンの収益の中心になっている企業情報のクラウドを引き受けるビジネスは、実は江副のやろうとしていた仕事であった。アマゾンを起業する七年前、ベゾスは日本で生活していた。プリンストン大学の電気工学と計算機科学を専攻した。就職は、無名のベンチャー企業「ファイテル」を選んだ。ベゾスは、そこで「株取引オンライン決済」を学んだ。このベゾスの会社を江副は、買収したのである。アーク森ビルにある日本代表で、一七二センチの小柄な米国人は、江副と今後の通信技術とビジネスの将来を語り合った。その時の江副の事業的野心は、NY・ロンドン・東京を結ぶテレポート（通信機能を備えた巨大通信基地）を使い、クラウド・コンピューティングをすることにあった。アマゾン・ウェブサービス（AWS）がそれである。今アマゾンの柱である。

物事に拘り自説を曲げず、頑に生きている人は、自分も相手も活かすことはなく、枯れた木と同じように、全く役に立たない

〔菜根譚　前集七二〕——災禍は殺気だった心におこる

本文

福不可徼。養喜神以為召福之本而已。禍不可避。去殺機以為遠禍之方而已。

訳文

幸福は、殊更、求めて得られるものではない。ただ、楽しみ喜ぶ心を養い育てることが、唯一幸福を招く方法となるだけである。災禍を、殊更、避けようとしても、避けられるものではない。殺気立った荒々しい心を取り去ることが、災禍を避ける唯一の方法となるだけである。

運命に翻弄されるのが人間の人生である。自然の摂理など、人間の能力の範囲では変えられないものがある。しかし、我と我が身の届く範囲で努力すれば、変えられる事柄もある。大切なのは、自らの努力不足で不幸を招いたり、禍を大きくしたりすることのない賢者の生き方をすることである。

天才には災禍が多い。ヴィンセント・ヴァン・ゴッホは、自ら墓穴を掘る不幸な人生を歩んだ。

一六歳でハーグの画商グーピル商会に勤務するが、転勤や失恋の痛手から次第に孤独を深め、退職する。郷里オランダに戻ると、彼は牧師である父の支援のもと牧師を目指す。しかし子持ちの未亡人ケーに恋心を抱いたことが父の怒りに触れ、引き離される。ゴッホはケーの実家を訪ね、彼女に会わせろと両親に迫る。この時、食卓のランプの炎に手を近づけ、「会うまでこの手を焼き続ける」と脅したという。ゴッホの父はますます呆れ、牧師は到底無理だと破門にした。

二九歳、ゴッホは従兄弟モーブのいるハーグに転居する。画家モーブは石膏デッサンを重視したが、ゴッホは「僕が描きたいのは冷たい石膏なんかじゃない、生命の躍動なんだ」と言って石膏像を叩き割った。この奇行に困惑したモーブは、しばらくゴッホと距離を置く。この頃、ゴッホは娼婦のシーンと恋仲になるが、弟のテオに結婚を大反対され諦めている。再び郷里に戻ったゴッホは、今度は隣に住む一〇歳年上のマルホットと恋仲になり、結婚を決意する。しかし双方の家族から反対され、マルホットは服毒自殺をしてしまう。父との関係が最悪になったゴッホは、「貧しい農民も哀れな娼婦も救えない、教会も牧師も無力である」と口論。父は激怒のあまり脳卒中で死んでしまった。

当てもなく、弟テオのパリの下宿に転がり込んだゴッホは、テオの金で日本の浮世絵を買い集めた。その数は五〇〇点にも上り、テオとの喧嘩は絶えなくなる。同じく浮世絵に魅せられた画家ゴーギャンとの共同生活を始めるが、彼のほんの少しのアドバイスも自己の全否定と捉え、しばしば喧嘩となった。去ろうとするゴーギャンを引き止めるつもりだったのか、カミソリでゴーギャンを切りつけ、そして、自分の耳をも切り取る事件を起こす。この後、精神科病院に入る。一八九〇年、自殺か他殺か不明のままこの世を去る。三七歳の稀有な生涯であった。病因は、梅毒の最終段階、麻痺性痴呆との診断の他、統合失調症、てんかん、アブサン中毒など数多くの説がある。こうした病状故に、ゴッホは狂気による歴史的作品を何枚も残すことができた。天才はしばしば不幸と隣り合わせだ。

〔菜根譚　前集七二〕　——どう語ればいいのか

本文

十語九中、未必称奇。一語不中則愆尤駢集。十謀九成、未必帰功。一謀不成則訾議叢興。君子所以寧黙毋躁、寧拙毋功。

訳文

一〇の言葉を述べて、九つ正解であっても、世間から優れた人物という評価を得られるとは限らない。たった一つの言葉でも誤りである限り、その言葉に非難が集中してしまう。一〇のはかりごとの内、九つまで成就したとしても、世間から功績がある人という評価を得られるとは限らない。たった一つのはかりごとが失敗なら、その一つで中傷が渦巻き叩きのめされてしまう。このような人生であることを知る君子は、気軽にしゃべることはなく、むしろ黙して語らない。また、君子は、上手に立ち回ることはなく、むしろ拙を重んじ目立つことは控える。

黙って目立たなければ、存在感はない。存在感がなければ、世間の評価に「失敗」はない。あの時、「STAP細胞は、あります」と言わなかったら、小保方晴子氏は注目もされず不正も暴かれず、今も学者を続けられていたかもしれない。

目立つことと成功することとは異なる。「悪名は無名に勝る」という諺もあるが、たとえ悪評であったとしても、世に知られていない状態よりはずっとよいと説くこの考えは、一昔前の教えではないだろうか。コツコツと積み上げた人生の成果を一挙に「悪名」で失うより、愚直に努力して目立たないことは、万古不変の生き方の模範である。誤りなき人生は、黙と拙にある。

ＳＴＡＰ細胞（刺激惹起性多能性獲得細胞）は、生命科学の常識をくつがえす大発見とされ、また小保方氏が若い女性であったことからも大いに注目を集めた。外的刺激を与えることで動物細胞の分化した状態を無効にして初期化でき、再分化を可能にできるというもの。山中伸弥氏の発見したｉＰＳ細胞とは異なり、体内で臓器再生が可能になる点が、遥かに優れた発見であると評価された。

このＳＴＡＰ細胞の共同研究者である笹井芳樹氏は、三六歳で京都大学教授になり、天才医学者と高い評判を受けた人物だ。二〇〇〇年、理化学研究所 発生・再生科学総合研究センター（理研ＣＤＢ）設立に関与。若手研究者の育成を目指し、米国に負けない研究体制を目指した。二〇一二年、新人研究者の公募面接に立ち会い、小保方晴子氏を採用。二〇一四年、ＳＴＡＰ研究予算一〇年で五〇億円を獲得する。

小保方氏は常に笹井氏の側にいた。笹井氏も、小保方氏に目をかけた。二人は一年に五〇回以上出張し、約五〇〇〇万円がその費用に充てられていた。彼女の未熟さを知りながら、山中伸弥氏とｉＰＳ細胞への対抗心から、ＳＴＡＰ細胞が存在すると信じたかったのかもしれない。二〇一四年、騒動のさなか、天才研究者は自ら命を絶った。

〔菜根譚　前集七二〕——熱意と平穏のめぐみ

本文

天地之気、暖則生、寒則殺。故性気清冷者、受享亦涼薄。唯和気熱心之人、其福亦厚、其沢亦長。

訳文

年々歳々季節は自然に巡ってくる。春になれば、暖かくなり、万物は生え育ち、多くの恵みがある。冬になれば、寒々しく、枯れて死んで行く。この摂理と同様に、人も冷たく冷徹であれば、天から受ける恵みも少ない。反対に、心が和やかで温かいならば、天の恵みは厚く、福徳も限りなくいつまでも続く。

風呂は、四〇度が適温である。二度高ければ熱くて入れず、二度低ければ寒いと感じる。人間の体感は絶対値ではなく、微妙な範囲の主観に留まる。僅かな差が、人の評価として定着してしまう。

周りの人に温かいと感じてもらうには、表情が穏やかであること、言葉が優しいこと、この二つで条件が整う。その上に、日常の挨拶、小さな贈り物、手紙ハガキの連絡、感謝の言葉があれば、ほぼ九割が「温かい人」になる。しかしなかなか、温かさを演じるのは難しいことである。

ギリシア神話の昔から、親子関係は難しいことを知る。ソポクレス作の戯曲『オイディプス王』。「息子に殺され、息子は妻を娶るだろう」と予言されたテーバイの王ライオスは、妻のイオカステと床を共にすることを避けた。しかし、酔った勢いで遂に子供ができてしまう。王はオイディプスが生まれると、足に針を刺し、山に捨てた。オイディプスはやがて成長し、コリントスの王の後継者となった。出生の秘密を知らぬまま、ライオス王を殺してしまう。さらに、その妻であり実の母でもあったイオカステを妻としてしまった。後に真実を知り、イオカステは自殺、オイディプスも目に針を刺して行為を悔やんだという。この神話は、精神分析の用語「エディプス・コンプレックス」の語源となっている。男子が母親に性愛情を抱き、父親に嫉妬する無意識の葛藤感情を指す。

親子関係が壊れた例は多い。大塚家具しかり、ニトリしかり。ニトリは、年商七〇〇〇億円、店舗数五〇〇店以上（二〇二〇年）の一部上場企業である。家具販売業の大成功者、似鳥昭雄社長は激しい母子喧嘩を繰り広げてきた。その原因となったのは、彼が日経新聞に連載した『私の履歴書』であった。ここに、子供の頃は極貧であった、替え玉受験したなどの破天荒な内容を書き、これに対し母は何から何まで嘘だらけと反論した。また、前代表である父が亡くなった後の遺産を巡って、一族内で泥沼の争いも起こっている。長男の昭雄社長VS母親&三人の弟妹連合。裁判により和解が成立してはいるが、家族内に大きなしこりが残った。

〔菜根譚　前集七四〕——私利私欲の迷い道

本文

天理路上甚寛、稍游心、胸中便覚広大宏朗。人欲路上甚窄、纔寄迹、眼前倶是荊棘泥塗。

訳文

天地真理の大道の道は、広大無辺の大らかな道である。少しこの道に入り歩いてみると、心は豊かになり気持ちも穏やかになる。のびのび明るい楽しい道である。これに対し、私利私欲の迷い道は、極端に狭い陰湿な道である。一歩踏み込むや、前の見えない茨と泥濘《ぬかるみ》だらけの迷路である。ここを歩くと、気は休まらず、行き先もわからず、不安にかられ、暗澹たる気持ちになる。じめじめと暗い希望のない道である。

比喩ではあるが、広大無辺の大らかな道を誰しも歩いてみたい。日本全国あちらこちらと歩いた経験から、これに近い広くて気持ちのいい道は、神宮外苑銀杏並木の道である（北青山二丁目）。明治神宮絵画館への道として整備（一九〇八〜一九二三）され、九メートル間隔で四列一四六本の銀杏が植栽され三〇〇メートルの散策コースとなっている。

秋の紅葉は日本一の景観とされる。私の郷里の高知市立江ノ口小学校の八年先輩にデザイナーの山本寛斎さんがいる。事務所は、この並木道を眼下に見下ろす青山通り沿いのビルにありました。一日中この並木道を眺めることもあるとか。この道に魅了されて採算度外視で借りた事務所だとお聞きした。美的才能のある方でもこれ程に惹かれる道なのだ。秋の紅葉、銀杏の黄色は見事である。

これに対して、白骨街道と名付けられた道がある。ミャンマーからインドに抜ける険しい山道約四七〇キロである。第二次大戦のインドシナ戦線で敗色の濃い帝国陸軍は、無謀かつ捨て身の作戦に出た。一九四四年三月、ミャンマーを占領した陸軍は、連合軍の拠点、インド・マニプル州の州都インパールを攻撃できれば戦況は一変すると考えた。そのインパールの近傍のコヒマを制圧すれば、英国軍を中心に中国国民党への補給経路を遮断できることになる。総司令官は牟田口廉也中将。補給路が長いこと、自然の地形が急峻で大軍の移動が困難であることなど、大本営も躊躇していた。牟田口軍司令官はそれでも強引に作戦を決行。何と「ジンギスカン作戦」と称して、牛や馬を帯同してそれを食料にすれば、兵站は十分だと言い切っている。三個師団が充てられた。一五、三一、三三師団であった。三一師団は、コヒマに向かい三千メートル級の山々を弾薬や食料を積んだ牛を引いて前進した。一旦はコヒマを攻略したが、航空機・戦車など装備に優る英国軍の反撃に遭いあえなく敗退。武器弾薬が切れ食料も皆無となり佐藤幸徳師団長は補給が無い以上師団の全滅を避けるため撤退を決断。この師団は一万六千人。牟田口は激怒し佐藤を解任した。その間にも、三千人が死亡、ほとんどが餓死であった。太平洋戦争最大の軍史に残る愚策として伝えられる。この失敗の原因の究明の著作は多数あるが、これらの著述は現代日本でも同種同様の失敗が繰り返されていると指摘して止まない。全ては、責任無きリーダー。主観と楽観による計画作成。好悪の人間関係である。

〔菜根譚　前集七五〕――苦楽で磨いた結果

本文

一苦一楽相磨練、練極而成福者、其福始久。一疑一信相参勘、勘極而成知者、其知始真。

訳文

苦しみと楽しみを幾度も繰り返すと、心が磨きに磨かれて、さらにそれを積み重ねて、その結果、最高の域に達したとき、本当の揺るぎない幸福が得られる。そんな幸福であれば、永続する価値の高い幸福となる。また、疑ったり信じたりを幾度も繰り返すと、物事の考え方が練りに練られて、さらにそれを積み重ねて、その結果、最高の域に達したときに、本当の確かな知識がしっかりと体得される。そんな知識であれば、普遍の価値ある知識となる。

ウォルト・ディズニー氏は、再チャレンジの代名詞と言える人物だ。三回の倒産を経験し、その後ミッキーマウスのアニメを大ヒットさせた。ウォルトには二人の娘がおり、遊園地で子供を眺めているとき、なんで親子が一緒に遊べる場所がないのだろうと思った。それがきっかけで、一九五五年、カリフォルニアに一六〇エイカーの巨大なエンターテインメント施設を建設した。また、夢の街づくりを考え、フロリダにディズニーワールドを計画。住宅街や商店街も含めた一体的な理想の街をつくった。彼は全世界の子供の夢を叶えてくれた。

一方、日本でも、ミッキーマウスを遥かにしのぐ人気のキャラクターが誕生していた。やなせたかし氏のアンパンマンである。

やなせ氏は、東京生まれ。中学生の頃から絵に興味を持ち、東京高等工芸学校図案科（現千葉大）に進学。卒業後、兵役により軍曹として従軍した。この体験が、彼に戦争反対の強い意志を生んだ。一九四六年、高知新聞入社。妻の小松暢と社内結婚。翌年退社し上京。漫画家を目指し独立するが、貧困の極みに至る。一九八八年、『それいけ！アンパンマン』がテレビ放映され大ヒット。その時、六九歳。最も遅咲きの大スターとなる。

「アンパンマンのマーチ」（作詞やなせたかし）は、幼児用の歌詞にしては、かなり高度哲学的であると感心する。本当の正義というものは決してかっこいいものではないし、そのために必ず自分も傷つくものだ。そういう捨て身、献身なくして正義は行えない。アンパンマンは自分を食べさせることによって、飢えている人を救う。体力は限界。それでも顔は気楽そうに笑っている。ここが肝心。やなせ氏は、大事な弟が特攻隊で死亡した。涙をこぼすことなく、恐れることなく、弟は飛んだ。みんなの夢を守るために。戦いに行くのは自分一人だけでいい。やなせ氏は、自分も死ぬと思ったが生き残った。胸の痛みは感じるが、それよりも生きている喜びを感じる。

アンパンマンは、やなせ氏の「正義」でできている。

〔菜根譚　前集七六〕——心の空虚と充実

本文

心不可不虚。虚則義理来居。心不可不実。実則物欲不入。

訳文

心はいつも、虚、即ち空しくしておかなければならない。虚ならば、自然と正しい道理が心の中に入ってくる。また、心はいつも、実、即ち充実した考えで満たしておかなければならない。実で心の中が、しっかりとした考えで一杯ならば、自然と邪な考えやむやみな欲望が入ってくることがない。

一見矛盾した話である。心は、一方で空っぽにしておけといい、また一方で、充実した考えで満たしておけという。その意味は、「下手な考えでいるくらいなら、むしろ心は空にして、やがて良い考えが入るようにしていた方がまだましだ。もっと良いのは、整理整頓された充実した考えで心を満たして、悪い考えが全く入ってこないようにすること」なのであろう。

先日、『ハーバードの人生を変える授業』（タル・ベン・シャハー著、大和書房）を読んだ。この本の帯には、「あなたの人生に幸運を呼びこむ本」とある。ポジティブ心理学を基礎に、生産的知識を育成させる授業に専念する。生産的知識とは、「単なる知識ではなく、自分たちを取り巻く世界をよく理解して、状況にうまく対処するための知識」のことである。この授業は、菜根譚のいう「実」。心の中を満たしておきたい「実」の中身がここにある。

本は全部で五二のテーマに分かれている。例えば、「感謝する」の授業。生徒を二つのグループに分け、Aには「一日二分、ひたすら感謝の念をもって毎日五つ想起すること」を命じ、Bには何もしない。するとAグループにだけ、よく眠れる、不調が改善、幸福感が増すなどの効果が表れた。このメソッドの利点は、毎日の生活を何ら変えることなく、幸福感や達成感を得られることである。

「運動する」の授業では、デューク大学医学部での実験を取り上げている。うつ病患者を二つのグループに分け、Aには週三回三〇分の散歩運動をさせ、Bには抗うつ剤を投与。結果は同じであった。しかし、薬物投与を中止すると、Aは変化なく、BはAの四倍の確率でうつ病を発症した。運動には、薬物を投与するのと同様の効果があった。またそれ以上に、運動をしなければ、うつになりやすくなることが判明した。

他にも、「習慣化する」「仕事への考え方を変える」「意義を見いだす」「困難から学ぶ」といった授業が続く。これらの授業には一学期あたり約一四〇〇名の学生が殺到したという（ハーバード大学全学生の約二割に相当）。著者のベン・シャハー博士は自身のポジティブ心理学の理論を日常生活に取り入れてほしいと述べている。心の健康は、理論を知るだけでは駄目で、行動してこそ得られる。

〔菜根譚　前集七七〕——世俗のあかを受け入れる度量

本文

地之穢者多生物、水之清者常無魚。故君子、当存含垢納汚之量、不可持好潔独行之操。

訳文

塵芥など汚れた雑物の多い土壌には、作物が多くできる。澄み過ぎた水には、いつも魚はいない。だから、君子というものはいつも、世俗の垢や汚れでも受け入れるだけの広い度量を持つべきである。また君子は、潔癖過ぎて、他人の失敗やだらしなさを許さない狭い度量であるなら、人は近よらず誰も仲間にはならない。

チグリス・ユーフラテス、ナイルなどの大河川の河畔には、肥沃な土地が広がる。洪水時に上流からリンやカリウムなどの栄養素が運ばれるからであろう。また、動物の死骸などの有機物が腐敗し、微生物による分解、発酵が起こることでも、肥沃な土壌は作られていく。

かつて日本は、肥沃土壌であった。歴史家・渡辺京二氏が書いた『逝きし世の面影』（平凡社ライブラリー）という書に、初代駐日米国公使タウンゼント・ハリスが記したこんな日記が紹介されている。

「これが恐らく人民の本当の幸福の姿であろう。私は時として、日本を開国して外国の影響を受けさせることが、果してこの人々の普遍的な幸福を増進する所以であるかどうか、疑わしくなる。私は、質素と正直の黄金時代を、いずれの他の国におけるよりも多く日本において見出す」

本書には他にも同様の外国人の記述が紹介されており、彼らが日本を、当時の世界において、ほとんど唯一といっていいほどの豊かで幸せな国だと感じていたことがうかがえる。

しかしいつからか日本は変わってしまった。船井総合研究所の船井幸雄氏は、お会いするとよくこう嘆いておられた。「日本には、レンゲ、すみれ、彼岸花、タンポポ、芥子などを一般の畦道に自生させる仕組みがあった。それを圃場に叩き込めば、農薬肥料となったのである。しかし、戦後、化学薬品万能時代となり、それらの生態系は破壊されてしまった。日本の土壌は、西洋の肥料や消毒薬、土壌改良剤だらけになり、地味が著しく劣化してしまったのである」。

江戸時代の狂歌に、「田や沼やよごれた御代を改めて　清く澄ませ白河の水」というのがある。寛政の改革を行った松平定信への期待の歌である。しかし、しばらくすると、こんな歌が詠まれるようになった。「白河のあまり清きに住みかねて　濁れるもとの田沼恋しき」。人間は、清でも住めず、濁でも住めず。菜根譚のいう君子の度量とは、まさに「清濁併せ呑む」大きさなのであろう。

〔菜根譚　前集七八〕　――奮わざれば進歩なし

本文

泛駕之馬、可就馳駆、躍冶之金、終帰型範。只一優游不振、便終身無個進歩。白沙云、為人多病未足羞。一生無病是吾憂。真確論也。

訳文

車を跳ね飛ばすような暴れ馬でも、人の御し方次第で、名馬になる。鋳型にはまらないほど固い金属でも、優れた鋳物師にかかれば、見事な工芸作品に変わってしまう。此れに対し、ただぐずぐずと毎日過ごしていて、何ら奮起もせず個性も磨かなければ、そのまま野たれ死にするつまらない人間となる。陳白沙(明中期の儒者)がいうには、「生まれながら病気が多いのはちっとも恥ずべきことではない。その病気に打ち勝つ毎日を送ることによって、多くを学んでいくからである。むしろ一生涯病気もしないで、何の苦しみも知らずのんべんだらり生きている人間の方が、不幸である」と。

「盲目であることは悲しいことです。けれど、目が見えるのに見ようとしないのは、もっと悲しいことです」。

これはヘレン・ケラーの有名な言葉。まさに本項の教えと瓜二つである。三重苦の困難に見舞われても悲観せず、諦めさえしなければやがて実を結ぶことをヘレン・ケラーは自ら体感した。すなわち、もし自分に障害がなかったら、あのワクワクするような、困難を克服する喜びを知らなかっただろう。また、自分は一人の人間に過ぎないが、一人の人間ではある。何もかもはできなくとも、できることを拒みはしない……。なんと強い人であろうか。

ヘレンは一八八〇年、米国南部アラバマに生まれる。七歳から家庭教師アン・サリバンの教育を受け、一九歳でハーバード大学ラドクリフ・カレッジに合格。視覚と聴覚の重度障害者でありながら世界各地で講演を行い、障害者教育の発展に貢献した。母ケイトは、日本の偉人・塙保己一《はなわほきいち》を尊敬し、ヘレンに物語った。その縁でヘレンは二度訪日する。一九三七年、新宿御苑の観桜会に行き、昭和天皇に拝謁。一九四八年、全国を巡回。日本に財団を設立した。

塙保己一は、一七四六年、埼玉県本庄市生まれ。生まれつき病弱で七歳の時に失明。手の平に字を書いてもらい文字を習得した。一五歳で江戸に出て、鍼・按摩・音曲の修業に励む。向上心の強い保己一の才能を見た雨富検校は、自宅に引き取り学問に専念させた。国学・和歌を萩原宗固に、漢学・神道は川島貴林、法律は山岡浚明《まつあけ》、医学は東禅寺、和歌は閑院宮に学ばせた。全て人の音読を暗記して学問を進めた。一七七九年、三四歳のとき、『群書類従』の編纂を始める。七六歳で死ぬ間際まで、その取り組みは続いた。

昭和天皇は皇太子時代、英国ケンブリッジ大学に『群書類従』を寄贈。この書は、一九世紀、「知の最大の遺産」と言われた。

〔菜根譚　前集七九〕――欲張らないのが心の宝

本文
人只一念貪私、便銷剛為柔、塞智為昏、変恩為惨、染潔為汚、壊了一生人品。故古人以不貪為宝。所以度越一世。

訳文
人間は、ほんの少しのむさぼりが芽生えただけでも、強いはずの本来の心が、たちまち弱くなってしまう。それのみならず、湧き上がっていた知恵も頭脳が鈍重になり、何の役にも立たなくなる。さらに、温情ある性格も残虐になってしまう。潔白な心は汚辱に染まり、その人間の一生の品位風格を台無しにしてしまう。だから名のある古人は、欲張らないことを宝として大切にした。これが俗世間を超越して人生の品位を保つ秘訣である。

「舌切り雀」に出てくる強欲なお婆さん。お爺さんが雀のお宿から貰ってきた小さい葛籠《つづら》にはお宝がぎっしり。それを見て、自分は大きい葛籠を貰ってくると勇んで出かける。望みどおり、大きな葛籠を土産に貰うが、重たい葛籠の中は魑魅魍魎《ちみもうりょう》。命からがら家に逃げ帰り、お爺さんに「欲張るものではない」と諭される。

この老婆は、仏教が説く六道の中の餓鬼道である。いつも貪り落ち着かない有り様。満足することができず不幸せな状態にいる。六道とは、天道、人間道、修羅道、畜生道、餓鬼道、地獄道。六種類に分けられた苦しみの世界のこと。人間の心の進化を上手く表している。

天道は、天人の世界。寿命は長く、苦労はなく、享楽のうちに生涯を終える。しかし決して天国ではない。煩悩から解放されておらず、仏教的解脱はできない。つまり、困難を克服する幸福は与えられていない。

人間道は、私たち人間が住む世界。四苦八苦に悩まされる苦しみの世界。けれども有り様では、楽しいことも許される。唯一自力で仏教を学び、解脱し仏になることも可能である。

修羅道は、阿修羅の住む世界。戦いと争いに明け暮れ、怒り妬み嫉妬など苦しみに満ち溢れる。しかし、地獄ではなく、自らの意思で争いをおさめ、苦しみから逃れる道も残されている。

畜生道は、牛馬などの住む世界。本能のままに生きる世界。自力で仏の教えを得ることはない。救いの少ない世界。他人から施しばかり受けて自活できないことも「是、畜生なり」という。

餓鬼道は、貪りを止められない鬼の住む世界。食べ物を口に入れようとすると、それが火になり口には入らない。常に飢えと渇きで苦しんでいる。子供のことを「餓鬼」というのは、子供が時に貪るように食事をとる姿から。

地獄道は、生きている時やらかした罪を償わせる刑場。針地獄、灼熱地獄、生き埋め地獄、糞尿地獄、ありとあらゆる責め苦に苛まれる。苦痛以外ない。

〔菜根譚　前集八〇〕――自律した心が大切

本文

耳目見聞為外賊、情欲意識為内賊。只是主人翁、惺惺不昧、独坐中堂、賊便化為家人矣。

訳文

欲望には外部と内部の二つがある。耳目見聞による外部からの欲望と、生まれつき心に内在している内部の欲望である。この内外の欲は、いわば盗賊であり、正常な精神や他人への思いやりなど、大切な気持ちを人間から奪い取ってしまう。しかし、本来の仏心、人間の心の深層にある清らかな心に立ち帰れば、この賊もまるで家族のように、おとなしく悪い影響を与えるものではない。惺々不昧《せいせいふまい》、心が落ち着き誰にも惑わされることのない精神を持つことが大事である。それは、中堂に独座する、即ち、広い大きな部屋のど真ん中にどっしりと動かず単座する如くである。

惺々不昧とは、清らかな心で他者から影響されない確立した精神をいう。出雲松江藩七代藩主に松平治郷《はるさと》という男がいた。彼は江戸時代の代表的茶人の一人で、号を不昧《ふまい》と名乗った。不昧公は、財政破綻の危機にあった松江藩の改革を断行。藩主は何もしないこと、を秘訣とした。不昧とは、一切外界の雑事に翻弄されず、独自の生き方に徹する主意。彼はまさしくその通りに生き、茶道をこよなく愛し、藩に石州流の流れを引く不昧流を創設した。また、和菓子の研究開発を命じ、色、形、味、比類のない傑作銘菓を支援した。今でも松江は、茶道菓子の文化で高い地位を占めている。小泉八雲が永住したのも、この高い日本文化に魅了されたからである。

出雲では、選挙の手法として、候補者本人の挨拶回りはしない。竹下亘氏によれば、一日一〇軒程度回るのがせいぜい。一軒の家に行くと、夫婦で出迎え、まず煎茶、そして和菓子、そして抹茶、最後にほうじ茶と、念入りにもてなされる。一軒でいただき、他の家でいただかない訳にはいかない。一〇軒でも一〇時間かかることになる。隣接する石見地域、鳥取因幡地域では、殿様が異なるのでこのようなことはない。

欲望には内外二種ある。内なる欲は、生物的本能で生存するためにＤＮＡに書き込まれている。食べる・眠る・子孫を残すなど、これらの欲はあって当然である。この欲望の過度な抑制は、精神状態を歪めたり、疾患を引き起こしたりすることになる。

また、外なる欲は、社会性が付いて初めて生じる欲求である。金銭、名誉、出世、支配、求めれば果てはない。多くの関係者が周囲にいる状態から生まれる欲求である。これは、しばしば紛争や怨みの元になるので、できる限り抑制的であってよいものである。

さらに自我を越え、理性で思考し、いわゆる愛が芽生え、しかも本能的性愛ではなく、利他的な社会貢献、国家意識的愛情が内心に生まれたとき、その欲求は自己実現の中に社会変革の強い価値を持つ。即ちこれ、仏心といえよう。

〔菜根譚　前集八二〕――今を生きる

本文

図未就之功、不如保已成之業。悔既往之失、不如防将来之非。

訳文

今から取りかかる仕事に対し、あれこれ準備することは、大事なことである。しかし、それよりもずっと大切なことは、既に成し遂げた仕事を安定的に持続させることである。また過去に失敗したことをいつまでも後悔するよりも、将来起こりうる失敗を未然に防ぐ方が遥かに大切である。

ハインリッヒの法則によると、重大な失敗や事故の原因はピラミッド型に構成される。第一段階では、一つの重大事故が発生する為には、二九の小さな事故やミスが発生している。つまり、二九対一の割合で大事故が発生する。三〇のミスが場合によって大きくなってしまうのである。第二段階では、この小さなミスの発生を詳細に検討して見れば、ウッカリ、ヒヤリ、ハットした、などのケースが状況によってミスにつながるものであることがわかる。一つの大事故は、三〇のミスから生まれ、三〇のミスは、三〇×三〇＝九〇〇の小さな、ヒヤリハットの深刻化によってミスとなる。そうであるなら、ヒヤリハットにならないように、車の運転であれば、前方注意を怠らず、速度を守り、睡眠不足やストレスに注意して、飛び出しにもさっと処置できるようにしておくことが重要である。

こうした過失の構造は、注意義務の怠りから起こる。この怠りを解消して避けていく方法論もある。八〇対二〇の法則（リチャード・コッチ）。上手いサボりは失敗防止である。日常、自宅のクローゼットの服の二〇％で、八〇％の時間を過ごしている。プロゴルファーの二〇％が八〇％の賞金を取っている。市民の二〇％が富の八〇％を保有している。全国の二〇％の都市に八〇％の人口が集中している。これは理論ではない。比率で表した原因と結果の関係を検証し導き出された明らかな数値である。そこで、勤務時間の配分で、緊張して取り組まなければならない仕事は八〇％、あとの二〇％の時間は、食後のミーティングや、反省会などに充てて、緊張を解くようにした。するとミスをする人間が皆無になったという報告もある。気合で、さらに緊張を高めていく方法もあるかもしれないが、二〇％のゆるみのお陰でミスが防止できる方が、現実的である。

高岡英夫の「ゆる体操」というNHKの番組があった。人間の身体は常に緊張している。だからそれを取り除けば、本来の自分の健康な体になれる、という考えの下、身体を無理なく少しずつ揺り動かし、徐々に緊張を取り除くというメソッドである。私は、偶然、高岡先生に会う機会があり、直接入門の幸いを得た。月に一度直接のご指導をしてもらったのである。寝て、膝を組み、言葉に出して「ゆるゆる」と言いながら、足を揺らすだけで緊張が解けていく。この方法で、オリンピック選手や歌舞伎役者の踊りの上達を支えてこられるのを拝見して、納得感を覚えることができた。

〔菜根譚　前集八二〕――融通のきく心の保ち方

本文

気象要高曠、而不可疎狂。心思要縝密、而不可瑣屑。趣味要冲淡、而不可偏枯。操守要厳明、而不可激烈。

訳文

気概は、高くかつ広くなければならないが、そんな人物は、大概世事に疎くかつ常識から逸脱している。心遣いは、細かく注意深くなければならないが、そんな人物は、大概些事に拘りかつ融通がきかない。心持ちは、穏やかでかつあっさりしていなければならないが、そんな人物は大概優柔不断でかつ他人に冷ややかである。心の守り事は、厳正でかつ明確でなければならないが、そんな人物は、大概他人に過酷でかつ自分に自虐的である。これらから、心を保つことは、かなり難しいものであることがわかる。

志は高いが現実的で、些細なことに偏らず、思い込み過ぎず偏らず。そんな人物であれば君子となる。けれども、かなりハードルは高い。言い換えれば好感を持たれる人間になるには、かなりの自己変革が必要である。無理を強いているように見えるので西洋の菜根譚と言われる人間関係論（アドラー心理学）では、それをどういう論で展開するかを見てみたい。アドラーは、ユング、フロイトと同世代。オーストリアから米国に亡命。彼らとは違い、大学の研究室よりも現実社会を好み、各地での講演やカウンセリングを好んだ。終始、実学の世界で活躍したため、当時有名になることはなかった。しかし、後にアドラーの対人関係論は、平易で解釈しやすいと著作物がヒットして、瞬く間に欧米や日本でバイブル化されることとなった。菜根譚と同じく、自然に相手と上手く人間関係を築き上げていく方法を伝授してくれる。

この理解のためのキーワードは関係創造の四つのガイドラインである。人は不思議と誰かに好感を持っている。その好感観念を丹念に分析してみると、四つの感情に分類されるというのである。

「尊敬の感情」。尊敬している人とは、慎重にかつ嫌われないように注意深くお付き合いをしている。こちらに尊敬感情があれば、ほぼ間違いなく上手く関係は維持される。

「信頼の感情」。親類親兄弟の関係が典型。説明や理屈は全く不要。ありのままの自分でいて信用される素晴らしい関係。小学校の同級生などもこの関係になる。

「協力の感情」。同一の目標を持ち、さらにそれに向かって努力している仲間。体育会の野球部などのクラブメイトが一生の仲良しになることで理解できる。

「共感の感情」。相手の関心事や考えに賛意を表明すること。人間は、自己内対話（セルフトーク）を繰り返す動物である。「やっぱり、私の言うことに賛成してくれたか」の気持ちは相手を好きになる入り口となる。

この四つの要素で、人間関係は好転する。菜根譚の教えよりわかりやすい。好感を持たれる人間への変貌こそ、人生成功の第一歩である。

〔菜根譚　前集八三〕――常に備える心

本文

風来疎竹、風過而竹不留声。雁度寒潭、雁去而潭不留影。故君子、事来而心始現、事去而心随空。

訳文

風が疎らな竹藪を吹き抜けるとき、ざわざわと音がする。しかし、風が止めば、全く元の静けさに戻る。雁が凍った湖を渡るとき、湖に雁の影が映る。しかし、雁が過ぎ去れば、その湖には何も映らない。この自然の営みのように君子たる者は、地位や仕事にあるときには、それに対応して懸命に働き成果を上げなければならない。けれども、その地位や仕事が終わったならば、何事もなかったかのように、元に戻り静かに時を過ごすべきである。

第二次橋本龍太郎内閣官房長官、梶山静六の辞任記者会見（一九九七年九月一一日）。「風、疎竹に来るも、風過ぎて竹に声を留めず。雁、寒潭《かんたん》を渡るも、雁去りて潭《ふち》に影を留めず」。この言葉をテレビで聴いた高知県檮原町《ゆすはらちょう》の中越準一町長は、メモを取った。次の週、選挙区の衆議院議員山本有二に、「いったいこれはどういう意味か」と尋ねた。山本も、竹や雁と言われても要領を得ない。そこで山本は、「梶山先生に聞いておく」と応えた。何日かして、また町長が来るという。仕方なく梶山静六事務所を恐る恐る訪問してみた。梶山先生は、折悪しく（？）ご在室であった。面と向かって対面すると気後れする。山本は、辞めた官房長官に何と切り出せばよいか、言葉に窮した。一切を省略して先生に「疎竹と寒潭とは、どのような意味ですか」と問うと、「菜根譚という本を国会図書館で調べてみろ」と一言。調べると、古びた本が二〇冊くらい出てきた。昔からかなり読まれてきた本であることは間違いない。中越町長に意味を伝えた。町長は「やっぱり」と答えた。何かと思えば、中学時代に読んだことがあった本で、それは確か教科書だった。だから頭の中に記憶のかけらが残っていて、気になったのだとか。「町長さん、中学はどこですか？」と尋ねると、町長は少し姿勢を正して「士官学校です」と答えた。陸士六〇期生であった。梶山先生は陸軍航空士官学校五九期生。だが、この学校の教育内容は、パイロット養成が主で、授業は数学、物理、語学、戦術などである。菜根譚を教科書にする理由は特にない。しかし、軍制において、組織の在り方論からは、必読の書であったのだろう。

　現代における菜根譚の役割を改めて問いたい。戦前の中学生が人間の本質や欲望の在り方を学び、社会や国家論を展開する。これに比較すると、今は全くそうした機会に欠けている。現代社会の心理的病巣であろうか。

〔菜根譚　前集八四〕――中庸の美徳

本文

清能有容、仁能善断。明不傷察、直不過矯。是謂蜜餞不甜、海味不鹹。纔是懿徳。

訳文

清廉潔白であっても、尚且、包容力がある。愛情に溢れているが、尚且、決断力がある。賢明であるが、尚且、他人の考えを尊重する。直言するが、尚且、他人に指図はしない。このような人物は丁度、蜜のお菓子なのに甘くなく、海産物であるのに、塩辛くない、美味しい食べ物のようである。人本来持てる一面のみならず、多面の美徳を備えた人物こそ君子といえる。

人間の本来の一面とさらに備わるもう一つの多面性が大事と説く。スズメはチュンと鳴き、カラスはカーと鳴く。犬はワンと吠え、猫はニャーと鳴く。もし、ワンと鳴く猫がいれば、ユーチューブで一〇万回再生されるだろう。人は、意表を突く能力に感心し、魅力を感じる。性格も同様。意外な多面性を持つことは、好感を持って高い評価を得る。

「仁にして断」。人徳に溢れ人にいつも温かく接する人間は、円満で人を傷つけることがない。このような人物は、何につけても柔らかで、にこやかに接してくれるが、肝心な時に何も決められないお人好しである。それにもかかわらず決断力があるなら、大した人間である。

「明にして察」。賢明で一を聞けば十を知る人間は、相手の主張の巧拙がよくわかっている。このような人物は、悪気なく上から目線で人の欠点や間違いを指摘して正しいことをしたと思っているのが通常である。それにもかかわらず、他人の考えをよく聞き尊重することができるなら、大した人間である。

「直にして矯」。正直で率直な人間は、自分の思ったことをまっすぐに相手に伝えてしまう。このような人物は、単純で腹に一物はないが、良かれと思って相手の非を指摘して顔を潰してしまう。それにもかかわらず他人の立場や面子を慮ることができるなら、大した人間である。

サー・ウィストン・チャーチルは、ノーベル文学賞を受賞した。政治家としてではなく、あくまでも文学での受賞だ。晩年の著作『第二次大戦回顧録』全六巻があまりにも文章にすぐれ、読む者を感動に誘う。「凧は風の力を借りたときではなく、風に立ち向かったときに最も高く飛び上がる」。

彼が文才に恵まれたのは劣等生だったからかもしれない。英国のパブリックスクール、ハロー校には父親のコネで入学した。学校での成績は下から三番目。卒業後、士官学校には二度不合格となり、戦況厳しく将校の乱造期になって三回目に合格。この足踏みした時期に、文章が飛躍的に上達したという。『ボーア戦争従軍記』が出版されベストセラー。この知名度を利用して、下院議員当選。首相時代は文章力で英国民に勇気を与え続けた。

〔菜根譚　前集八五〕――窮地の品格

本文

貧家浄払地、貧女浄梳頭、景色雖不艶麗、気度自是風雅。士君子、一当窮愁寥落、奈何輒自廃弛哉。

訳文

貧しい家なのに、いつも庭先をきれいに掃き清めているのは、住む人の健全な心の有り様がうかがわれ気品を感じる。貧しい女性で決して美しくはないのに、いつも髪を清潔に梳り身嗜みを整えているのは、趣があり魅力を感じてしまう。このことは全てに通ずる話である。従って例えば、一人前の男たる者が、困窮し失意の境遇に陥ったとしても、投げやりになってはならないのである。背筋を伸ばし、清潔を保ち、品位を維持し、毅然たる態度を崩してはならない。

江戸時代初期の書家、本阿弥光悦は、失意、窮地にあっても美への探求心を忘れず、身を整え、確固不抜の安寧の境地を生涯続けた。もともとは、加賀藩お抱えの刀剣職人。研《と》ぎ、拭《ぬぐ》い、目利《めきき》、三業を家職とする生まれ。刀を単なる殺傷の兵器から、より高い工芸作品として位置付け、日本文化の根本精神、華美を求めず質素を基本に、さらに高い境地を望む「奥行き」「深み」を何より大切にした。並外れた探求心は、書、木工、金工、漆絵、蒔絵、茶の湯、陶芸の水準を飛躍的に上げることとなった。天皇、公家をはじめ、武家の秀吉などからも依頼を受け、寵愛された。

特に茶の湯は、千利休の弟子で豊臣の家臣、古田織部に学んだ。関ケ原の戦乱を終え、時代は豊臣の敗北となった。光悦は、織部との深い関係から覚悟しつつ家康の処断を待った。家康は、大坂夏の陣で天下統一。古田を処刑。光悦を遠流として京都郊外に追放した。光悦は、現在の京都市北区鷹峯《たかがみね》光悦町に居を移すと同時に弟子を集めた。結果、そこは芸術村となり、日本伝統工芸の基礎を築くことになった。

光悦の住居は今も残る（光悦寺）。石畳、沿道の苔、緑の並木、そして光悦垣。全てが洗練されて美しく心地よい。庭には緩やかな曲線を描く小径に沿って、七つの茶室が点在する。飛び石の形や配置、生垣の細工など茶室ごとに異なる趣向が施されている。所々にある長椅子に腰かけ季節の草花を見て借景の鷹峯を眺めると、論理を超えた品格や興趣を感じる。散策には半時間ほどかかる。

剣豪・宮本武蔵は、明日に迫った一乗寺下り松の決闘を控え、はやる気持ちをなんとかして落ち着けなければならなかった。武蔵は、光悦という人物の噂を聞き、鷹峯を訪ねることにした。光悦の家に近づくにつれ、佇まいが洗練され、静かな落ち着きを醸しだしていることに感動を覚えた。さぞかし、この風流を創作した人物とは、沢庵禅師が言う以上の人間ではないか。一目会って人生の答えを聞きたい、そんな気持ちになった。吉川英治の小説『宮本武蔵』にはそのように書かれていたと思う。整頓された簡素な家、一木一草にまで気を配った周囲の佇まい、どなたが訪れるかを予定せず打ち水で歓迎の心を表す瀟洒な入口。物で心を説く秀でた宇宙観がそこにはあった。

〔菜根譚　前集八六〕――公の場での処し方

本文

閑中不放過、忙処有受用。静中不落空、動処有受用。暗中不欺隠、明処有受用。

訳文

暇なときに、忙しく働く習慣を付けていれば、いざ多忙になったときに慌てなくてもすむ。穏やかで何も困ったことがないときに、動乱のときのように対処しておけば、いざ現実に動乱になったときに、慌てなくてもすむ。人が見ていない、知られる心配がないときに、隠しごとを全くしなければ、いざ公の地位を得て、公の仕事をするときに、何も不安や心配することはない。

『易経』、孔子曰く「君子は安くして危うきを忘れず、治にして乱を忘れず」に原典あり。「君子は、安全だと思っても危険ではないかと用心し、平和であっても乱れるのではないかと用心する」。人間は、いつまでも暇なときばかりではない。また、いつまでも安全ばかりではない。困ったことは必ず起こる。

二〇一五年、中米パナマの法律事務所「モサック・フォンセカ」の内部文書が流出した。世界に衝撃を与えた「パナマ文書」である。この事務所の弁護士たちは、タックスヘイブン（租税回避地）での法人設立などを請け負っていた。秘密を保持する仕事にもかかわらず、世界二一万社、一一五〇万通の内部書類が、南ドイツ新聞を通じて流出したのだ。文書からは、名前を隠したい各国の首脳や情報機関関係者が租税を回避し、また、北朝鮮、シリア、国際的テロ組織などが市場で収益を上げ、かつ租税を回避していることが判明した。

プーチン、習近平、キャメロン、グンロイグソン、メッシ、ジャッキー・チェンなど、各国政府の現職リーダーやセレブの名前が続々と浮上した。ＯＥＣＤ（経済協力開発機構）の推計では、租税回避地に八〇〇兆円の資産が流入し、国際的な租税回避による各国の税収損失は二六兆円にものぼる。

資本主義の長所は、マーケットメカニズムにある。それは市場参加の自由と公平、キャピタルゲインのプロセスの透明を前提とする。パナマ文書は全てのメカニズムを破壊しかねない。特に、プーチンの言い訳はあまりに拙劣だった。「この文書は米国巨大金融資本のロシア攻撃」と言い、後に撤回を余儀なくされた。さらに友人という音楽家が名指しされ、「運用利得で楽器を買って国に寄付した」と言った。ロシアの楽器の年間輸入額は四〇〇〇万ドル。友人の租税回避地の運用額は二〇億ドル。この音楽家がどうして合法的に巨額資金を海外に持ち出せたのか、プーチンは答えていない。

先進国の指導者は、権力の分立や議会の監視制度などによって腐敗堕落はないものと擬制されている。しかし人間は神様ではない。欲望に挫け、敗北する運命を担う動物である。この事件は、現代資本主義社会が、より巨額のより不公平な蓄財を可能とすることを立証した。

〔菜根譚　前集八七〕——心の動きを制御する

本文

念頭起処、纔覚向欲路上去、便挽従理路上来。一起便覚、一覚便転。此是転禍為福、起死回生的関頭。切莫軽易放過。

訳文

心に迷い煩悩が起こりそうになった予感がしたとき、すぐさま心を正しい道に引き戻すようにしなさい。一旦心が私利私欲にかられてしまったならば、一呼吸おいて、是非をしっかり判断して、今進んでいる誤った道を引き返すようにしなさい。このことが、禍を転じて福となし、死を翻して生となす絶好の機会である。決してこれを軽々しく見逃してはならない。

禍（災い）を転じて福となす。原典は史記「古の善く事を制する者は、禍を転じて福となし、敗に因りて功をなす」である。「大難を小難に、小難を無難に」と考えるなら、再起できるのは死に至る大難ではないときである。取り返しのつかない災いさえ回避しうれば、何とかなるものである。

地震災害に際しては、まず生き延びることである。阪神では、大半が火事による死亡。東日本では津波である。ともに、まず家屋の下で圧死することを防ぐのが一番であった。だから、耐震は不可欠。さらに、発災後は、蛍光灯やガラスの破片が部屋に散乱している。これを踏んで怪我をして、逃げられないことで命を失うことも多い。サンダル一つが分かれ目になる。

先日、「書店員が選んだ、道に迷ったときに読んでほしい一〇冊（女性編）」という記事を目にした。ワンコだもんね、しょうがないわねと受け流せという『夫は犬だと思えばいい。』（高濱正伸著、集英社）、塾の先生が上手い叱り方を教える『思春期の子が待っている親のひと言』（大塚隆司著、総合法令出版）、完全男性社会の絵の世界で、夢中で絵に没頭する主人公を支える母親を描く『序の舞』宮尾登美子著、想像を絶する過酷な家庭環境にいる子供たちが通う、補習教室の教員が書いたノンフィクション『よその子』（トリイ・ヘイデン著、早川書房）、伯爵の娘で、大正天皇の従姉妹にあたる柳原白蓮の生涯を題材に、家柄、金持ち、思想青年と恋を重ねる女性の様々な悩みを描写した『白蓮れんれん』（林真理子著、集英社）、など。

たった一〇冊から、現代社会の病巣と今の人々の悩みが見えてくる。家族関係、子育ての困難、女性の社会進出、恋愛失恋、貧困、生老病死……。人生の四苦への恐怖なのか。ここには女性特有の悩みが打ち明けられている。核家族の孤独の中の子育てである。鬱陶しい親や親戚は排除できたが、それでは子育ての手がない。ジレンマの中で、もがいている。託児所、保育園、ベビーシッター、ふれあいセンターなど、工夫はまだまだこれから。政治的課題であり、良い提案が選挙を制する。

〔菜根譚　前集八八〕――心の動きを観る

本文

静中念慮澄徹、見心之真体。閑中気象従容、識心之真機。淡中意趣冲夷、得心之真味。観心証道、無如此三者。

訳文

静かな場所で考えが澄みきっていると、心の本当の在り方を見ることができる。閑な時に気持ちがゆったりと落ち着いていると、心の本当の働きを知ることができる。あっさりとして、心がわだかまりなく穏やかであると、心の本当の味わいが得られる。心の鏡に映して、自分の本心を見極め、真実で偽りのない姿を悟るのは、この三つの方法に及ぶものはない。

「汝自身を知れ」。ギリシアのデルフォイ神殿の正面の額に刻まれているソクラテスの言葉だ。ソクラテスは、人間の知恵が神に比すれば取るに足らぬものであるとする立場から、何よりもまず自己の無知を知る厳格な哲学的反省が肝要であるとして、この格言を自己の哲学的活動の出発点に置いた。

「忙しい」という漢字は「心」を「亡くす」と書く。それは、自分の心が読めない状態や、自分の心が自分の身から離れている状態を指している。つまり、自分の心を知ろうとするなら、少なくとも忙しくない環境に身を置かなければならない。忙しいの反対は、静かで閑で穏やか。凡人では、なかなか作り出せない日常である。

心の在り方を説いた名論を三点紹介したい。

まず、良寛和尚の座右の銘「六然」。超然として天に任せ、悠然として道を楽しむ。厳然として自らを慎み、靄然《あいぜん》として人に接す。毅然として節を持し、泰然として難に処す。良寛さんの穏やかな人生は、自分の本心を常に見極める努力を怠らなかった故である。

次に、陽明学の六然。賢人たちの道しるべとなった教え。「自処超然」自分の利害は後にする。「処人藹《あい》然《ぜん》」春風をもって人に接し、秋霜をもって自ら慎む。「有事斬然」一旦ことあらば一気呵成に実行する。「無事澄然」ことがない時は静かな湖面のように澄み切っている。「得意澹然」得意絶頂の時こそ有頂天にならず静かにいる。「失意泰然」失意にうろたえずゆったりと過ごす。

そして、安岡正篤の「六中観」。安岡正篤は、陽明学者であり、昭和史の黒幕と言われた人物。六中観は彼の座右の銘であり、六然を求めて研鑽すれば、それは必ず壁にあたる。その摩擦こそ真の心を見いだせると教える。死中活有り／苦中楽有り／忙中閑有り／壺中天有り／意中人有り／腹中書有り。真逆の状況が今ある状況を見直し、あるべき心を示してくれる。

〔菜根譚　前集八九〕――本当の心の境地

本文

静中静非真静。動処静得来、纔是性天之真境。楽処楽非真楽。苦中楽得来、纔見心体之真機。

訳文

静かな中で静かな心を保つのは容易である。煩雑な中で静かな心を保つことができたならば、それでこそ天から与えられた本当の静かな心である。楽しい環境の中で楽しみを感じるのは容易である。苦しい環境の中で楽しみを感じることができたなら、それでこそ本来の真実の楽しい心を得ることになる。

「静中の静より動中の静。楽中の楽より苦中の楽」こそ本物であると説く。煩雑な中で自分を失わない精神力はかなり強い粘りのある精神構造である。しかし、大方の人間は心が歪んだり折れたりしがちである。

このような精神の苦痛を病気と認識しだしたのはつい近年のことである。人間の精神的側面を疾患と見て治療行為を行う第一人者はジークムント・フロイト（一八五六～一九三九）である。彼は心理療法・精神療法を発見し臨床に生かすことができた。フロイトはオーストリアのユダヤ人。ヒトラーの迫害を受ける。代表作は『精神分析入門』、この本は夢分析で世界から喝采を得る。フロイトは、「夢は無意識的なものを歪曲した代替物である。夢を解釈すればこの無意識的なものを解明できる。夢は願望の充足でありそれは歪曲されて表出される。つまり夢は睡眠を妨げる願望を幻覚的な充足により解決する心的作用である」とした。それを「リビドー」と呼び、「変換可能な性的欲求。全ての人間活動はリビドーの変形」と考えた。さらにこの分析を進めれば精神疾患の原因、過去のＰＴＳＤの所在が判明できると解明した。

これに衝撃を受けた若き精神科医師カール・グスタフ・ユング（一八七五〜一九六一）は、フロイトの精神分析療法に可能性を見いだし、実際の患者でその正しさを示そうとした。その患者はザビーナという美女だった。ザビーナは強度のヒステリーの治療のためにベルリンからスイスに長期滞在していた。この後の出来事は、『危険なメソッド』という映画にリアルに描写されている。まじめ一方のユングが、夢分析に挑戦するのである。ホテルの部屋で彼女が熟睡する様子を毎日観察し書き取らなければならない。ユングは何日も観察の上やっと彼女の幼少期の性的トラウマにたどり着く。そしてその記憶がＰＴＳＤとなってヒステリーの統合失調症に表現されていることを解明する。躾の厳しい厳格な父親は少しでも勉強を怠れば、容赦なくお尻を叩いた。とても痛くとても耐えがたい体験であった。しかし、いつしかザビーナは尻を叩かれることによって性的興奮や快感を覚えることとなっていた。ユングが尻を叩くと反応が現れる。徐々に治療の効果も見え始める。尻を叩き興奮し、ユングの身体を彼女は求めた。そんな二人が関係を持つことになるのは当然の事。夢分析には映画化される物語を生む歴史の一コマがあった。苦中の楽。

〔菜根譚　前集九〇〕——自己執着を捨てる

本文

舎己毋処其疑。処其疑、即所舎之志多愧矣。施人毋責其報。責其報、併所舎之心倶非矣。

訳文

己を捨てることができたなら、自己への執着を続けてはならない。もし執着があるなら自己の意識を捨てた高い志もかえって恥をさらしてしまうことになる。他人に恩恵を与えたなら、その見返りを求めてはならない。もし見返りを求めたなら、他人に恩恵を与えたという高い志も無に帰してしまう。

フロイトによると、自我は自己の存在の認識である。また、超自我、即ちエディプスコンプレックスと一体のものである。この自我と超自我の融合物は、無意識という海の中に九割沈んでいるという。意識されたほんのわずかな自己を捨て去ることも至難の業である。

菜根譚のいう「己」とは、自己自身の持つ欲望我欲のことであろう。欲のない人間はいない。しかし、あまりに欲が目立つ世相の中では、欲を捨てて生きていく人物を見ると、爽やかで尊敬を禁じ得ない。また、欲望の反対概念にあたる「他人へ恩恵を与えること」をも併せ持つなら、これほどの善行はない。しかし、そこに見返りという少しの自己欲が覗くと、全く欲望と同じに見えてしまう。恩恵を与えたことにもならないどころか、自己欲のむき出しの現れでしかない。現代の我々がやってしまいそうな不手際である。

「捨自帰他。もっぱら自力を捨てて他力に帰するをもって宗の極致とする」。これは浄土真宗親鸞聖人の教え。親鸞聖人が捨てよと徹底された「自力」とは「疑情」とも言われ、弥陀の本願を疑う心を指す。疑ううちは自分を捨てたことにはならない。自分を捨て去り、他人の力に自分の全てを委ねて初めて救っていただける。他人とは、隣に住む人ではない。阿弥陀仏の本願力を他力という。つまり、阿弥陀仏を真に信仰できるか否かが試されているのだ。いずれにしても、自分意識、自我、自己の欲望、これらを捨てられれば、それだけで君子である。

法隆寺正倉院の玉虫厨子の右側面に「捨身飼虎図《しゃしんしこず》」がある。物語になっており、マカサッタ王子が山に出かけたとき、七匹の子供を産んで親子ともども飢え死にしかかっている虎に出合う。哀れに思った王子は服を脱いで木の枝にかけ、虎に我が身を捧げるため、崖から飛び降りる。そして飢えた虎に食われるという場面が描かれている。「この時天地は王子の行いに感動して鳴動賛嘆した。王子は後に生まれ変わってお釈迦様になる」という説話絵だ。己を捨てるとは、究極こうでなければならないと、お釈迦様はお教えになった。

〔菜根譚　前集九二〕——天命に逆らう

本文

天薄我以福、吾厚吾徳以迓之。天労我以形、吾逸吾心以補之。天阨我以遇、吾亨吾道以通之。天且奈我何哉。

訳文

天がもし、私に貧困という苦しい立場を与えてくれたなら、それに対して、決して苦しいなどと弱音は吐かず、逆に、貧しさを受け入れ、少しでも貯えを得たなら自分のために使うのではなく、他人に施すようにする。貧困という立場から逃れることはしない。また、天が私に肉体を酷使するような過酷な立場を与えてくれるのであれば、私は、心を養って、労苦を労苦と思わないようにする。過酷な立場から逃げたりはしない。あくまで受け入れ、それが当たり前と思う意識になるだけのことである。天が苦難を与えてくれればくれるほど、私は私の正しい道をしっかりと守り通して行くだけである。天は苦難を与えて私を屈服させようとするのだが、苦難を受け入れる以上、決して私は天にも屈することはない。

天はしばしば、人に対して情け容赦ない。過酷である。人は通常、過酷な現実を受け入れ難い。しかしなお、それを受け入れ、さらにその過酷さを乗り越えて、過酷と思わない心を醸成する人間になれと菜根譚は主張する。この教えは一種自虐的である。貧困、苦痛、困難、それに遭遇したなら、真正面からそれを受け入れ、「貧困、苦痛、困難」と捉えることなくやり過ごして、超越的境地に立って生きるのだ、というのだから。

この論法は宿命論であろうか。「世の中の出来事は全て、あらかじめそうなるように定められていて、人間の努力ではそれを変更できない」とする考え方が宿命論であるなら、本項は宿命論ではない。屈せず努力し、かつ余裕を抱け、なのである。

作家・渡辺淳一氏の著書で『鈍感力』（集英社）という言葉を知った。シャープで鋭敏なことが優れていると人は言うが、しかし逆に、些細な事で動揺しない鈍さこそ、生きていく上で大事な才能であると書かれている。恋愛関係、夫婦関係などに鋭敏に神経を尖らせていると、つい衝突してしまう。見ざる聞かざる言わざるという鈍感さが関係を正常に保つのだ。かつて小泉純一郎総理が、自らの政権が延命したのは鈍感力だと言ったのも合点がいく。天命を超克するとは、鈍感力にも通ずる。

一方で、主観的に幸福な人は、そうでない人に比べて病気が少なく、寿命が長く、収入が多いという。これは心理学者マーティン・セリグマン氏が創設した「ポジティブ心理学」の説だ。ポジティブ心理学では幸福の向上を支える要素として次の五つを挙げる。「ポジティブな感情」「没入するゾーン体験」「豊かな人間関係」「人生の意味や意義」「達成感」。こうしたプロセスを一息に得るなら、それは「天命の超克」となるのかもしれない。

〔菜根譚　前集九二〕――幸福には無頓着になる

本文

貞士無心徼福。天即就無心処牖其衷。憸人着意避禍。天即就着意中奪其魄。可見天之機権最神。人之智巧何益。

訳文

温厚篤実で人情に厚い人物は、自己の利益打算に駆られることはない。天はこのような人物の誠心誠意な心に報いるために、正しい方向に導いてくれる。狡猾卑劣で自分本位な人物は、利害打算に終始して責任逃れの心情に駆られている。天はこのような人物の卑しい心に入り込んで、その命を危うきものにして忠告を与える。天の道はこのように、巧妙神秘な働きを持っている。浅はかな人間の知恵や理屈は到底天の道には敵わない。

天が張り巡らした網は、広く大きく目も粗い。しかしその網は、悪事悪人を決して逃すことはない。『老子』七三章（天網恢恢、疏にして失せず）の教えを、菜根譚は意訳してこの記述となっている。ここでいう悪事悪人とは、いわゆる罪人・犯罪者ではない。良心に恥じないことをすべきなのに、その努力を怠る者という意味合いである。

老子の思想は、複雑なようでいて実はシンプル。背景にある考えを理解するとすぐに腹に入る。

「吾唯知足」。これは人間幸福の基本。満足こそ幸福であり、貪瞋痴《とんじんち》の三毒から逃れることが重要だと説く。「貪」はむさぼり。人間の欲望は絶えることがない。一つ得られても、また次を欲しがる。「瞋」は怒り。他人には理解できない内面の怨憎。隣人の倉が建ったら無性に腹が立つ。腹を立てる心を治療しなければ、幸福はいつまでも得られない。「痴」は愚か。真理を知らず物事の是非善悪の区別がつかない愚かな心情。学問の大切さはここにある。今日の偏差値や、良い大学に入る知識とは全く異質のもの。本物の教養を備えるか否かである。

「上善如水」。最上の善は争いを避けて生きること、と説く。老子誕生の紀元前五世紀は、争いの絶えない時代であった。道理より、勝てばよい。人を押しのけて上に立とう、そんな価値観が蔓延していた。「人と争わずに常に低いところに留まりなさい。まるで水のように」と老子は教えた。

「無為自然」。怠惰に何もしないという意味ではない。季節はめぐり、太陽は大地を照らし、雲は雨を降らし、植物も動物も生きとし生けるもの全てが恩恵を受けて営み育つ。そこにわざとらしい計らいはない。自らの能力個性のあるがまま、最善を尽くして、あとは人に言わせておくのみ。他人を気にして損得に流れ、立場を少しでも有利にする計らい事に人生を費やして老いていくことほど無意味なものはない。老子は言う、人生はこの世に生を受け、やがて土に還る一時のこと、自然に逆らわず生きるのだと。

〔菜根譚　前集九二〕——人の真価は後半生を見よ

本文

声妓晩景従良、一世之胭花無碍。貞婦白頭失守、半生之清苦倶非。語云、看人只看後半截。真名言也。

訳文

若い時に勝手気ままかつ派手な生活をしてきた女性でも、後に結婚して良き伴侶をえて、円満堅実な生活を営むようになるなら、若気の至り放蕩も人生評価の妨げにならない。逆に、若い時から清楚清廉な淑女で立派な振る舞いであっても、白髪が出てくる年齢になって、操を守ることを忘れては、それまでどんなに清らかに生きていたとしても、全く努力も苦労も意味がなくなってしまう。「棺を蓋いて事定まる」とは、けだし名言である。人生は後の半生で決まるものである。

この論が当然であることは万人の認めるところである。しかし、有為転変、現代社会にあっては、ややズレを感じる向きも大いにあるところである。特に男女の適合性については、時代はかなり進化発展を遂げている。「婚姻は、両性の合意のみに基いて成立し」と憲法にも定められているように、過去や貞操観念、世間体などは全くその人生の評価に関係ないといっても過言ではない。あくまで当人同士の納得理解、愛情合意があれば、何も妨げにはならないのである。

蓋棺事定《がいかんじてい》とは、中国の歴史書『晋書』の劉毅伝に書かれた言葉。一生が終わり、棺の蓋を閉めて初めてその人の真の値打ちが決まる、という意味だ。生きている間、人は活動を重ね、人々との関係をもち、人気や評価は常に変化していく。そのため生前の評価はあてにならず、死んだ後に定まるというのだ。

巨匠ピカソは、自己の人生の初期段階を二つの色彩で表している。一〇代後半からは「青の時代」。暗くて青い沈んだ絵が多い。それは死、闇、孤独を表現している。二〇代半ばは「バラ色の時代」。初恋に浮かれた明るい時代である。その後、キュビズムを創出した。二つの色を経て、後半に本来の自分を実践できたという思いだったのであろう。

吉田松陰は『留魂録』の中で、人生の四季についてこう述べている。「人間にもそれに相応しい春夏秋冬があるといえるだろう。一〇歳にして死ぬものには、その一〇歳の中に自ずから四季がある。二〇歳には自ずから二〇歳の四季が、三〇歳には自ずから三〇歳の四季が、五〇歳、一〇〇歳にも自ずから四季がある」。

人生には区切り、節目がある。後半が大事になる。棺に入るまで、明日を信じてなすべきをなすのみである。

〔菜根譚　前集九四〕――爵位を持った乞食

本文

平民肯種徳施恵、便是無位的公相。士夫徒貪権市寵、竟成有爵的乞人。

訳文

無位無官の市民でも、自ら進んで世の中のために尽力し、一人でも多くの被災者を救い出し、避難住宅を慰問するなら、地位はないけれど現職大臣以上の評価があってしかるべきである。これに対し、高位高官であっても、むやみに権力を笠に着て、身を粉にして働くことがなければ、権力を貪り地位をせがむ乞食に他ならない。

「日本には歴史上、市民革命があったか」と疑問に思う。明治維新を市民革命と説く人はいる。事実、徳川幕府は権力を失った。けれども、士農工商の階層別に構造変化は起こっていない。武士階級の内部で、徳川政府から、薩摩・長州の政府に移行しただけのこと、と言うこともできる。欧米の市民革命ほどは、社会的変化は起こっていない。日本は、革命が起こらず近代国家になった珍しい国であるかもしれない。

そう考えると、御上の権威は、市民になお強く存在しているといえる。封建時代と変わらず、権力をあがめ、絶対視しているとするならば、官民の格差は縮小するどころか、江戸時代と同様、あるいは平安時代の律令政治と同様の権威や、えも言われぬ存在価値があるといえる。

先進七か国、G7サミット参加国は、自由平等議会主義の国家である。そこには法の支配があり、人権保障が確保されていることになっている。けれども、米国では大統領への批判が極端に減少している。これは、後期資本主義時代の無批判、反批判主義の台頭であろうか。

資本主義が後期になり、単純な自由経済に任せたままであれば、格差や矛盾の解決ができない。つまり、政権に関係するあるいは依存する階層が大多数になっていて、批判することに躊躇を感じている人口が増加している。トランプ大統領の個性かもしれないが、批判への反批判が極端に強いことで、批判勢力は萎縮してしまう様相だ。

議会は与野党で構成されていて、与党が権力に安住して失敗すれば、野党が政権を担う。しかし日本では、与党が失敗しても野党の勢力が拡大することがない。歴史上きわめて不可思議な状態となっている。

巨大なマスコミも、批判的な記事が購読数を伸ばし、視聴率を増加させるのならば、構わず批判をするであろうが、現在はその真逆。批判が視聴率を下げている。インターネットニュースは、一日に三億回アクセスがあり、紙の大新聞は、五大全国紙で三〇〇〇万部にも及ばない。なぜかインターネットのユーザーは政権派が多い。批判は炎上して、それ以上拡大させることはできない。官尊民卑はなお続く。

〔菜根譚　前集九五〕――残す幸福とは

本文

問祖宗之徳沢、吾身所享者是。当念其積累之難。問子孫之福祉、吾身所貽者是。要思其傾覆之易。

訳文

昔の人たちが残してくれた恩恵とは何かと問われれば、私の今ある幸せであると答える。自分が今幸せに生きていることは先人の高い徳があってのことである。さらにこれを私たちが積み上げることは困難である。子孫たちに残すことができる幸福とは何かと問われれば、私自身がこれから幸せになるために残すものであると答える。子供たちがこれから幸せになるか不安が残る。自らの幸福さえ傾き覆りやすいものであるから。注意すべきは、徳を積んでいくことは容易ではないが、それを覆すことはいとも簡単であるということ。この道理を忘れてはならない。

「積徳とは、徳を積むこと。人のために尽くすこと。これによって人は魂を成長させることができる。三代先の子孫までも幸運に恵まれる」という説明を聞いたことがある。何ら科学的根拠はない。けれども、完全否定もできないだろう。むしろ単純に信じて徳を積む方が、賢明である。おそらく三代先まで待たなくても、かなりの強運が舞い込んでくるに違いない。

やさしい心や他人をいたわる気持ちを、幼少期から両親が繰り返し教え続けていれば、多少の差はあれ、徳の高い人物が生まれるであろう。他人楽と書いて「はたらく」という。素朴に、単純に、「人のため」の教育は宝物だ。

ところで、子孫に残すことのできる幸福といえば、まずは金品などの財産である。しかし日本には相続税があり、兄弟姉妹で均分相続して分割して継承すると、不思議と富豪という存在はいなくなっていくようになっている。おそらく物や金という財産を残しても、何代にもわたり時代を超えて金持ちが持続してゆくことは稀有である。

そう考えると、長く持続して承継できるものは、金品などの財産ではない。伝統舞踊、音楽、茶の湯、陶芸、絵画などの文化性のあるものである。特に、品質が高いもの、評価が定着しているものほど、永続できるのである。

才能や知識の承継はどうか。親が科学者で、たとえノーベル賞を貰っていても、その子供にそっくり知識教養を引き継ぐことなど無理である。ダ・ヴィンチの才能、ゴッホの天才を誰かが受け継げたら面白いとは思うが、実際は不可能である。物・金・財産も才能知識も引き継げないとしたら、何が継げるか。それが徳なのかもしれない。

〔菜根譚　前集九六〕――偽善とは

本文

君子而詐善、無異小人之肆悪。君子而改節、不及小人之自新。

訳文

身なり姿は立派な人物に見えて本当は善人ではない人間が、まるで善人らしく装うことがある。それは、取るに足らぬ人間が、悪事をやりたい放題やるのと何ら変わりがない。また、立派に見える人間でありながら、節操なくむやみに変節するものがいる。それは、取るに足らぬ人間が自発的に悪事を悔い改めることに比べて何倍も劣ったことである。

偽善とは、善人のように装うことである。行為としての偽善は、隠れて悪事を行うために善行を装うこと。精神的偽善は、外面では良い行為に見えてもそれが本心や良心からではない心理状態をさす。本項は、内的と外的の両面で偽善を戒める説話である。

営業マンのセールストークなどは、むしろ偽善が当然と身構える必要があるだろうが、菜根譚が記された明の時代、一七世紀は今よりも素朴な人間関係があったであろう。それでもこの辛辣さである。人を裏切る、人を騙す行為は君子にあらず。小人以下である。身なりや見かけだけの君子が時代とともに多くなり、現代社会は全く見分けがつかない。君子判別不能状態となっている。

本物があまりに魅力的であれば、マネして偽物でも身につけたくなるのが人間の性かもしれない。その気持ちに付け込むのが海外のコピー商品だ。これは、特許権、著作権を侵害する輸入禁制品である。販売目的で輸入すれば商標法違反、関税法違反として罪に問われる。絵画は特に偽物が多い。本物より上手な作家の作品もあるというから、判別は実に至難である。鑑定書や証明書が付いていても慰め程度にしかならないのだそうだ。それ以上に困難なのが、人間。良い悪いはその時々で変化する。米国大統領の発言でも、嘘と本当の二種類あるというのだから、選挙などでは人物を見分けられないということになる。

話を戻すが、君子とは、徳が高く品位のある人のことをいう。本来、教育の目的、学校へ行く目標は君子になるためであった。それがいつの間にか、徳が高くても優しいだけでは頼りないとか、品位は高いけれど稼ぎが悪いなどと言われるようになり、時代の変化とともに、徳や品より、権威や金銭が優先される世の中になってきてしまった。

この時代変化は、江戸時代に結実した武士道と関係が深い。新渡戸稲造は著作『武士道』の中で西洋人に対し、日本の道徳教育の基本は武士道にありと解説し、武士が重んじた価値を七つ挙げる。即ち、「義、勇、仁、礼、誠、名誉、忠義」である。これら日本固有の思想は、明治時代の日本兵の精神的支柱となり得た。しかし、陸軍大学の設立と山縣有朋の他界をきっかけに、日本の軍事学は諸外国の模倣へと遷移する。明治の指導者と異なり、昭和の軍人には世界観が欠如していた。それが満州事変から大東亜戦争に至るまでの敗戦につながったと言えよう。

〔菜根譚　前集九七〕――家人の過ちをさとすには

本文

家人有過、不宜暴怒、不宜軽棄。此事難言、借他事隠諷之、今日不悟、俟来日再警之。如春風解凍、如和気消氷。纔是家庭的型範。

訳文

家族の者が過ちをおかしたとき、激しく怒ってはならない。だからといって、軽く見過ごすのもよくない。もし直接言いにくいことであるなら、遠回しに言い聞かせる手がある。それでも気が付いてくれなければ、後日繰り返し諭すことにすべきである。そのやり方は丁度、春の風が凍り付いた大地を解かすように、また穏やかな気候が氷を解かすようにするのである。それができて初めて家庭が和気藹々としたものになる。

叱り方をテーマにした指南書は実に多い。それだけ、叱る・叱られるは、人の生活や人生への影響が大きいということだ。

『嫌われずに人を動かす　すごい叱り方』（田辺晃著、光文社）、『叱られる力』（阿川佐和子著、文芸新書）、

『怒らない伝え方』(戸田久実著、かんき出版)をはじめ、何冊か読んでみた。読み進めると、叱ることの本質やアンガーマネジメントを心得ることはつまり、自分の生き方そのものへの問いかけなのだと気づく。阿川佐和子さんは著書の中で、親に上司に六〇年叱られ続けた自身がたどり着いた、叱られても凹まない心得を書いているが、叱られて凹むのと同様に、叱った側が反省することもあるもので、両方とも凹む入り口に変わりはない。叱ることも叱られることもなく、ディープラーニング的に心得られれば一番良いのだが。

菜根譚が書かれた一七世紀当時の家族は、おそらく大所帯。親二人に子供が四人。その子供たちに四人ずつ孫が生まれて、合計二二人の所帯が一つ家に生活する。そんな大所帯家族での話がこの項では説かれている。関係濃厚の家族の中では、過ちの指摘で最悪の事態を招くこと、即ち関係性を破壊することは、家族から排除することにつながる。家族からの仲間外れは、村八分よりも恐ろしい。食事を奪われ、孤独に陥られ、生死にかかわる重大時になってしまうからだ。だから、家族の中での叱り方は特に注意を要する。

一方、現代の我々は少人数核家族である。家族関係は希薄になり、家族は簡単に崩壊する。年間に約六〇万組結婚して、約二一万組離婚する(二〇一九年)。この離婚率の高さはまさにそれを表している。離婚が倫理的にどうかと疑問視していたのも遥か昔のこととなった。現代では離婚は当たり前の出来事。だからこそ、神経質に腫れ物に触るように、注意深く叱らなければ、あっという間に全てが壊れてしまう。高齢化、孤独化、貧困化……独り身は家族でいるより危険性が高まる。

〔菜根譚　前集九八〕――心の平安

本文

此心常看得円満、天下自無欠陥之世界。此心常放得寛平、天下自無険側之人情。

訳文

自分の心を常に注意深く管理監督して、いつも円満にしておけば、この世界は自然に平穏幸福になる。また自分の心を常に注意深く管理監督して、いつも寛大公平にしておけば、この世界は自然に刺々しさが消え険しい心もなくなっていく。

照顧脚下。まず自分の足元から見てみよう。自分という一人の人間の心掛けが、万人の心掛けになっていく。「他人が円満になるまでは、自分は絶対に円満になるものか」などと言っているうちは、社会が円満になることはない。ベクトルはいつも自分から外に向かうもの。円満な社会、穏やかな世界、その実現は自分自身が円満穏やかになること。至言である。

しかしながら、一番困難なのは自分のコントロールである。円満になろうとして円満になれる人は、万に一人もいない。最大の課題がここにある。しかし、それを成し遂げる努力家は必ず存在する。また、彼らはその方法を教示してくれる。自己啓発やスピリチュアルセミナーなどがそれである。無駄かもしれないが、何もしないよりましである。

自己啓発は一種の自己洗脳、つまりはマインド・コントロールと言えるだろうか。精神科医・岡田尊司《たかし》氏の書いた『マインド・コントロール』（文藝春秋）によると、古くから暗示や催眠術として存在したマインド・コントロール技術は、やがて心理療法として発展し、その後、行動を直接コントロールする「洗脳」技術としてソ連や米国では国家レベルで研究されるようになった。現代では広告戦略や怪しげな人心誘導術としても盛んに民間活用されている。会社をはじめとしたあらゆる組織、家庭の中ですら、その技術の応用がみられるという。自身が気づかないうちに心をある方向へ誘導されているのだとしたら、恐ろしい。

『ヒトラーの大衆扇動術』（許成準《ホソンジュン》著、彩図社）という本がある。理性的なドイツ国民が、なぜヒトラーの意のままに動かされてしまったのかを考察している本だ。個人の説得ほど困難なものはなく、上司は部下を思い通りに動かせずに悩んでいる。物を売るときも買い手の説得が必要だ。しかしヒトラーは、数千万人規模の集団催眠は可能だと気づき、実行した。ヒトラーの集団心理操作は、恐怖の分配から始まる。人は衆人環視の中で恥をかきたくない生き物だ。大衆の前で浮気の現場から制服警官に裸で連行されるのは、誰しも困る。地位ある者には、ことさらプライドがある。いわばそのような恐怖心理を巧みに利用して、ヒトラーは社会を変えてみせた。リーダーとは善の目的を持って悪の術を使うもの。ヒトラーの行いは許されることではないが、大衆を熱狂させる人心掌握スキルにおいては天才と認めざるを得ない。

〔菜根譚　前集九九〕——思想は変えず、剣も抜かず

本文

澹泊之士、必為濃艶者所疑、検飭之人、多為放肆者所忌。君子処此、固不可少変其操履、亦不可太露其鋒芒。

訳文

無欲でものに拘らない人物は、物欲の多い派手な人たちからは、しばしば疑いを持たれてしまう。また多くの場合、自他共に厳格な人物は、付和雷同するお調子者たちからは、嫌われてしまう。だからこうした派手好みやお調子者たちに対処するとき、君子というものは、当然主義主張を少しでも変えてはならない。また、その鋭利な錐の先は、あまり見せすぎてはならない。

「智に働けば角が立つ。情に棹させば流される。意地を通せば窮屈だ。とかくに人の世は住みにくい」。夏目漱石『草枕』の冒頭に出てくる名句である。さらに漱石はこう続ける。「越す事のならぬ世が住みにくければ、住みにくい所をどれほどか、寛容《くつろげ》て、束の間の命を、束の間でも住みよくせねばならぬ。ここに詩人という天職が出来て、ここに画家という使命が降る。あらゆる芸術の士は人の世を長閑《のどか》にし、人の心を豊かにするが故に尊とい」。

菜根譚の作者は、君子は君子であり続けるべし。意地を通して窮屈でもがんばれと、やせ我慢の人生を推奨する。それをわかっている漱石は、ふっと発想を変えて芸術に目を転じましょうとばかり、自他の人間関係の煩雑さからの解放を説く。その選択は今は自分自身にある。

菜根譚が書かれたのは一七世紀。古いことは当然である。昔は、立派でなければ暮らしができないか、極端に貧しい生活になってしまった。しかし現代社会は失業率三%、仕事をえり好みしなければ就職すること自体は難しくない。生きていけるのである。窮屈で辛いやせ我慢の人生をがんばらなくとも、欲望を満足させ、調子に乗って万事気楽に楽しく生きていくことも可能である。それほどに価値観は多様になっている。物欲の頂点、若き成金富豪があこがれという時代である。多くの女性と付き合い、カジノや競馬に明け暮れたって、それを批判されることはない。だが、故に君子か小人か、である。君子足るべし。

さよならだけが人生か。人の一生は、邂逅《かいこう》と別離に覆われている。妻がいたから、先輩のおかげで、お袋が助けてくれた。人は人との交わりで色が変わり新しくなる。自分は自分一人で偉くなれるだなんて、思い込みである。良き出会い、良き交友を得たとき、人生の価値が増す。ただ残念なのは、いつまでも関係を続けたいと願っても神は情け容赦ない。母親父親がいつまでも長生きしてくれないように、誰とは言わず出会った人とは良かれ悪しかれ別離のときが来てしまう。悔いのない付き合いは、まさに一期一会である。「集り散じて人は変れど仰ぐは同じき理想の光」、早稲田大学校歌は今も心に響く。

〔菜根譚　前集一〇〇〕――逆境によって磨く

本文

居逆境中、周身皆鍼砭薬石、砥節礪行而不覚。処順境内、満前尽兵刃戈矛、銷膏靡骨而不知。

訳文

人間は、逆境にいるときには、身の回りは体を治療する針と薬だらけである。その逆境によって人は、心を磨かれ人の情けを知り飛躍的に成長を遂げる。けれどもそれに本人は気が付かない。これに対し、人間が順境にいるときには、目の前の全てのものが自らを傷つける刀や鉾のようなものばかりである。その順境によって人は、身体を蝕まれ心も怠惰になり向上する道も閉ざされる。けれどもそれに本人は気が付かない。

　人間は苦労して努力を重ねているときは、余裕がなく辛い身の上ばかりが切なく思える。時間もなく、金もなく、ひたすら働くばかりだからだ。しかし、この時に根気が養われ、他人の評価や世間体などを気にもせずに、ただひたすら頑張る自分を得ることができる。鈍重に腰を落ち着けて仕事をするという習慣がつく。そんな時間が長く経ってくると、必ずその姿を見ている人が現れる。それが運につながる。成功の秘訣は「運・

鈍・根」といわれる所以であろう。「艱難汝を玉にす」「玉磨かざれば光なし」である。　人間は苦労・困難を乗り越えることによって立派な人物になる。

失敗は成功のもとと言うが、失敗せずして成功した者はいない。失敗を恐れてチャレンジしない人間に、成功のチャンスは訪れないからだ。物事に対処するときには計画が必要で、それは単なる憧れや夢の類であってはならない。計画（Plan）・実行（Do）・評価（Check）・改善（Action）の順で、次への挑戦をする者だけが成功をおさめる。これをＰＤＣＡサイクルと呼んでいる。もしこの方法論で、たゆみなく失敗を繰り返せば、どんな難関も突破することができるであろう。成功体験の本も、そのほとんどが「成功の秘訣は、ただ成功するまで諦めないこと」と語っている。

しかしその逆も然り。成功者は失敗する。順境こそ要注意。山に登る快感は、頂上に到達して景色を見るときではない。まだかまだかと頂上を目指して、こつこつと一歩一歩、歩いている道のりにある。登山の妙味こそ人生そのもの。成功者は頂上にたどり着いた後、さらに上を目指すことはない。順境とは、満ち足りた成功者の様子である。もはやそれ以上、高く目指すところはない。先生などといわれるようになったら、人間はそこから堕落していくのではないか。成功者は哀れでもある。

「人の一生は重荷を負て遠き道をゆくが如し。いそぐべからず。不自由を常とおもへば不足なし。こころに望おこらば困窮したる時を思ひ出すべし。堪忍は無事長久の基、いかりは敵とおもへ」。孤独と負けを知る家康は、失敗しない生き方を説く。遥か高い山を目指す心構えである。人生は長い。途中で努力を諦めることを戒めている。死ぬまで努力。

〔菜根譚　前集一〇一〕——果てしない欲望は自身を焼きつくす

本文

生長富貴叢中的、嗜慾如猛火、権勢似烈焔。若不帯些清冷気味、其火焔、不至焚人、必将自爍矣。

訳文

富貴名門の家に生まれ育った者は、異常に美食を求める欲望が強く、激しく燃える火のように盛んである。またその権力をもって他を支配しようとする心は、燃え盛る炎のように激しい。だから少しでも冷えた気持ちを持ち合わせていないと、その炎は他の人を焼いてしまうか、さもなくば必ず自分自身を焼き尽くしてしまう。

人類の歴史は、ほぼ食料を確保するための努力の歴史であった。原点は哺乳類の行動にある。ライオンは種の保存のために獲物を獲り、子供を作り、子供を養う。狩りは種の保存のための食料確保であり、他の何物でもない。だから獲物を獲ったライオンは、腹が満たされているときには、狩りに出ても獲物より速くは走れない。神は草原の各種動物のバランスを考慮しながら生存を許しているのである。

人類は二〇万年前に誕生した。狩猟から農耕へと文明が移り変わったのは紀元前一万年の頃。やがて、チグリス・ユーフラテス、ナイル、黄河、インダスといった大河川のほとりに集落が誕生し、人々は農耕牧畜の暮らしを始める。これがいわゆる世界四大文明の誕生である。それ以来、人類は食料を確保しやすくなった。しかし一八世紀産業革命以前までは、異常気象のたびに飢餓との闘いを強いられてきた。

つい一〇〇年前の出来事。昭和八年〜一〇年の昭和東北大飢饉は、日本最後の飢饉と言えよう。一九三〇年（昭和五年）、世界恐慌で日本にも大不況の波が押し寄せる。昭和六年、東北全土凶作無収穫。昭和八年、三陸大津波。昭和九年、やませ大凶作、厳しい徴兵。欠食児童に身売り列車……悲劇が続く。働き手の男性は兵隊に、経済は銀行が倒産する大不況。国家の予算は軍事費にまわり、国民は救いようのない状況であった。

菜根譚の時代は、貧富の差は今よりもはるかに大きいものであった。なぜ「菜根譚」か。著者の洪自成はこう説いている。「菜根食めば人生危うからず」。当時の中国でも野菜は欠かせない日常の食料であった。しかし、青い葉の部分がご馳走として価値を付与せられ、根っこの部分は家庭では捨てられていた。もちろん根の部分も苦みを我慢する、煮炊きするなど工夫すれば食べられるものである。実際、貧困家庭では、根っこを捨てずに食べていた。筆者は、現役を退き収入は少なくなっていた。菜根を食べるほどの貧困ではなかったが、あえて「菜根を食べる」日常を送った。この質素、粗末な食事こそ、人生の覚悟を会得し健康に導いてくれる。そう確信し、この指南書の表題とした。

〔菜根譚　前集一〇二〕──事を成就するのは心の真実である

本文
人心一真、便霜可飛、城可隕、金石可貫。若偽妄之人、形骸徒具、真宰已亡。対人則面目可憎、独居則形影自媿。

訳文
人間が持つ強く正直な心の一念は、時に驚くべき力を持つ。例えば、真夏に霜を下ろしたり、戦で落とせなかった城が崩れてしまったり、弓の矢が岩の中に突き刺さったりするのである。それとは違い、自分の心を偽り真実にも背いた気持ちの人間は、心の本心が込められていない。このような人が、人に対面したときは顔つきが憎々しいものとなり、一人でいるときには自分自身の姿形に嫌悪感を覚えるくらいになってしまう。

「真夏の霜」「城をも落とす」「矢が岩に突き刺さる」、これらの例示はいずれも故事から引用されている。人間は常識を超えた不可能を可能にすることがあるという説話だ。人間ほど可能性に満ちた存在はない。その時、何がそうさせたのかを尋ねると、その原因は人間の一念、一途な心以外にない。しかも、雑音のない、無垢で純粋なひたすらな思いのみが、不可能を可能へと導くということが明らかになっている。

スターゲイト・プロジェクト。これは、アメリカ陸軍の超極秘計画に付されたコードネームの一つ。一九七〇年〜一九九四年頃、米ソの冷戦構造下で米軍の超能力研究が密かに行われていた。軍事作戦に遠隔透視能力を使用するという計画だ。遠隔透視制御部隊が現実に結成されるほど本気の計画だったのだが、一九九五年、同プロジェクトは軍からＣＩＡに移管され、「成果なし」と総括され終了した。

しかし、思考は伝達するのだ。今や、思考がそれ自体で伝達することは当然視されるようになった。人間の体の各部位は、脳の信号によって命令通り動かすようになっている。ならば、脳が機械を制御することも可能なのではないか、アリゾナ大学では研究が進んでいる。脳のニューロンが生み出す電気信号を変換して、機械を作動させるのである。ワシントン大学では、個人の思考を読み取る研究が行われ、一部で「脳ハッキング」に成功したと言われる。日本でも、京都大学や国立情報学研究所などで脳神経回路を高精度で推定する解析法を開発している。もはや脳の思考が情報を送っていて、媒体なしに伝達しているところまでは解明できるようである。

さらに、思考は外部効果を持つというエビデンスも登場する。『思考が物質に変わる時』（ドーソン・チャーチ著、ダイヤモンド社）では、脳科学や量子力学で思考によって物質に変化が生じた事例を説いている。脳はエネルギーフィールドで、エネルギーは物質化し、良い思考は必ず良い人生を生むという。

『パワー・オブ・エイト―最新科学でわかった「意識」が起こす奇跡』（リン・マクタガート著、ダイヤモンド社）は、人の思考や意識に力があることを実証した書。世界一〇〇か国、数万人にインターネットで病気の人を治そうと呼びかけて、その意思を持ってもらうと何が起こるか実験した。そして明確な思考が病気を治癒していく奇跡を生んだ。

〔菜根譚　前集一〇二〕――人格の最高の境地は本来の姿

本文

文章做到極処、無有他奇、只是恰好。人品做到極処、無有他異、只是本然。

訳文

文章の上手な表現を追求すれば、つまるところ特別珍しい奇抜な言い方にはならない。ただぴったりあった表現になるだけのことである。人格も最高の境地にまで到達するなら、特別他と変わった様子があるわけではない。ただ人間本来そなわっている純粋で自然な人柄があるだけである。

天から与えられた自然のままの純粋な性を本然の性という。それに対し、生まれたのちに後天的に身に付けたものを気質の性という。ここでは、生まれたままの性格が良しとされている。この時代、戦争が多く殺戮が頻繁な社会では、赤ちゃんのまま、純真素朴な無垢な状態が好まれたのではないかと思われる。幼児教育の重要性を説く現代とは価値観が少し異なっている。おそらくその状態は、円満で温かく、私欲私心のない穏やかな人柄のことであったと思われる。礼を重んじ、節を曲げず、親に孝行、君に忠誠の人であるなら、誰が見てもいい人に違いない。時代で人柄の良しあしが一変するのではない。周囲の価値観が変化して多様性を尊重するようにはなっているが、本質は変わりようがない。人の世は、平和で穏やかな生活が守られ、人との接触は温かく自分より相手を先にする謙虚さが尊ばれる。地位や所得の高い低いはあれども、人間の在り方については万古不易、謙虚礼節温和。

文章の達人を挙げるなら、まず川端康成。日本人初のノーベル文学賞受賞者である。「国境の長いトンネルを抜けると雪国であった。夜の底が白くなった」（『雪国』）。文章が簡潔で、正確に表現するというよりは感覚的に絵画的に語られ、一度読めばそのシーンが網膜に焼き付けられる名文である。『伊豆の踊子』の書き始めも見事だ。「道がつづら折りになって、いよいよ天城峠に近づいたと思う頃、雨脚が杉の密林を白く染めながら、すさまじい早さで麓から私を追って来た」。あたりの情景と自分の感情が入り交じり、今後の展開をほのめかすような書き出しになっている。名文としか言えない。

美文家の三島由紀夫が生涯師事したのが川端康成だった。二人は昭和二〇年から四五年までの間に九〇通を超える書簡を交わした。それを収録した作品が『川端康成・三島由紀夫往復書簡』（新潮社）。両者とも自死。「小生が恐れるのは死ではなくて、死後の家族の名誉です」。三島という文学者の最後の書簡にはこう綴られている。三島の小説の原理を解き明かす長編評論小説とは何か。三島の数々の作品を読み漁ると、天才小説家が奇抜な珍しい表現を追求しているのではないことは当然明白になる。

〔菜根譚　前集一〇四〕——真実は万物と一体である

本文

以幻迹言、無論功名富貴、即肢体亦属委形。以真境言、無論父母兄弟、即万物皆吾一体。人能看得破、認得真、纔可任天下之負担、亦可脱世間之韁鎖。

訳文

幻のような現実の世界は、人間が望むようにはならない。功名富貴などは、まさに幻である。この肉体でさえも、天から預かった仮のものである。いつ亡くなってしまうかもわからない。その反対に、真実の世界は確かな偽りのない世界である。父母兄弟がいることは真実。深く思いを致せば、身の回りの万物は自身の存在と同様実在の物であり自身と一体といえよう。この幻の世界をかりそめのものと理解して、真実の世界こそ本当に生きてゆくべき世界と確信できれば、そこで初めて重要な仕事を担うことができる。またそのとき初めて俗世間の名利の拘束から逃れることができる。

「人間《じんかん》五〇年、下天の内をくらぶれば、夢幻の如くなり」（幸若舞の『敦盛』の一節）。桶狭間の戦いの前夜、今川義元軍の尾張侵攻を聞き、清州城の信長はまず、『敦盛』のこの一節を謡い舞い、陣貝を吹かせたうえで具足を着け、立ったまま湯漬けを食したあと甲冑を着け出陣したという（『信長公記』より）。意味は、人の世は一生が五〇年、下天または化天は宇宙の世界の意味。その感覚で言えば、五〇年という時間はあっという間、一瞬に過ぎない。はかない人間の存在を歌う。この世の生に連綿と拘りを持つことの愚かしさを説き、身の危険を顧みず出陣するのだとの決意を周囲に表したものと言えよう。

「露とおち露と消えにし我が身かな 浪速のことも夢のまた夢」。秀吉もまた辞世の句で、儚いこの世を歌っている。

地球上の動物にすぎない人間は、地球の輪廻の宿命下にある。地球という星に運命付けられているのだ。現在の科学では、一三八億年前にビッグバンが起こり、宇宙が誕生した。それから二億年後に、最古の星が生まれた。そして一三〇億年前、天の川銀河が誕生。この銀河は直径一〇万光年（一光年は九兆四六〇〇キロ）という大きさで、その一部に太陽系がある。太陽が誕生したのは四六億年前、そして四五億年前に地球が誕生した。四〇億年前に、地球に海ができ、三九億年前に地球に生命が誕生した。二億年前に哺乳動物が誕生し、四万年前にようやく現人類が生まれる。二万年前には日本列島が誕生し、一万四〇〇〇年前に縄文時代を迎える。こんな尺度で物事を考えるとき、人間の人生に何が起ころうと、取るに足らない些細なことと評価できる。儚いと感慨深く思うのか、進化の一過程の類として個を捉えるのか。後者の死生観は、面白い。

〔菜根譚　前集一〇五〕――中庸の美徳2

本文

爽口之味、皆爛腸腐骨之薬、五分便無殃。快心之事、悉敗身喪徳之媒、五分便無悔。

訳文

人の口を喜ばせる美味しい食べ物は、耽溺するほど食べれば胃腸をただれさせ、骨をも腐らす毒になってしまう。しかし、ほどほどにしておけば害はない。また人の心を楽しくさせる魅力的なことは、度を越してしまうとその身を持ち崩し、徳を失わせる結果となる。しかし、ほどほどにしておけば後に悔いることはない。

以前、「味の素」の伊藤雅俊会長（味の素食の文化センターの理事長でもある）に話をうかがったところ、満腹になる量には国別で大きな差があるとのことだった。特に、牛肉の量での違いが顕著であったという。日本人の平均は一五〇グラム。日本のレストランでコース料理を頼むと、牛肉はほとんど例外なく一〇〇～一五〇グラムである。それに対し、米国人の平均は四〇〇グラム。米国のレストランでメニューを見ると、ステーキ四〇〇～六〇〇グラムと書いてあることが多い。胃袋や体質が違うとこんなにも量が変わるのだ。

米国レストランのお客さんは、四〇〇グラムの肉を食べた後に、とても甘いアイスクリームを大量に食べるという。日本人からしたら胸やけがしそうな光景である。これは、消化酵素の違いや、腸の長さの違いが根本にある消化能力の違いといえようか。

そもそも人間が満腹を感じるのは、脳の視床下部にあって摂食行動を調整する中枢神経の働きによるものである。満腹中枢は、血液中に含まれる血糖値の上昇に刺激されて、食欲を抑制する指令を出す。この指令が大脳に伝わることによって満腹を感じ、人間は食べ過ぎを防ぐことができる。食欲はこのように脳内ホルモンでコントロールされているのだ。

脳は、食欲を抑えたい時にレプチンを分泌して満腹中枢を刺激する。逆に食欲を増進させたい時は、グレリンを分泌して刺激する。そこに幸福ホルモンといわれるセロトニンの分泌が加わると、「よかった。美味しかった」という幸福感を重ねて得ることができる。セロトニンが不足すると、幸福の反対現象が生じてしまい、不安感や心配事が増していく。すると満腹中枢が「よかった。美味しかった」と判断できなくなって、満腹を感じられずにむやみに食べ続けてしまうというのだ。セロトニンの分泌を促すのは、十分な睡眠や運動、特に朝の紫外線に当たることだという。胃袋や体質に合わせた正しい食事量の管理も影響するだろう。

薬物、セックス、ギャンブル、アルコール、ゲームなど、何事も度を越してしまうと依存症に陥る。人間はなぜこれらを止めることができないのか。それは、中脳から放出される「脳内麻薬」ドーパミンが快楽を司る脳の各部位を巧みに刺激しているからである。このドーパミンは努力の報酬でもある。ナイスショットをする、数学の難問を解くなどでも大いに分泌される。しかし何事も度を越さぬこと、と肝に銘じよう。

〔菜根譚　前集一〇六〕——許容する心

本文

不責人小過、不発人陰私、不念人旧悪。三者可以養徳、亦可以遠害。

訳文

人の過失を責め立てたりせず、人の隠し事もあばき立てず、人の過去の悪事をいつまでも覚えていたりしないようにする。この三つのことを実行できれば、それだけで自分の徳を養うことができるし、また他人の恨みを買うような災いを遠ざけられる。

過失での失敗、隠し事、犯罪前科。いずれも褒められた話ではない。加害者なら触ってほしくない部分であり、第三者なら週刊誌的、野次馬感覚で、これほど面白い話はない。他人の醜聞は聞きやすいのである。そうでなければ、週刊誌、タブロイド夕刊紙、ワイドショーが耳目を集めるわけはない。

この心理的メカニズムは、人間の持つ嫉妬心、自己肯定感、同情心と憎悪感などが複雑に絡んだものと言われる。努力して成功を勝ち取るには、相当な無理をしなければできない。けれども、その競争相手が人生の落後者になっていくとしたら、こちらは努力せずに勝者になれるという錯覚を生む。スキャンダルは実に愉快な出来事である。だが、およそ大多数の人々が喜ぶ話になってしまう。

人を嗤わない徳。人の恥部に触れないだけの消極的態度を「徳である」と本項は説いている。確かに他人の失敗を喜ぶのが通常の意識なら、喜ばない少数の人間になるのは案外難しいはずである。覗き見趣味やお調子者の野次馬連には、なかなかできない話である。

面白いことに、人を嗤わないことは、加えて災いを遠ざけられるのだという。人間社会の機微は、他人の悪口に傾くだけで、「あいつも悪口を言っていた」という評価になってしまうからだ。さらに心配なのは現代社会のＳＮＳによる開示性。過去に比べて、全体的に不寛容社会であるといえる。

木村花さんの死は、記憶に新しい。享年二二歳の女子プロレスラー。リアリティーショーとカテゴライズされるテレビ番組に出演し、有名になった。それはシェアハウスでの台本のない日常を公開するだけの番組。そんな中で、花さんは悪玉役をやっていた。本業のプロレスで悪玉をやっていたから、花さんは日常でも荒ぶる必要があった。それが演技にせよ、である。結果、花さんは誹謗中傷のターゲットにされた。

この種の番組は米国や韓国でも人気だが、出演者の自殺が後をたたないことも特徴とされる。また、番組はあらかじめ事件事故が起こることを予測しており、「何が起こってもテレビ局は一切の責任を負わない」との契約を結んでいるという。サイバー暴力から被害者を救う方法はないのか。韓国ではサイトに書き込みを行うには住民登録番号を義務化している。フランスやドイツでは法制化も行われている。匿名性が高いと自分の立場や身分を離れて気軽に誹謗中傷してしまう。加害者は意外に高収入で責任ある立場の人物が多いそうだ。日本も、芸能人、著名人の人権を守る方法を検討する時期にきている。

〔菜根譚　前集一〇七〕――潑剌と生きるには

本文

士君子、持身不可軽。軽則物能撓我、而無悠閑鎮定之趣。用意不可重。重則我為物泥、而無瀟洒活潑之機。

訳文

立派な立場の人は、行動するとき軽々しい振る舞いをしてはいけない。軽々しくすれば外物に捻じ曲げられてゆったりとした落ち着いた気持ちがなくなってしまう。逆に心を働かせるには重々しくしてはならない。重々しくすれば、自分というものが物事に拘り過ぎて、さらりとした潑剌たる働きがなくなってしまう。

人は、仮面を着けて生きている。学校の先生は生徒の信頼厚い先生らしく、医者は患者の前に立てば病気を治す能力者に。しかし、本当の自分はまた別に存在する。本当の自分と仮面とのギャップが大きければ大きいほど、ストレスがかかり、精神的に耐えられなくなる。

立派な立場の人は、家柄、地位や知識でその立場を獲得している。仮面を作成して仮面らしく行動することによって、立場が維持されている。仮面を着けることで成り立つ立場である以上、仮面を取った姿を外部に見せた瞬間、信用は失われ、外界の視線は変化し、その価値を落としてしまう。社会的にやってはならない愚行となる。

一方で後段は、第三者の目を気にする必要のない場合においては、自己の内心の精神的活動は縦横無尽にして当然であると述べる。拘りを持ったり心を閉ざしたりすると、せっかく自由活発に行動できるところを台無しにしてしまう。内心の自由は思い切り奔放快活に楽しまなければならない。

そんな本項の教えを振り返りながら、昨今の週刊誌を思い出してみた。人間は常には優等生ではいられない。欲望に負けてしまい、言ってはならないことを言うときがある。政治家のカネ、芸能人の不倫、社会の中のセクハラ、パワハラ……。黒川弘務東京高検検事長もコロナ緊急事態宣言下、外出自粛のさなか賭け麻雀問題を起こした。退職金が減額されてしまった。その立場であれば、してはならない行動である。マスコミと検事の癒着。黒川氏もあっけなくマスコミの罠にはまった。単純な誘惑に負ける検察幹部に国民は不安と不信を抱いた。市民の人権を奪うことが可能な検察権力の代表者がこの程度かと、政府に不信を抱いた。黒川氏はほんの学生気分に過ぎなかったのかもしれないが、軽々しい行動であったことに違いはない。

失業率が一%高くなれば、自殺者が八〇〇人増加する。コロナ禍では、命を守るために命を失う自己矛盾が発生しかねない。神経質にならずに拘りなく生きる。心の自由を大切にして、社会が鬱にならないようバランス良くしたい。

〔菜根譚　前集一〇八〕——人生を無意義に過ごさない

本文

天地有万古、此身不再得。人生只百年、此日最易過。幸生其間者、不可不知有生之楽、亦不可不懐虚生之憂。

訳文

天地は悠久のものである。けれども人間の寿命は永遠ではない。人生は長じて一〇〇年に過ぎないが、歳月は瞬く間に一〇〇年に至る。永遠の存在である天地の間に生まれた人間は幸せである。そうであるならば、人間としてそれを楽しみ幸せを実感しなければならない。かといって、遊んでいて、この折角の人生を無意義に過ごしてしまう取り返しのつかない過ちにも気を付けなければならない。

日本昔話の浦島太郎の物語の原典のようだ。人間の太郎が、いじめられている亀を助けたそのお礼にと、亀は竜宮城まで太郎を背に乗せていく。タイやヒラメの舞い踊り。乙姫様は超美人。毎日が天国、時を忘れるとはこのこと。気が付いてみると村の人たちや母親のことが気になる。現実に帰ると何百年の歳月が経っていた。時間の感覚がない世界があること。かなり、重なり合う話である。

限界のある人間が最後に求めるのが永遠の命である。秦の始皇帝は、並ぶものなき巨大権力の皇帝となった。この世で叶わぬものはない。残る欲望は寿命のみ。そこで徐福というものにアジア東部、東方海上の三神山にあるという不老不死の仙薬を探す特命を与え、日本方面に派遣した。日本各地に徐福伝説が残る。三〇〇〇人の童男童女を引き連れ、何日もの大航海の末にたどり着いたのが、熊野地方だと言われている。徐福は、熊野灘でこんもりとした蓬萊山《ほうらいさん》を発見し上陸した。現在、新宮市にある徐福公園には、楠の巨木と天台烏薬《てんだいうやく》の木に囲まれた園内に、徐福の像や墓所、不老の池などがある。とてもこの地に本物の仙薬があるとも考えにくい。ともかく観光名所として整備したものであろうが、着眼点が史実に沿っており、あながち否定できない所に、徐福伝説としてのロマンから人間の世界への引き戻し的なオチがあり面白い。

悠久の天地の間にある人間は、限界に満ち溢れている。存在はちっぽけで、命は短い。だからこそ、一日でも長生きしたいとの願望が芽生える。アンチエイジングブームにＮＭＮ（ニコチンアミドモノヌクレオチド）がある。ハーバード大学医学部デビッド・シンクレア教授などの研究で注目されている成分だ。このＮＭＮは、植物由来の人間の若返り遺伝子（サーチュイン遺伝子）を活性化する稀少物質（「ＮＡＤ$^{+}$」）である。サーチュイン遺伝子がひとたび活性化すれば、若返り始めるというのである。一時期は一瓶五〇万円ほどもしたが、それでも買う人がいたというからすごい。人間は常に死に直面している。どんな思考をしていても背後には死の不安が横たわる。ユーチューブで広まった「スティーブ・ジョブズの最期の言葉」は日本人の心を揺さぶる。「他の人の目には、私の人生は、成功の典型的な縮図に見えるだろう。（中略）認証（認められること）や富は、迫る死を目の前にして色褪せていき、何も意味をなさなくなっている」地球上で一番の成功も、儚く終焉を迎える盛者必滅。深く涙できる。

〔菜根譚　前集一〇九〕――恩と怨と仇

本文

怨因徳彰。故使人徳我、不若徳怨之両忘。仇因恩立。故使人知恩、不若恩仇之倶泯。

訳文

怨というものは一方に徳を施すことによって生まれる感情である。もし仮に、相手に徳を施し感謝してもらおうとするなら、他方で誰かの怨をかってしまうことになる。それならいっそ、怨も徳も無く両方忘れてしまう方が怨をかわないだけましなのではないだろうか。また仇というものは一方に恩を施すことによって起こってくる感情である。もし仮に、相手に恩を施し感謝してもらおうとするなら、他方で誰かの仇をかってしまうことになる。それならいっそ、仇も恩も無く両方忘れてしまう方が仇をかわないだけましなのではないだろうか。

とかくこの世は住みにくい。徳を施し恩を与えても人に怨をもたれ敵を作ってしまう。そんな理不尽なことがまかり通る。努力して人助けしても、結果は怨をかうこともある。この世は本当に、浮世、憂世なのです。

徳も恩も必要なのは先刻わかっている。しかしそれでかえって人に怨まれてはかなわない。ならばいっそ何もしないでほったらかしの方がまだましだと開き直る。この考え方はおそらくパラドックス、逆説だ。これまでの菜根譚の教えと異なる論調であることは明らかである。これは人生の、Ⓐ消極的悲観論と言われている。マイナス面を強調することによって現状を悲観的に考える方法だ。

これに対する考え方はⒷ積極的楽観論である。現状認識は全く同じでもその認識下において楽観的に考える方法だ。例えば「コップに水がある」。それを半分飲んでしまうと、Ⓐでは「もう半分しかない」となる。Ⓑでは「まだ半分もある」になるのだ。Ⓐでは次なる行動は否定的だが、Ⓑでは次の行動が無限の広がりを見せる。

徳を施し怨をかう。恩を施し仇になる。たまたまそうなることもなくはない。しかし、もしもっと多くの仲間に徳と恩を与えたら、その仲間たちは喜び感謝して輪となりうねりを起こし徳と恩に報いようとする。それは怨を抱くもの仇とするものの数に優るのではないか。結果、何もしない選択よりも常に人に徳と恩を与えて喜ばれる方が人生の価値が上がるのではないだろうか。

これで思い出すのは、二〇一〇年一二月二五日群馬県中央児童相談所へ突然、伊達直人の名前でランドセルが一〇個贈られたというニュース。タイガーマスクからのプレゼントだと話題になった。実際に贈った河村正剛さんは小学校入学のときランドセルがないみじめさを体験して実行したという話だった。これすら批判をする人もいる。けれども全国で児童への寄付が始まり「タイガーマスク運動」と称された。

〔菜根譚　前集一一〇〕――高い地位にあっても慎重に

本文

老来疾病、都是壮時招的。衰後罪孽、都是盛時作的。故持盈履満、君子尤兢兢焉。

訳文

この身が老いてからの病気は全て若い頃に摂生をしなかったからである。地位がおとろえてからの罪状は全て勢力があった時にその原因を作ったものである。だから高い地位にあって勢力が盛んな時には君子は自分の行為を最も恐れ慎重にしなければならない。

黒川弘務は賭け麻雀の廉で東京高検検事長の職を辞した。まぎれもない賭け麻雀の事実を突かれたからである。賭博罪で身柄を拘束し、国家権力の起訴権限、人を罪に問える権力を唯一もつ検事という官職にはふさわしくない所業であった。

検事とはいえそもそもこれほど役人が世の中の耳目を集めることは珍しい。黒川は法務検察の世界では異例の出世を遂げた人物である。東大法学部卒、司法修習三五期生。黒川は、松山地検の検事正を皮切りに出世街道を驀進してゆく。そのあと法務省大臣官房長に就任。この地位は官邸に呼ばれて説明をする立場である。いわば国家の大事を担う選ばれし人物、菜根譚にいう君子となったのである。普通は重要ポストだけに一年交代、長くて二年が常識である。それを何と五年務めるのである。その後、最重要ポスト法務事務次官に就任。さらに東京高検検事長と駆け上がる。

この異例ずくめの出世物語は、多くの関係者の揣摩《しま》臆測を呼んでしまった。菅義偉官房長官の家庭教師、内閣情報官を通じて安倍総理の片腕。折しも、森友学園、加計学園、桜を見る会、河井案里参議院議員選挙、これらの問題はまず違法か否かが必ず問われる。適法だとしても妥当か否かが次に問題視される。政権を揺るがす重要な課題を含んでいる。その時、官邸の守護神とばかり黒川が検事総長に成れば一切の事案は違法性がなくなり、少々批判があったとしても何とか政権は持続することになる、との報道が重ねられることになった。特にこの問題と通常国会会期末に審議され始めた国家公務員法改正案とが強く関係したのである。

それは当時の検事総長稲田伸夫氏が六三歳。現在の検察庁法では検察官の定年は高検検事長六三歳、検事総長六五歳である。稲田氏がもう少しその座にあるならば、六二歳の黒川氏は定年になってしまう。そうなると官邸が恐れる案件の処理が不利になりかねない。黒川氏さえ検事総長にさせれば、上手く検察内部を説得して穏便にすましてくれるに違いない。このようなストーリーが完璧に出来上がってしまった。実際、国会閉会が六月一七日。河井克行議員は翌一八日に逮捕となった。稲田検事総長が指揮する重大案件になる。司法権が立法権に介入する恐れがある機微にわたる問題となるからである。世の中にタラとレバはないはずであるが、まさにタイミングよく週刊誌の報道で黒川氏が賭け麻雀をしていたと写真付きで報じられた。この一撃で黒川検事総長の実現は雲散霧消。その昔、賭け麻雀が普通に行われた時代が確かにあった。しかし、今はコンプライアンス優先。若き黒川氏は君子になった自覚がなかった。周辺は残念がっている。

〔菜根譚　前集一一一〕――四つの心構え

本文

市私恩、不如扶公議。結新知、不如敦旧好。立栄名、不如種隠徳。尚奇節、不如謹庸行。

訳文

個人的に恩恵を施すことは、社会全体に恩恵があることには及ばない。新しい友人を得ることは、古い友人と厚く付き合うことには及ばない。人に知られるほどの良い評判を得ることは、陰で徳を積むことには及ばない。表彰されるほどの立派な行いをすることは、日々日常の行いを慎むことには及ばない。

困っている人は世の中に多い。だから、困る原因を追究して根本から解消する制度を構築できれば、個別の「援助自慢」は不要となる。

友人は大切である。多いほどその人の力になる。ともすると古い友人を後にして新しい友人とばかり付き合うことにかまける様子を伺うことがある。自分自身もその愚に陥っている危険を感じる。おそらく、日常人間が陥りやすい盲点なのではないか。この忠告は重いものがある。

新聞に載りＴＶに映るほどの良い評判はなかなか獲得できるものではない。周囲の羨望の的になる。しかし、それよりももっと価値ある行いは、陰で徳を積むことである。けっしてマスコミの話題には上らない。陰徳を積む栄誉に勝るものはない。日常、陰徳を積む謙虚さや寛大さ利他心を備えれば、温かい仲間が大勢できる。それでこそ、本物の人物、君子となる。表彰の最たるものは叙勲である。

叙勲制度は明治九年（一八七六年）、三条実美《さねとみ》、伊藤博文という明治天皇をいただく権威ある国家の民へのお褒めの制度として始まった。敗戦によって廃止されたが、一九六三年池田内閣で「生存者叙勲」が復活した。ここで問題になったのは民間人の対象者が増えたことである。一九六四年から二〇〇〇年春までに勲一等以上の受賞者は一四六一名、内財界人が三二五名である。そもそも国家的貢献のある人物に与えられる賞ならば、いわば利益優先の個人に恩恵を与える経済人に勲章はいかがなものかという論理である（『日本経営倫理学誌』第八号所収、佐藤陽一「弊害を生む財界人への叙勲の廃止論」より）。

実際、これを根拠に叙勲の推薦を断った方々がいる。石田禮介（三井物産社長）、木川田一隆（東京電力社長）、中山素平《そへい》（日本興業銀行頭取）、桜田武（日清紡社長）などである。天皇陛下による叙勲を断るのも戦前は勇気がいる。福沢諭吉は「児戯に類す」と皮肉を言って拒否。森鷗外（本名林太郎）軍医だが軍の功績でもらうことを拒否。山岡鉄舟（明治天皇侍従）は「井上馨が使者としてきた。井上は勲一等をすでにつけていた。持ってきたのは勲三等。井上が自分より上になるような勲章をもらえるはずがない。俺と西郷で作った明治新政府。笑止千万」。山岡の親友勝海舟も井上が「子爵に任じます」と貴族の位を持ってきたが断った、という逸話も残されている。いわく「五尺に足らぬ四尺（子爵）なりとは」。階級地位に拘りを捨てた愉快極まりない生き方がある。

〔菜根譚　前集一一二〕——正論に逆らわず利に近寄らず

本文
公平正論不可犯手。一犯則貽羞万世。権門私竇不可着脚。一着則点汚終身。

訳文
公平な意見や正当な議論に対して反対してはいけない。もし少しでも反対すると、その恥を後々まで残すことになってしまう。権力のある家や自分の利益ばかり図っている人のところには足を踏み入れてはならない。もし少しでも足を踏み入れると、その消すことのできない汚れを生涯持つことになる。

社会的信用を得ることは難しい。正義感を持ち、公正公平に生きていくことに専念しても、外部の人々がその通り評価してくれることはない。世の中には道理のわかる者もいるが、わからない者もいる。わかってくれない人は多い。また、あえてわかろうとしない人も多い。むしろ、半分以上がわかってはくれないと思った方が腹が立たなくてよい。

現代は人の噂がむしろ本当になる時代。米国前大統領トランプのツイッターがしかりである。自分に都合の良い話を適当に並べるだけで世界が右往左往。そのうちトランプに近いプレスが根拠めいた記事を書くとフェイクは完成。選挙に当選さえすればよい、金さえ手に入ればそれでよい、との魂胆が見え隠れする。そんな露骨な自己利益主義がまかり通る時代は別として、かつて精神文化の発達していた中国の明の時代や日本では、自己の利益優先の人間を軽蔑していた。そしてその人間に近寄ることだけで、汚名を着て一生を台無しにしてしまう。世間の目の怖さ、社会のうわさの広がり方の速さや強大な影響を説いている。

日本の今の社会では、週刊誌の醜聞の指摘の力が強大である。およそ権力の最頂点の日本政府官邸総理大臣のそれよりも強い場合がある。例えば、黒川弘務東京高検検事長を検事総長にしたいと企図した者達は、定年の延長を図った。そのためには①従来の検察庁法は検察官は行政官ではあるが、その職務において何人からも独立している、との解釈を変更しなければならない。その為法務大臣の答弁で変更を明示した。②定年になってしまうため検察庁法にある定年の記述、検事長六三歳を六六歳に延長変更の法律改正を国会審議の上採決しなければならない。こんな面倒な手続きをしてまで、いち黒川個人のために総理大臣が指示をしたとされている。法治国家で手続きをしてその結果法律が成立したならばだれも文句の言いようはないはず。

しかし、週刊誌が黒川氏の麻雀の記事を掲載するや、黒川氏は検事の職すら辞任せざるを得なくなった。九仞《きゅうじん》の功を一簣《いっき》に虧《か》くである。つまり権力のある家に足を踏み入れていることに鈍感過ぎたのである。今は皇帝支配の絶対集権国家ではない。国民主権国家で大勢の人々がうわさし、疑いを持った時、その政権基盤は根拠を失う。公平な議論に頷き、自己の利益を常に遠ざける、そう国民が評価し続けなければ政権の終焉を即刻迎えてしまう。歴史は常に教えている。客観的にいまどのような評価なのか、謙虚に自己観察をする政権のみ継続を許される。権力にはより厳しい。

〔菜根譚　前集一一三〕——常に自身の行いを正す

本文
曲意而使人喜、不若直躬而使人忌。無善而致人誉、不若無悪而致人毀。

訳文
自分の信念を曲げて人を喜ばせるのは、自分の行いを正しくして人に嫌われるのには及ばない。良いことをしてもいないのに人に褒められるのは、悪いこともしないのに人に誹られるのには及ばない。大事なのは自分自身の行いを正して、悪いことをしないことである。

上り坂下り坂まさかの坂がある人の世の人生。人のいいお調子者は付和雷同して迎合することがママある。その身の弱さを感じるものである。

悪いことをしていないのに誹られる。その最たるものが冤罪である。最近の事例でよくあるのが痴漢である。グループになって痴漢の犯人に仕立て上げ示談金をむしり取る犯行もある。人の好さそうな比較的若いサラリーマンがターゲットになる。立っている左右両側に女性が立つ。吊革に両手共に上げていることはまれ。どちらか手が空いている。その手に身体が触れるように寄りかかる。大概手の甲くらいは触れることになる。電車の揺れ方によってはもっと積極的に触ってしまうことになる。「痴漢」と大きな声を上げられたが最後、どうあがいても犯人にされてしまう。この冤罪を晴らすことはかなり困難である。思わずホームから線路に飛び降りて、電車より速く駆け逃げた事例もある。さらに、お縄になった後会社も首になり、全財産をつぎ込んで費用を捻出して無罪を主張し続けやっと一〇年越しに無罪を勝ち取った事例もある。冤罪は実行犯のみではない。悪い評判というだけでまるで犯罪者扱いにされることも多い。不倫の現場を見た人はそういるものではない。それでもこの種の話題は一気に世の中を駆け巡る。かえって刑事事件ではないので厳格な証拠や自白なしに「たぶん」「だろう」で判決になる。怖い話である。

結論は「悪いことはしない」は当然のことである。それに加えて「誤解を招くことはしない」が大切だ。意識していないと必ず誤解を受けてしまう。誤解が独り歩きして、SNSで拡散炎上の時代だ。狙われたら解くことのできない細い糸のモツレになる。

先にも触れたが、女子プロレスの木村花さんは、標的になり誹謗中傷を受け耐えられず自殺。背景は、番組にあった。数人でシェアハウスの生活のドキュメンタリー撮影。やらせなしの現実感がうり。試合用コスチュームをシェアハウスの男友達が誤って洗濯、縮まって着られなくなったという事件。怒った花さんが男の帽子をはたき落とした。それがネットにのり大炎上。そのあとフジテレビが放映。番組『テラスハウス』はやらせはありません、と繰り返す。その後調査が進むと、番組のストーリー演出がきめ細かく作成され、洗濯事件も演出であることが判明した。毎日のネット上の罵詈雑言で鬱状態になった花さんは、もはや正気には戻れなかった。悲劇だ。

〔菜根譚　前集一一四〕——肉親の異変、友人の失敗

本文
処父兄骨肉之変、宜従容、不宜激烈。遇朋友交遊之失、宜剴切、不宜優游。

訳文
親兄弟など肉親が不慮の事故にあったときには、なるべくゆったりと落ち着いて行動し感情を高ぶらせてはならない。また親しい友人が失敗したときには適切な忠告や援助をしなければならない。漫然と無関心であってはならない。

災害や事故で肉親が突然被害にあうことがある。取り乱す方が当然だと思う。特に、奥さんや子供の死亡など極度な落胆を隠すことはできない。感情も高ぶってしまう。しかしその感情を高ぶらせてはならないと説く。そんな場面に遭遇するまでは理解できなかったが、体験してみてわかるような気がした。それは、どんなに肉親の悲劇に同情してもしきれない現実がある。特に悲しみが深い者への慰めは手段方法が見つからない。やがて言葉もなくなってくる。一年の歳月が経過しても悲しみが癒えることはない。その段階で人は徐々に悲しみに暮れる肉親から遠ざかっていく。悲しみを癒やすことのできない無力さを痛いほど感じれば

会うたびに無力を正面に突き付けられて、切ない気持ちになっていく。人は泣きたいこともある。しかし、「面白きことも無き世を」生きなければならない。過去は過ぎ去り未来に希望を求めなければ身を滅ぼす。感情の高ぶりはいっときであれば受け入れも可能であるが、長期化すれば、家族縁者全体を暗い陰の中に閉じ込めてしまう。悲しみをじっとこらえる人間でありたい。

もし親しく付き合っている友人の会社が倒産したとしたら、あなたはどうするだろうか。巨額な資金の提供ができない限り根本的な救済は困難だ。結局どうしてよいかわからなくなって何もできないまま時間が漫然と経ってしまうことになる。もし自分の会社が倒産していたら、何の連絡もないままの友人と多少でも電話をくれて「驚いたよ」の一言をくれた人間とで、印象は違う。圧倒的に大多数の友人は、倒産が深刻過ぎて声もかけられないのが普通である。しかし、くれぐれも言う、ハガキの一つ電話の一本が、倒産した友人の心を救うのだと。漫然、無関心がそれまでの友情を台無しにしてしまう。

私の友人が人生の岐路にあったとき、なぜか偶然出会う機会に恵まれた。失敗したというわけではないが、東京から郷里に帰ろうかどうしようか。いずれは親の仕事を継ぐつもりだが今がそのときか否か。彼にとって人生の岐路。ただ話を聞かせてもらうだけであった。しばらくしてまた会ったとき、彼は郷里に帰る決意をしていた。その理由が、え、と思うと同時に、なるほどと思った。

彼いわく、俵万智の『サラダ記念日』(河出書房新社)を読んだからだった。どの作品に感じたかはもう覚えていないが、人生の思考回路を大転換することになったと力説。その万智さんももうお母さん。ツイッターには「あったかうーめんを、ぐずぐず食べる息子。『のびるから早く食べて』『おかあさんの麵は、のびてもウマいよ!』不覚にも、ちょっと嬉しい」。人生は五風十雨。陽はまた昇る。

〔菜根譚　前集一一五〕——優れた人物とは

本文

小処不滲漏、暗中不欺隠、末路不怠荒。纔是個真正英雄。

訳文

小さなこともなおざりにせず、人が見ていなくても誤魔化しはしない。失意の中にあってもやけになることはない。こうした人物になって初めて優れた人物といえる。

二〇二〇年四月五月はコロナによる移動制限で家にいることが多かった。久しぶりに片付けをしておこうと思い立ち、本と書類の整理に取り掛かった。どうでも良い書類があまりに多いことにウンザリさせられた。片付けなどは、国の大事に比べれば些事に過ぎない、などと思いながらいやいややっていたが、だんだんそうでもないと気付くようになった。切るか切られるか、殺すか殺されるかのときには、片付けは重要ではない。けれどもそんな幕末でも戦時中でもなければ、生命にかかわることなどあるはずもない。むしろ書類の整理ができてない人間に国の大事を託する方がおかしいとまで思うようになってしまった。

時が経って解決した書類はいらない。そうではない書類と見分けは付かない。一切合切一緒に積み上げていれば、書類は何の役にも立たない。紙の書類をデータ化してPCに置いておく方がはるかに役に立つ。まさしく小さなこともなおざりにしてはならないことを実感した。コロナの効用というべきか。

昔ゴルフを始めて間もない頃、下手くそなのでどこへボールが飛んでいくかわからない。ある日父の友人と同じ組になってプレイ。ラフにあったボールをやっと見つけて確認して置き直すとき、どうせ一〜二センチ違っていても大勢に影響はないとばかりに適当に置いてしまった。その先輩はやさしく、ゴルフは紳士のスポーツ、少しでも前においたりチョットくらいという行いが人間の取り返しのつかない悪い評価になってしまう、ゴルフのときのボールは人間を試す大事なリトマス試験紙と心得なさい、と説いてくれた。日頃そんな説教をする人ではないのでかなり印象に残り、今は確かめたボールは絶対にあった位置よりも後ろに置くようにしている。恐ろしいのは、それを見ている人がいて、「あなたは、ボールを後ろに置きましたね。大したものです」とお褒めをいただいた。まさに見ていないときこそ試されていると実感した。

失意のなかでヤケにならない方法などあるわけはない。悔しい、落胆、後悔、心は塞ぎ、やる気など起こらない。それを平常に保つ心理状態はいかにして作るか。それらしい回答を得るとすれば、「身を低くして失敗を当然と受け止める謙虚な心持ちに自分をおくこと」以外にはない。しかし、この心理状態は、「お金があったら、試験に合格したら、あの人と仲良くなったら」、タラとレバは人間を夢の世界へ導いてくれる。

ここで決意が必要なのは、謙虚に身を低く置くことは、安易さや楽しさと無縁であることの自覚である。人が浮かれていて笑いが止まらない幸福の絶頂にあっても横目でうらやむ心持ちが残っているなら、その決意が足らない。寸分うらやむことなく、自身が大成功して幸福の絶頂となったとしても、やはりいつものように「謙虚に身を低く置く」のでなければならない。失意泰然とは、変わらぬ心の安定である。

〔菜根譚　前集一一六〕——喜びの真の価値とは

本文

千金難結一時之歓、一飯竟致終身之感。蓋愛重反為仇、薄極翻成喜也。

訳文

莫大な富をもってしても、いっときの喜びさえ与えられないこともある。僅か一杯の食事でも一生感謝の念を抱かせることもある。愛情もこれに似て、与えすぎるとかえって害を生ずることもある。ほんの僅かな申し訳の愛情でも、それがかえって絶大な喜びを与えることもある。

食事を終えた満腹の人に高価なトロの握りをいかがですかと勧めても、「結構です」としか返ってこない。マザコンの秀才は母親の過度な愛情に浸って育っている。くじけたとき立ち直れないなどの問題を抱える。富と愛情の塩梅は人生にとって極めて大切だ。

一九七二年大晦日の夜、札幌の蕎麦屋北海亭に二人の幼児を連れた貧相な身なりの女性が入ってきた。「もう閉店です」と言ったのだが、「どうしてもこの子達に食べさせたい」というので注文を受けた。注文は一五〇円のかけそば一杯。察した店主は蕎麦を一・五玉にして提供した。美味そうにそれを分け合う母と子供。

何でも父親が交通事故で他界してしまい、三人にとって父の好物だったこの店のかけそばを食べることが、年に一度の贅沢だったのだ。その年から大晦日の晩にやってくるようになった母子。店主にとってもこの親子へ蕎麦を出すことが恒例行事となった。しかし、ある年からぱったりと来なくなった。それでも毎年席を空けておく店主。時は流れ最初に来てから一四年目の大晦日。成人した二人の子供と母親がやってきた。医者と銀行員。子供は立派になった。当時実話をもとにした童話として発表されたこの『一杯のかけそば』という話は、現在はフィクションとされている。しかし、日本中に貧しくとも頑張ろうの風潮が生まれた。

蕎麦一杯は高いものではない。その蕎麦を分け合って食べる家族の困窮。父親が他界した不幸せでも家族が離れずに仲良く食事を分かち合う姿。また、その空気を読んで蕎麦を少しでも多く食べてもらいたいとの店主の親切。どこにでもありそうな日本の庶民のありふれた光景に見えた。感動を呼んだ。貧、窮、困にあるときの援助はどんな小さな援助でも一生涯の感謝で記憶される。

私は高知市立江ノ口小学校を卒業した。突然「山本さん。私も江ノ口ですよ」と言った先輩がいた。デザイナーの山本寛斎さんだ。複雑な生い立ちとは聞いていたが、いつも雑誌で見る限り岐阜県出身と書いていたのでまさか同じ郷里の高知とは驚きだった。打ち明けて下さった話は、父親が家を出てしまって横浜の親戚に預けられた。そこが嫌で小学生の寛斎さんは一人ボッチで高知まで汽車に乗ってきたとのこと。高知の家でも父親はいない。結局、養護施設で育ったそうだ。あの迫力、明るさ、華美で豪華なパフォーマンス。少しでも愛を伝えようとする寛斎さんの魂である。数年前、憎しみしか感じなかった継母が講演先の会場に現れた。憎くて仕方なかったのに抱き合って泣いたそうだ。それ以降高知出身といえるようになったのだ。私は、あのパフォーマンスは養護施設の体験の裏返しだと感動で見ている。

〔菜根譚　前集一一七〕——身の処し方

本文

蔵巧於拙、用晦而明、寓清於濁、以屈為伸。真渉世之一壺、蔵身之三窟也。

訳文

賢者でありながら愚を装う。清廉潔癖でありながら俗人を装う。自由自在でありながら身は屈して辞を低く装う。この三つの生き方が、世間の荒波を無事に越える救命胴衣となり、安全に身を隠すことができる穴となる。

自分が才能に恵まれていて嫉妬を抱かれていると感じる人はまれである。特に、身のきれいな人は潔癖であることを人にもつい要求してしまう。世俗で日常をやっと生きている人は潔癖な考えが負担になることが多い。要求すればするほど清廉な方は嫌われてしまう。心が自由奔放な人は、世間の序列や敬意をもって人に処すること自体を自由を失うと誤解している。謙虚に礼節を重んじて生活できればいつまでも自由闊達な人格は失われることはない。

二〇一九年秋惜しまれる政治家が他界した。参議院議員吉田博美である。長野県地方区から出馬していた。

長野の人と思っていたら、実は山口県出身。父親が土木業界で働いていて選挙に駆り出され佐藤栄作の選挙で大きな違反事件を起こしてしまう。上司から転勤を命じられ長野の山奥の砂防工事の現場に移されたのだ。そこで育ち学校に通い普通の人生を送っていた吉田は、地元の進学高校へ入学、その後早稲田大学へ進学した。格別の野心のない吉田は、およそ将来行くことのない外国を見てから田舎に帰ろうと決意した。資金がないのに一路ヨーロッパへ、ルンペンのような生活の中、フランスにたどり着いた。レストランの皿洗いの仕事にありついた。約二年皿洗いで糊口をしのぎ、やっと日本に帰る旅費を工面できた。

長野県に帰っても、親分肌の吉田の元には仲間や同級生が吉田を慕ってくる。吉田は請われて県議会議員に立候補当選。それなりに地方議員を満喫していた。一九九八年、この年は長野オリンピックが開催された。長野県は世界に向けて県を挙げての大歓迎をしなければならない。吉田は、役目を果たさなければならない。誰も吉田に知識や文化的才能を期待はしていなかった。ところが世界の指導者や首脳が長野に引っ切りなし、その度に吉田は歓迎会、祝賀会に追われることになった。その時である。長野県人が驚きの声を上げた。何と吉田が英語で外人と話をしている。いや、何と吉田がフランスのスポーツ大臣とフランス語で冗談を言い合っている。何かの間違いではないか。吉田は、昔使った生きるためやむなく覚えた外国語を思い出しながら使ったのであった。

それがきっかけとなり吉田は日本の政治の舞台に出る。議会の総意ができた。平成研、青木幹雄参議院会長の采配のもと無事当選を果たした。青木にとって早稲田の後輩である吉田はこよなく可愛がられ、若くして参議院の幹事長に就任。二〇一八年九月自民党総裁選挙では石破についた。忠ならんとすれば孝ならず。青木の指示だった。石破陣営に吉田なかりせば石破の善戦健闘はなかった。

〔菜根譚　前集一一八〕——君子は本懐を堅く守る

本文

衰颯的景象、就在盛満中、発生的機緘、即在零落内。故君子、居安宜操一心以慮患、処変当堅百忍以図成。

訳文

物事が衰える兆候は、盛んで満ち足りている中にあり、新しい芽生えの兆候は草木の枯れ萎んだ状態の中にある。だから君子たるものは、このことから鑑みて順調なときには本懐を堅く守って、ことが生じたときに備えておくべきだ。不時の災難に遭遇したときには、忍耐に忍耐を重ねて難が過ぎるのを待つ。やがて新たな方法手段が芽生えてことが必ず成就するからである。

国家も企業も個人も栄枯盛衰がある。当事者たちは栄盛の時期に没落の兆候を見出すことができない。また見出し対処できれば没落することはない。どうしてそういう現象が起こるのか大変興味深い話だ。

大英帝国はその全盛期世界の陸地と人口の四分の一を治めていた。重商主義、保護貿易、プロテスタンティズムを特徴として世界戦略を描いた。女王陛下に忠誠を誓う国家は、インド、オーストラリア、香港など多くユニオンジャックがはためいた。

フランスにボルドー市がある。ここも実はかつて英国領であった。ワインの産地で英国に輸送される拠点となった。産業革命で好景気のロンドンではボルドー産のワインは仏の倍の値段で取引された。世界の中心はロンドン。自動的に世界一の評価のワインはボルドー産になったのだ。

しかし、アメリカ独立（一七七六年）を境に相対的にアメリカに追いつかれてゆく。一九三一年にウェストミンスター憲章により「王冠への忠誠」が要求されなくなり事実上帝国は終焉を迎える。世界の基軸通貨はポンドであった。しかし、第二次大戦でドイツ軍に空爆されアメリカ参戦を請い、同時に戦時借款として二七〇億ドル借りりた。通貨信用はポンドからドルに移行して、名実共に世界一の地位を譲ることになった。特に、宗教的に英国国教会プロテスタント主義に徹してカトリックのスペイン・フランスと敵対したこと。英国領土内だけで貿易を厚くして他を排除しようと企図したこと。軍事力を背景に貿易を有利に展開する重商主義は、持続性がなかった。時代背景を読む力に欠け、米国独立運動の歴史的経済的意味を読めなかったことが帝国滅亡の原因となった。満月が欠けていくように繁栄を謳歌する大英帝国も衰亡していった。

日本の徳川幕府の滅亡は容易に理解しうる。幕末日本の人口は約三五〇〇万人。その国家を約三〇〇の藩に分割して徹底した地方自治を行い軍事・通貨・移動を独立させた。国家的共通通貨はなく事実上、主食として共通するコメを通貨代わりにしていた。例えば藩の収入を通貨ではなく、その地で収穫されるコメの量をもって石高制度で比較した。こうした制度では、経済圏が狭くなる。通貨がない以上商工業の発展が遅れた。移動制限が厳しく経済活動が極めて限定された。また、共産圏のそれと同じく、封建国家で権力は将軍に集中するものの将軍の選任方法は血縁に限られ能力主義が極端に排除された。国内内戦を想定した小藩単位の戦闘能力しかない以上、対外防衛力は脆弱であった、明治革命がなければ国家は滅亡した。

〔菜根譚　前集一一九〕――偉大なる見識、恒久なる節操

本文

驚奇喜異者、無遠大之識、苦節独行者、非恒久之操。

訳文

珍事に興味を抱き異色を好む人は、遠い先まで見通す大きな見識はない。厳しく自己抑制をし孤高を守る堅物で他人と協調しない人は、将来永続する本当の志があるとは言えない。

手厳しい指摘である。凡人は珍事が好きである。日常とは異なる光景を見て興奮を抱き血湧き肉躍る思いをする。だからイベント祭りが人を呼び、コンサートに酔いしれる。その人たちが只興奮することだけを好むのなら、薬物の刺激をえて興奮する人と何ら変わりはない。薬物依存者に見識がないように只珍事を好む人に見識はないのも当然である。厳しく自己抑制をする人物は立派である。その人を本当の志はないと言ってしまう。それは次の条件を伴うからである。「堅物で他人と協調しない」からである。堅物の人はしばしば他人と協調することを苦手とする。「麻雀しない。カラオケやらない。一杯付き合えよ」。これに「お断りします」と答えるから堅物という評価になり、他人と協調できないから協調しないのである。

珍事の代表に火事がある。火事と喧嘩は江戸の華。両方とも日常いつもあることではない。当時の人間、特に凡人には火事や喧嘩の興奮が好まれた。紙と木でできた家は少しの火で火災になった。そこで英雄視されたのが火消である。幕末、新門辰五郎は浅草十番組「を組」の頭である。江戸火消一番の人気者スターであった。火消には、町火消と大名火消の二種類あった。その名の通り、町人で構成される町火消、大名の家臣たちで組む大名火消、の二つである。あるとき浅草花川戸で火事が発生、新門辰五郎はいち早く現場に到着、さっそく纏を掲げ屋根に上った。これぞ火消しの大向うをうならせる見栄を切る場面。歌舞伎そのもの。見ている観客は大歓声を上げる。火事真っ盛りの炎ごうごうの中その屋根に上がるのは勇気がいる。さらに、一〇人から二〇〇人を率いる組の頭が纏を掲げることは、その組がその火事の火消を担当する権利を得ることを意味した。まさに大イベントであった。ところがその時、大名火消の筑後柳川藩が纏を持って屋根に上がってきた。先着優先の規則を曲げる行為。通常なら大名に盾突く町人はいない。しかし、新門はのちに徳川慶喜の個人警護を引き受ける火消。一歩も下がらず柳川藩の纏持ちを蹴落とし怪我をさせてしまった。鎮火したのち、新門率いる「を組」はやらかした重大さに慄いた。後日、新門は柳川藩に赴き、怪我をさせたのは「この新門辰五郎です」と自首した。江戸中の満座の前で後から纏が上がっているのを見られている柳川藩は何も罪にできず終わってしまった。そのことはたちまち江戸中を駆け廻った。新門の名は江戸一番の火消の頭の名をほしいままにした。

〔菜根譚　前集一二〇〕――本来と思えた心の裏側

本文

当怒火慾水正騰沸処、明明知得、又明明犯着。知的是誰、犯的又是誰。此処能猛然転念、邪魔便為真君矣。

訳文

人間は火のように激しい怒りと溢れる水のような欲望がある。その怒りや欲望が爆発する寸前のところでも、実は人間は冷静に怒りを抱く自分や欲望に駆られる自分の心を明らかに知っている。それにもかかわらずその怒りや欲望を止めることもなく現実に犯してしまうものである。このとき、明らかに怒りや欲望を知っているのは誰であろうか。犯してしまうのは誰であろうか。知り犯すものが誰であるかを見極めたなら、それまでは悪魔のように思えたものが、実は自分自身であったことがわかってくる。

人間は社会的動物である。そこに集団生活をすることによって種族の保存維持ができた歴史がある。それはすでにＤＮＡに書き込まれている。従って、規範意識がきちんと内在され標準装備されている。それに怒りや欲望で違反し規範違反を犯そうとしたとき、それに反対の行動を促す反対動機が心の内に作られる。だから集団が崩壊せず現在に至っている。しかし、突然変異があるように、ついに抑えきれずに爆発してしまうことがある。わかって犯す罪悪は違法性が重い。あとで十分罪を償うことになる。犯すことを促す心は、悪魔が誘うと仮定することがある。しかし現実には自分自身なのである。この内心の心の動きを微妙なほどに描写したこの項は菜根譚の深い洞察という他はない。

日本では死刑が執行されている。つまり死刑廃止論があり実際死刑が執行されなくなった国もある。それでも執行されるのにはある程度の理由がある。それは、教育刑・応報刑の論争を離れて、人間として本人が自分の行動を制御しえないようになっている場合である。法務大臣が執行の許可を出す。歴代執行される死刑囚はそれなりに本人も納得の上で罪を犯して執行されている。

貧困でやむなく無銭飲食した。それを咎められた食堂の主人を包丁で殺害。刑期を終えてやっと刑務所を出て一週間目、腹がへったということで静かな一軒家に盗みに入る。その家の老婆が見つけてご飯を振る舞う。食べた後金を出せと脅し殺害。次の家でも殺人。やっと三軒目で逮捕。もうこの犯罪者には殺害する以外社会での適応はできないのである。本人も刑場に行くことにはそれなりの納得がある。

二〇一六年の七月、相模原市の知的障害者施設「津久井やまゆり園」で元職員が入居者を無差別に刃物で殺害した。犠牲者は死者一九名重軽傷者二六名。痛ましい事件であった。犯人の植松聖（当時二六歳）は犯行後笑みすら浮かべて反省の色は見られなかった。裁判でも死刑を本人が希望していた。その犯行の動機を「生きている価値がない人達だから殺害しても構わない」と言った。介護現場でも虐待を繰り返していたという。普通の人間には理解できない。しかし彼は悪びれることもなく堂々と犯行を遂げた。この項にいう悪魔が乗り移ったのであろう。まさにそれが自分そのもの。残念である。

〔菜根譚　前集一一二〕――驕らず妬まず

本文

毋偏信而為奸所欺。毋自任而為気所使。毋以己之長而形人之短。毋因己之拙而忌人之能。

訳文

偏った考えの人を信用して騙されてはいけない。自分の考えに酔い自信過剰で事を行い失敗してはいけない。自分の長所を強調し過ぎて他人の短所を暴き出すようなまねをしてはいけない。自分が無能であるからといって、才能ある人を妬んではいけない。

世間ではありがちな話である。偏った変わり者のいうことを真に受けてお金を貸した。物を買った。枚挙にいとまがない。けれども、当の本人は信じて疑わない。思い込みは余裕を与えない。自信過剰の人物は結構いるものである。失敗しても自分のせいではなく何かの間違いと考える。他人の短所を暴き出すことは日常よく見られる。足が速い子供が遅い子供をからかう。東京の人が東北弁の叔父さんを嗤う。携帯電話のアプリを使えない友人を見下す。指摘すればきりがない。長所がある人は優越感。言われた短所のある人は多分一生恨むことになる。

同じことをやっても成功失敗はある。失敗しても妬み心のない人は、素直に物を見ることができる。やがては学習して成功にたどり着く。妬みや恨みのない人が次に成功するように思える。

あるとき、有名な企業の社長さんに出くわした。陽気な人でとてもフレンドリー。初めて会ったのに昔からの親友の気分にさせてくれる。類まれな人格だと思った。TVや新聞での知識とは違ったイメージ。一緒に居合わせた仲間が東大の医学部卒業など秀才が揃っていたこともあり学校の話になった。経常利益一〇〇〇億円を超える企業の社長さんが、「僕はいつも学校の成績はビリ」悪びれもせず話を始めた。「実は僕は発達障害、だから勉強をしたくても無理だったんだ」「小学校でも先生の話は、一〇分で耳に入らなくなる」「後ろを向いたり、席を立ったり、とにかく先生を困らせた」「やっと高校で下から二番になって喜んだ。ビリの子は病気で学校に来られない。その子が転校するとまたビリ」「大学へ行けるはずもないので地元の専門学校の校長先生に当時貴重なお米を一袋持って行って入学させてくれるように頼んだ」「校長先生は試験だけは受けないといけないというので、高校の同級生が北大に合格していたので、頼み込んで代わりに受験してもらった」。普通、大企業、超大企業の社長になるとカッコつけて威厳を保つため自分に不利な情報は一切口止めする人が多い。しかし、このニトリの似鳥昭雄社長は開けっぴろげで何の防備もしない。面白いこと無類。そして「最近わかったことがある。若い女性にもてたくて頑張ってきたけれど、近寄ってきてくれる女性は僕のお金に近寄ってくることがわかった」。何と稚気愛すべき御仁。人と人の垣根がない。おそらくニトリ発展の根拠は、垣根なく迫る似鳥流営業力なのではないか。またその前に、自分はビリであるという少年時の強い原体験があり、それを自覚するも、才ある他人を妬むことはなかった。ケチな人間なら妬み嫉妬で暗い道に入るはず。それを大成功へのチャンスに変えている。

〔菜根譚　前集一二二〕――人のふり見て我がふり直せ

本文

人之短処要曲為弥縫。如暴而揚之、是以短攻短。人有頑的要善為化誨。如忿而嫉之、是以頑済頑。

訳文

他人の短所は、上手に取り繕う気配りが大事である。そうでなければ他人の短所をあばき立てることと一緒である。それはただ他人の短所を責めているに過ぎない。短所を改めることにはならない。また頑固な人には上手に教えさとすことが肝心である。もし怒って頑固な人を憎むならば、それは自分の頑固さで人の頑固さをさらに推し進めてしまう。決して頑固さを改めさせることにはならない。

人間には自分ではわからない欠点がある。しかも誰でも人間全員に欠点がある。人間と付き合うにはその欠点を責めてしまうと一番の急所を攻撃されたことで相手は手負いの獅子のごとく反発をしてくる。とても短所が改まることにはつながらない。頑固な人は多い。年齢を重ねるとよけい頑固が出てきてしまう。その頑固を直してやろうと教えると怒ってしまう。これでは頑固を改めることにはならない。

人間関係は優しい言葉、いたわりの気持ち、魔法の言葉の掛け合いが秘訣になる。「有難う」どんな場面でも有難う。短所の指摘、頑固の修正、みんな、有難うから始めると案外上手くいくかもしれない。

昔、四代目三遊亭金馬さんと会合で隣になって話が弾んだことがあった。何でも奥さんが怖い。恐妻家であるとの話だった。子供が大きくなったら会話がなくなる。夕食をたまに家でしていても黙ったまま。「おい眼鏡」「そんなもの私が知るわけないでしょう」。会話に棘がある。テレビも「ナイターやってるかな」「私がこのドラマ見てるのよ」。何でも売り言葉に買い言葉。お互い一人でいる方が腹が立たなくていいと思うほどになる。あるときこれを題材に話を作った。高座で披露すると大うけ。そこで家で家内に試してみた。やっぱり上手くいった。それはどんなことですか。私は興味津々お尋ねした。「山本さん、簡単な話ですよ。もう奥さんに愛してるなんて言わないでしょ。それを敢えて耐え忍んで言ってみるんですよ。そうすると、途端に態度が変わるから。面白いように変化しますよ。やってみてください」。そう金馬師匠が断言する。「一回で効きますか」「初めは一回で大丈夫です。でもだんだん効き目は落ちてきますから、食事の前に一度くらいでいいかもしれません。しかし、私はもうだいぶ長くなりましたから、食前食後に一回ずつ、愛してると言うようにしています」とおっしゃる。あんまり真剣にこちらに顔を向け近寄ってきてお話しなさるので、ついにやることを決意した。最初言うのは、照れるし恥ずかしさがあるのでなかなかできるものではない。ついに死ぬ覚悟で言ってみると、確かに何を言うの馬鹿ね、という表情をする。しかし、次の朝、朝食が早く豪華に出ているのを見ると、絶対的効き目があったことは間違いない。金馬さんにお礼を言うと、「最近私の方は、家内に『愛してる』というと『うるさい』と言われる」そうです。

〔菜根譚　前集一二三〕——心を許してはならない人とは

本文
遇沈々不語之士、且莫輸心。見悻悻自好之人、応須防口。

訳文
静か過ぎてものも言わないような、その心がわからない人にはとりあえず自分の本心を語ってはいけない。怒りっぽくて自分だけは正しいと思い込んで、人の言うことを聞かないような人には、決して口をきいてはいけない。

多弁の人が寡黙になる。能弁の人が黙っている。何か感じて普通と違う態度になっている。その心境は、相手の心を摑みかねている。相手と上手く関係性を持てないときに起こる態度である。その事例がこの項である。寡黙過ぎて何度あってもコミュニケーションが取れない。自己中過ぎてこちらが話しても全く聞いていない。そんな人物とは関係を持ちにくい。また、心を許してはならない。必ず裏切りが生じる。

「沈黙は金、雄弁は銀」と言う。言うべき時に言う。言わなくてよい時には沈黙を保つ姿勢が大切だという意味が込められています。とかく今は、アピールの時代。何でも言うを中心に行動づけられている。だからあえて沈黙の大切さを誇張して金と言ったのである。ただ、これは英国の哲学者カーライルの書物から引用されてきたことわざ。実はカーライルの時代、英国では金と銀の価格差は逆で銀の方が価値が高く、雄弁が大事だという趣旨を述べたのだ、と解釈する人もいる。

私は早稲田大学雄弁会出身者で、学生の頃先輩からは、能弁は銅、沈黙は金、雄弁は金と教わった。能弁と雄弁とはどう違うのかわからず、お聞きしてみた。案の定、活動していれば自ずからわかる、との答え。なんだ先輩も知らないのだと解釈した。そのうちわかったことがあった。立て板に水の淀みなく話すことが相手の心に伝わるかというと、どうもそうではない。沈黙していては伝わるはずもない。雄弁とは、たどたどしくても相手にこちらの思いや考え、気持ち、ひいては思想がしっかり伝わることを意味していた。さらに大事なのは、言葉の背景に正義が存在していなければならないということだった。雄弁とは、特に早稲田大学雄弁会の雄弁とはそうした条件が、加わるのだ。

あまたの所属の先輩の中で、ランク付けが良く議論された。創設者の大隈重信は当然雄弁家の筆頭。次はというと保守系の方々は、石橋湛山。反戦経済学者で、小日本主義を唱え、米国や英国のような軍事力を背景に世界戦略を考えることなく膨張拡大の思想を脱して、アジアの人達と仲良くしながら日本がその持ち味の経済力を生かして周辺各国を幸福に仕立て上げれば平和は確保され軍事費の過大な負担は負わなくてすむ。今でも石橋思想は研究テーマとして学究肌の青年に親しまれている。雄弁会革新系の先輩たちは、迷わず田中正造を挙げた。足尾鉱毒事件は学生のわれわれでも日常語られるべきテーマであった。鉱山開発により出た有害物質の環境への影響は甚大なものである。衆議院議員として始終流域の住民の救済を訴え、天皇陛下にまで愚直に直訴に及んだ正造の赤心は学生の心を揺さぶる。

〔菜根譚　前集一一四〕――心を覚ますときと緩めるとき

本文
念頭昏散処、要知提醒。念頭喫緊時、要知放下。不然、恐去昏昏之病、又来憧憧之擾矣。

訳文
気持ちがぼんやりしていたり、気が外に散って正しい判断ができないとき、提起覚醒することが必要となる。緊張して懸命に何事かに取り組んでいるときには、その緊張をときどき解き緩めてやることが大切である。そうでなければやがて心が乱れて集中力を欠き自分を見失う状態になってしまう。

人間の心はゴム紐のようであるという。引っ張ったままではやがて朽ちてすぐ切れてしまう。緩めれば切れることはない。しかし、緩みっぱなしでは仕事にはならない。硬軟、緊張弛緩の極意を知らなければ永続した立派な仕事を成就することはできない。

飛行機、列車、電車、バスなど大勢の乗客を乗せて運行する仕事は、いわば人命を預かる仕事である。その業務についているときには緊張を絶やさずヒューマンエラーを回避しなければならない。

二〇〇九年、米国コルガン・エアの航空機事故以来、パイロットの疲労安全基準の導入が国際的に進められた。ナイアガラ空港への着陸に際し手前一〇キロ地点で失速、バッファローの住宅街に墜落。乗客乗員四九名全員の死亡が確認された。事故原因はパイロットの疲労とみられる。乗務前に操縦士がソファで仮眠をしていた。操縦中に何度もあくびをするのがモニターで確認されていたことによる。米国の安全運航検討委員会によると、安全運航のための管理すべき疲労とは、「脳の疲労」を指し、人間の眠気によって精神的・身体的パフォーマンスが低下した生理学的状態をいう。米国運輸安全委員会によると、乗務時間と密接な関係があり、一〇時間以上の乗務になると事故率が一・七倍になるという。そこで累積乗務時間は日本米国欧州共に一〇〇〇時間以内とされている。世界各国ともパイロットの睡眠時間を八時間以上確保するための日常生活の在り方まで干渉している。より品質の高い仕事のためには緊張が不可欠。しかしその緊張は十分にぼんやりできることが背景になければならないことが明らかにされた。緩急自在の生活が理想とされる。

しかし、他方緊張の極限を尊ぶ生き方もある。比叡山千日回峰行の行者達である。天台宗の宗教上の修行ではあるがその過酷さ故、平安時代からこの修行を成就しえた人は五一人しか存在しない。満行するには七年間を要する。一〜三年目は年に一〇〇日、四〜五年目は年に二〇〇日行う。行は、まず無動寺で勤行。深夜二時に出発。真言を唱えながら東塔、西塔、横川、日吉大社と二六〇か所で礼拝。約三〇キロを平均六時間で巡拝する。途中で病気やケガ、気力を失うなど続けられなくなったときは自害する。そのため、白装束で死出紐・短剣を常時携行する。五年目で七〇〇日満行すると「堂入り」が行われる。入堂前に行者は生き葬式を行う。無動寺明王堂で九日にわたる断食・断水・断眠・断臥の四無業に入る。堂中で日に一〇万回不動明王の真言を唱える。満了すると生身の不動明王と言われる「阿闍梨」となり合掌で迎えられる。

〔菜根譚　前集一二五〕——天空の変化と人の心

本文

霽日青天、倏変為迅雷震電、疾風怒雨、倏変為朗月晴空。気機何常、一毫凝滞。太虚何常、一毫障塞。人心之体、亦当如是。

訳文

天気晴朗なれども突然変化したちまち迅雷震電となることがある。逆に疾風怒雨もたちまち変化し青空朗月となることもある。この天気のように一瞬一瞬の事情は変化して止まないものである。今ある私たちの現在の様子は、時の大きな流れのほんの一瞬、一コマなのである。人間の本体の心も大きな自然の流れの中にあり、常に変化して止まないものである。

この項こそ菜根譚の根っこの考え方を述べている。儒教・仏教・道教の三つの思想が混在する菜根譚。その道教がこの項の主題となっている。無為自然の老荘思想の表れである。とかくこの思想話は、怠惰がよい、無職ヒッピーのすすめ、虚無的に生きる、反政府、反社会、常識に挑戦するような勧めにみられる。全くそうではない。「虚飾を去り、無駄を省き、天の恵みに感謝し、今生きていることへの有難さを知り、その有する能力を全身全霊尽くして世のために生き抜くこと」を奨励しているのが無為自然なのである。

この思想を良しとする日本人は自然景観を愛好する芸術へと才能を現した。幽玄を主題に雪舟の水墨画、屋敷にいながら屋外の趣になる狩野派の襖絵、朦朧の霞に奥行きを与えた横山大観の絵画。品のある東山魁夷・平山郁夫らの日本画など枚挙に暇がない。

「晴れて良し曇りても良し富士の山　元の姿は変らざりけり」

剣禅一如の山岡鉄舟の名言。中村天風の言葉でもある。変化する気象。富士の優美な姿を望む期待も曇りでは見ることが叶わない。しかし、いずれは姿を現し感動する。見える見えない、はこちらの事情。元ある富士は消えることも動くこともない消息を見事に謳っている。こせこせ世の変化に右往左往させられるな、一つの道に迷わず進め、いつかわかってくれる日が来る。希望の詩である。自然の変化と人の生き方を説くことにおいて一脈通ずるところである。

それにしても昨今の天候は異常である。予測不能の豪雨、地震、台風の巨大化。これらは地球温暖化が原因だと言われる。地球の平均気温は一四℃だが、産業革命によって二酸化炭素が四〇%増加。その分気温が〇・八五℃上昇している。ＩＰＣＣの第五次評価報告書では、二一〇〇年には最悪四・八℃上昇すると予測している。〇・八五℃の温暖化で海面が一九〇一年～二〇一〇年で一九センチ上昇している。このままでは二一〇〇年には最大八二センチ上昇すると予測される。特にインド洋の水温上昇で水蒸気を大量に含んだ大気が偏西風でアジアに送られ、最初に九州の山にぶつかり線状降水帯となって局地的にかつてない累積雨量の豪雨を降らせている。通常の河川の流量しか断面を取っていない都市河川では、堤防を越水し床上浸水の被害が続出。ダムを造る。河川を改修。遊水地を設ける。対策はあるが、限界もある。ノアの箱舟になると相当高い地形に居住地を移すことも視野に対策が急務となる。

〔菜根譚　前集一二六〕　――いかにして私利私欲を制御する

本文

勝私制欲之功、有曰識不早、力不易者。有曰識得破、忍不過者。蓋識是一顆照魔的明珠、力是一把斬魔的慧剣。両不可少也。

訳文

私利私欲に振り回される己に勝ち、私利私欲を上手く制御することの効果がいかに素晴らしいものかは、そう早くわかるものではない。またそれを実際に制御できることは、そう簡単なものではない。自分の心が私利私欲にかられていることを知りつつその心に勝つこと、さらにはその心に耐えつつ制御していくことが大事である。そう考えると、この事実を識るということは、悪魔を見破りこれに打ち勝つ知恵を備えることである。また実際この心を制御する力は悪魔を断ち切る一振りの名剣を持つようなものである。この識と力の二つはどちらも欠くことはできない。

飢えをしのぐことも一種の私利私欲である。飢えていて何でも食べたいという私利私欲に振り回されている自分に気が付き食欲の言いなりに行動する自分の心を制御できるなら立派な人物である。つまり私利私欲に打ち勝つためには、まずこのような事情を知識として知っていることが第一番の要諦である。この認識の上に立って、さらに心に打ち勝つか制御するという実行に移すことは、現実に態度で示すことになり私利私欲に勝つという完結に至る行為である。災害の避難所で皆飢餓の状況にある。わずかな食料を自分が分ける責任者になった。自分の分の確保もせず、全員の食糧を平等に分けていく。そんなとき、腹が減っていても冷静に分割、配分する心構えを説いている。

菜根譚の思想、儒教・仏教・道教の内、儒教が進化して陽明学へと発展する中で、いわゆる「知行合一」の思想が生まれる。その表れがこの項である。

論語の「先ずその言を行い、而して後にこれに従う」が元になっている。朱子学では、万物の理を極めてから実践に向かう「知先行後」という。明の時代、王陽明は、これを批判。知ることと行うこととは同じ心の良知から発する作用である。良知とは人間に先天的に備わっている善悪是非の判断能力である。知っていて行わないのは、未だ知らないことと同じである。知っている以上は必ず行いに表れる。真の知行とは、「好き色を好むが如く、悪臭を悪むが如し」、つまり、好きな色はそれを見た瞬間に好んでいるのであり、色を見て、知ってから好きになろうと判断しているわけではないのである。「知行合一」は、知は行の始まりなり、行は知の成るなり、つまり知ることは行為の始めであり、行為は知ることの完成である。また、行動を伴わない知識は未完成である、と説いた。この陽明学は江戸時代になってから日本に渡った。朱子学の大家、佐藤一斎、山田方谷などが中心。当時西洋文明が押し寄せ、日本人の骨格をなす思想が再構築されていた。武士道と合致する潔さが浸透する道理となった。

〔菜根譚　前集一二七〕――他人の言に惑わされない心

本文
覚人之詐、不形於言、受人之侮、不動於色。此中有無窮意味、亦有無窮受用。

訳文
他人が自分を騙していることを知ったとしても、言葉には出さない。また、他人が自分を馬鹿にしていることを知ったとしても、顔色を変えたりしない。このような態度の中に言い尽くせない深い意味がある。また、計り知れない後の効用がある。

世の中は甘くない。自分が正しく生きていても、人は騙すこともある。世間はいい人ばかりと信じていても、自分を馬鹿にする人もいる。そんな残念な経験をしても、騒がず言葉に出さず、じっと我慢で淡々と。渡る世間は、嫉妬や邪心の渦である。被害者と加害者がゲームのように順番に巡り回り入れ替わる。騙されると怒り心頭、しかし騙した方は騙したと思っていないこともある。「お前が車を売ってくれというから売ってやったんだ。今さら、燃費が悪い加速が悪いなどと言われては心外だ」。売買契約など思い違いは多くある。売買のトラブルがなかったら消費者庁はなくてもいいはず。馬鹿にされるのはもっと頻繁。「お父さん、短パンに下着でコンビニに行かないで。娘がいるのよ。そんな父親だから結婚できないのよ」。言いがかりに近いが、家族の間でも親しさの中で馬鹿にすることもある。自分より、知識がない、常識に欠ける、行動が鈍いなど、通常一般に馬鹿にし合うことが通例。小中学校で転校生が大阪弁、東北弁だっただけでクラスの全員に馬鹿にされる。その逆に、訛りのきつい地方に東京の子供が転校してきて「だってさー」と言っただけで、全員から馬鹿にする矢が飛んでくる。存在的少数も馬鹿にされるのである。

つまり、騙される馬鹿にされるの連鎖は必ず小サークルを一回りする。目くじらを立ててその一瞬決着をつけたとしても、長い人生同じようなことは再び起こる。ならばいっその事、沈黙が金。言わぬが華。

高知県出身の総理大臣、浜口雄幸は謹厳実直。曲がったことが大嫌い。旧制高知中学では、浜口は抜群に勉強ができる。悪ガキどもは敬遠しつつ敵わない気持ちを悪戯で表した。当時給食はなく皆弁当を持参していた。育ち盛りの生徒たちはワイワイと弁当にむしゃぶりついた。ある日、浜口は弁当箱を開けてすぐに仕舞った。何も言わずに教室を出た。教室では悪ガキが大はしゃぎ。いたずらに浜口の弁当をこっそりと取り出し、内緒で食べてしまった。空になった弁当箱を見た浜口は何も言わずに黙って出て行ったのである。寡黙であった。浜口の両親はこんな様子が心配になり、おそらくやがて東京の帝国大学に入っても女性を口説くこともせず一生過ごすのではないかと案じた。そこで土佐女子専門学校の生徒のアルバムを借りてきて、浜口に好きな女の子を自分で選びなさいと渡した。何日経っても選ぶ様子はない。そこで気立てがいいと聞いた夏という一六歳の女の子を嫁にもらうことを両親は決めた。高知市から東へ五〇キロほどの田野町の浜口家の令嬢。養子になるならと縁組成立。政治家になるも料亭の芸者が苦手で、浮気など縁がなかった。夏が終生唯一の女性だった。青山墓地にひと際大きな浜口の墓がある。その隣に同じ大きさで夏の墓がある。

〔菜根譚　前集一二八〕――試練は人を鍛錬する

本文

横逆困窮、是煆煉豪傑的一副鑪錘。能受其煆煉、則身心交益、不受其煆煉、則身心交損。

訳文

横暴悪逆や困難窮乏は優れた人物を精錬して豪傑に仕立て上げる金属精錬の道具のようなものである。よくその鍛練を受ければ身心共に益するところ多く、その鍛練を受けざれば心身共に損なう。

艱難汝を玉にす。先人が幾度となく繰り返し耳にタコで言い続けてきた名言である。人生に最も役立つ黄金のルールである。しかし、横暴悪逆、よこしまでひどい仕打ちなど、その最中には落ち着いてこれが自分を立派な人間にしてくれるのだ、などと考えられるはずもない。事後どん底から這い上がって後、考えてみればあの体験がなかったら今の自分の地位や富はないという後日譚なのである。

かの宮本武蔵は五輪書で、「千日の稽古を鍛とし、万日の稽古を練とす」としている。つまり、苦しい練習なくして勝利なし。人生勝利の鉄則もこの論理が成り立つわけである。

刑事事件の捜査取り調べは、相対峙する人間勝負の場面である。狼を恐いと恐れて仕舞えば、捕まえることは出来ない。ロッキード事件の捜査でもそんな劇的な場面があった。

調べなければならない相手は、平民宰相田中角栄や大物右翼児玉誉士夫などである。検事といえども修羅場を踏んだ数ではこのレベルには及ぶべくもない。当時ロッキード事件の主任検事は、東京地検特捜部の吉永祐介であった。吉永は、政界の闇にメスを入れるには児玉ルートにどの検事を配置するかがポイントと考えた。そこに松田昇検事を抜擢する。

非公式には児玉は、米国の諜報機関にも深く関わっており、ロ社の代理人でもあった。捜査は児玉に集中していたが、海千山千の児玉からおよそ何らの情報も得られないと松田は不安を覚えながら児玉の自宅に向かった。ほとんど世間話に終始したのだが、何を思ったのか、児玉はほぼ洗いざらい事件の顚末を話し始めた。田中角栄への資金の流れが正確に把握され、特捜部の捜査の筋書きの中心になっていった。

児玉の直感は、松田を事実を語るに値する人間とみたのである。松田の生い立ちはエリートとしては珍しいものであった。家は貧しく、生家に近い函館工業高校電気科を卒業している。社会に出て働いたが、使命感の強い松田は社会的正義をこの手で実現したい願望を抑えきれずに、苦学しながら中央大学法学部に進むことにした。難関の司法試験に合格し検察官になれたときには三〇歳。これだけで、出世コースからは外れてしまうのが常識である。しかし、吉永はこの松田の礼儀正しさや被疑者の社会での活躍にすら敬意を払おうとする丁寧さ、社会の不条理を経験していた松田に注目していた。

その後松田は、東京地検特捜部長、法務省矯正局局長、預金保険機構理事長などを歴任。朝鮮総連の金融機関の破綻にも関わり、当時金融担当大臣を務めていた私もその人格に触れて、なるほどと感服した。

〔菜根譚　前集一二九〕――天地の法則

本文

吾身一小天地也。使喜怒不愆、好悪有則、便是燮理的功夫。天地一大父母也。使民無怨咨、物無氛疹、亦是敦睦的気象。

訳文

天地宇宙にはその運行や現象に原理原則がある。この法則を理解することは物事の運営を円滑にする要諦である。次に大きな、国家という天地宇宙にも法則がある。この法則を理解して、国家の運営を行う宰相であれば、国は上手く治まる。これを前提として人間である我が身も、いわば小さな天地宇宙である。この法則を理解して運営するなら、たとえ自分の喜怒の感情や好悪の念であっても上手く収めることができる。このように考えれば、宇宙も世界も国家も家庭も、一つの原理原則がある。これらを一つの世界と捉えてこれら法則を理解して運営することができれば全ては上手く収まる。またこの法則は、天地の大小を問わず共通するものである。小さな天地の家族は我が身を包んでくれる父母がいることで上手くいくものである。それと同じく国家という天地においても父母がいるように、民が恨みや嘆きを持たないようにし、多くの人が病気や悩み事がなくなるように努める、そうするとたとえ家族より大きな天地であって

も平和で穏やかな世界が実現するのである。

天地自然の法則に習う無為自然の老荘思想の基本的考えである。人間は生かされている、大きな法則の中で無理なく生きていくのだと。地球で生きていく上で最も影響力のあるのが太陽である。その太陽の活動が地球の人間に影響しているとの説が古からある。特に黒点の観察によって実証されている。黒点とは、太陽表面の黒い点である。点と言っても直径三万キロ、地球三個が入る。表面の平均温度は六〇〇〇度。黒点は四〇〇〇度でかなり温度が低い。表面の磁場は三〇ガウス。黒点は三〇〇〇ガウス、実に一〇〇倍もある。この強い磁場が地球の人間の心理行動に影響があるのではないかと考えられている。また黒点は平均二〇個から一五〇個まで増えたり減ったりしている。特に英国経済学者ウィリアム・スタンレー・ジェヴォンズが「太陽黒点の数の変化が一一年周期であり、穀物価格の変化、恐慌の発生、景気循環の波（ジュグラーの波）もこの周期に一致する」との発表以来多くの論文が著されている。とりわけ太陽活動極少期には天候が不順になり飢饉が発生し戦争も多い。日本の戦国時代（一四六七～一五八七）はシュペーラー極小期に一致する。太陽の活動は地球エネルギーの大きさに比例する。極小期には地球の生命体のエネルギーは落ちてしまう。植物の生育は悪化し凶作になって飢餓飢饉が各国で多発する。人間の意識も殺伐として、戦争が止まない。人間の免疫力も落ちてしまい疫病やパンデミックが発生する。経済循環と連動する論説も納得できる。

〔菜根譚　前集一三〇〕――思慮の深さが人を賢明にする

本文

害人之心不可有、防人之心不可無、此戒疎於慮也。寧受人之欺、毋逆人之詐、此警傷於察也。二語並存、精明而渾厚矣。

訳文

「人を害する心を持ってはいけない。また、人から危害を加えられるのを防ぐ心掛けは持たなければいけない」という言葉は、思慮に欠けた人を戒めたものである。「人に欺かれるようなことがある。それでもあえて人が偽りの心を持たぬようにしなければならない」という言葉は、目先が利き過ぎて失敗してしまうような人を戒めたものである。この二つの言葉を念頭に置いておけば、思慮は深く賢明になり、行為は大きく重々しくなる。

敵愾心は誰にでもある。サッカー選手がレギュラーから落ちると、入った選手が憎くなる。当たり前の感情である。その当たり前の感情を撃ち殺す心を持てという。「人を害する心を持ってはいけない」のである。その逆に自分に危害を加えてくる者もある。こちらは一人なので危害者は複数。危害にあう可能性は高い。高位高官、有名人、才能に恵まれた者ほどその確率は高い。自己防衛が必要である。

人はよく騙される。「この液を入れればたちどころに車の燃費が良くなる」。通信販売で買う人が多い。届いて使ってしばらくして、やっぱり大して役に立たないということになる。欺かれることは日常である。だからといって、仕返しに騙した者に報復をすると、騙しあいの連鎖が始まる。腐敗した社会、地域、国家。特に貧しく、教育レベルの低い国では騙すことが平気当たり前の文化になってしまう。たとえ騙されてもその連鎖にならぬようにしなければならない。

思慮に欠けた人は害する心を持ちがちである。利発なお調子者はよく騙される。そんな人への教訓のメッセージである。

大正一四年、五反田は大きな花街であった。芸者屋五八軒、芸者二二〇人、待合四五軒。現在の赤坂の芸者が二二人なので、イメージ的には赤坂より一〇倍白粉の香りのする街であった。その一角に旅館の老舗「海喜館」があった。敷地六〇〇坪抵当権設定なし。二〇一五年に旅館業は廃業していた。東京オリンピック誘致決定以来、東京のマンション建設ラッシュは続く。この土地の時価は優に一〇〇億円以上になるという。デベロッパーの中でも積水ハウスは、売上二・四兆円に上るがマンション事業は四%。しかも社員数は僅か一%ほど。マンションで出遅れが顕著であった。地面師、他人の土地を売り飛ばす闇の詐欺集団の被害にあい、五〇億円超の損失を被った。①地面師が横行していることが明白な物件で逐一の本人確認をしていなかった。②偽の女将に成りすました女が積水の社員の前で生年月日と干支住所まで間違えていた。③社内では一〇〇億円以下は部長案件。しかしこれは重要と真っ先に社長が現地に行ったことで、社長案件になり全員が前のめり。営業は強いがリスク管理は弱い会社の典型、やすやすと騙されてしまった。④その後、当時の会長と社長の確執が露呈。株主総会で解任案の応酬。ついに会社信用まで傷つけた。思慮深くあれ。

〔菜根譚　前集一三二〕——公を用いて自己満足しない

本文

毋因群疑而阻独見。毋任己意而廃人言。毋私小恵而傷大体。毋借公論以快私情。

訳文

群衆の圧力によって一人の貴重な意見を阻害してはならない。自分の意見だけを通して他人の意見を無視してはいけない。小さな恩恵を受けようと国家の損失になるような真似をしてはいけない。世論の力を借りて自分の気持ちだけを満足させることをしてはならない。

群衆の意見はいつも単純なフレーズである。政府打倒。沖縄返せ。香港民主化。

これが正しいこともある。しかし、これが万能ではない。高等な数式が解けないように、複雑な政策判断を群衆議論にしてはならない。ヒトラーの台頭が教訓である。その意味で群衆意見が一人の冷静な識者の卓越した意見を受け入れる賢さがあるなら歴史の数々が平和裏に解決している。

日露戦争の講和条約ポーツマス条約に日本人は不満であった。民衆運動での暴徒化がまれな日本で日比谷焼き討ち事件が起きた。その風潮は、軍備増強への懇請である。国民の世論は無敗国日本が世界を制覇するのは当然との意識である。やがてそれは第一次大戦の勝利で立証されたかに見えた。世論の風潮はさらにエスカレートして、ワシントン軍縮条約を無視して軍事予算の拡張へ突き進む。

軍縮に基づいて民生予算に重点を置いた高橋是清は、日本の地方、特に農村の疲弊に予算を格別に充てようとした。年間予算の約二〇％を救農土木に充てて、都市と農村の格差を埋めると宣言した。これに頭にきた軍部は、米英に屈する腰抜け大臣と世論を喚起。ついに是清は、二・二六事件で銃弾に倒れた。標的となった侍従武官長の鈴木貫太郎などが一発の銃弾に対し、是清は四〇発の銃弾が腹の中に入った。鈴木の妻がすぐさま天皇陛下に連絡。妻は天皇の乳母だったことから、陛下は直々に御用医師を急行させ鈴木は一命を取り止めることになった。昭和二〇年の敗戦時、陛下自身が総理を指名し、鈴木貫太郎総理大臣となったのである。海軍大将を経験した鈴木は軍部よりも陛下に忠実であった。戦争を始めるのは易い。終わらせるのは難しい。正しく世論を読み国民のための判断を下すことの過酷さを偲ばせる鈴木の生き様であった。

ドイツは第一次世界大戦に敗北。パリ講和会議で巨額な賠償責任を負う。その額一三二〇億マルク（六六億ドル）ＧＤＰの二・五倍であった。炭鉱の収益が高いザール地方もフランスに割譲された。一九二九年から世界恐慌。財政破綻の上、失業者四〇〇万人を超え政権は不安定化していった。ヒンデンブルク大統領は何よりナチス・ヒトラーを嫌悪していた。しかし、一〇〇議席以上の勢力を保持している以上、連立を組まざるを得ず、首相に任命した。途端に全権委任法を成立させ国会審議なしで全ての法案が制定できることになった。やがて、ヒンデンブルク大統領が死亡。ヒトラーは大統領にも任命され、首相と兼務することになった。すぐさま、総統という国家元首の地位に就く法案を提出。多数で賛成を得て三権の全てを掌握することとなる（一九三四年）。この時も世論、群衆はヒトラーの圧倒的支持者であった。

〔菜根譚　前集一三二〕――称賛も批判も慎重にすべし

本文

善人未能急親、不宜預揚。恐来讒譖之奸。悪人未能軽去、不宜先発。恐招媒蘖之禍。

訳文

善人と思っても急に親しい間柄になるのでなければ、前もって褒め称えるようなことはしない方がよい。もし褒め称えるなら、必ずその善人に陰口を言い、間を裂くようなことを敢えてする人が出てきてしまう。悪人だと思ってもその人をすぐに遠ざけることができないのなら、前もってその人の悪事を暴くようなことをしてはならない。そんなことをすれば、悪人は必ず自分を巻き込んでさらに悪いことをしでかしかねない。

人間関係は難しい。良い人だと思っていても相手は、こちらをそうは思っていない。なぜかと調べると共通の友人が仲を裂いていたりする。社会の仕組み、人の世の中の不思議は、人一人の力では解き明かすことは困難である。人間は運不運がある。その全ては人のつながりの吉凶である。少しでも良い人間と付き合うか否かが、この世の中で最も重要なことである。従って、菜根譚は細かく付き合い方を説いている。

大横綱千代の富士は力士として波乱万丈の人生であった。体重一二〇キロしかない。いつも怪我に悩まされる。その二つの克服が彼の人生の課題であった。一九七五年に新入幕するが翌年幕下へ。再び十両に復帰するが、先天的に骨の形状から両肩の関節のかみ合わせが浅く、左肩を脱臼しやすいという弱点が顕在化した。やっと入幕して敢闘賞を受賞したが、今度は右肩脱臼。この怪我が一番酷く全治一年、手術すれば二年かかることとなった。万事休すであった。医師から「脱臼をしない身体にするには肩に筋肉を付ける以外に方法はない」と言われて懸命に筋力トレーニングに励んだ。当時二歳年下の琴風がどんどん出世してきた。千代の富士はこの琴風が苦手であった。鋭い当たりと一気の出足に苦しめられた。初顔合わせから五度の対戦全て負けてしまった。千代の富士が立派なのは「打倒琴風」と自分に言い聞かせて、琴風のいる佐渡ヶ嶽部屋に出稽古に行くことを徹底したことであった。この当時を振り返って琴風の尾車親方は、「千代関は、とにかく稽古しててもすぐに脱臼していた。普通の人だったらすぐに救急車で病院行きなんでしょうけど、弟子三人に肩を預けてぐいと入れるとボキと音を立てて肩が入る。それからがすさまじい。死にもの狂いで腕立て伏せをやるんです。私もつきあって一〇〇までは何とかできましたが、千代関は何と五〇〇回です。稽古場は異様な雰囲気に包まれます」。脱臼、腕立て、脱臼、腕立ての連続の出稽古だったという。この二人の関係は以後、長く続く。琴風に負けまいと千代の富士は、立ち合いからガップリになる前に勝負をかける速攻相撲に徹するようになった。最も苦手な相手を克服できたのである。それから、琴風には一敗も許してはいない。一九八二年横綱昇進。その後も琴風と出稽古を続け、今度は琴風が大関昇進。二人の出会いがなければそれは叶わなかった。人間の出会いが自分を良くも悪くもしてしまう。

〔菜根譚　前集一三三〕――慎重な行動が節義と治政を生む

本文

青天白日的節義、自暗室屋漏中培来。旋乾転坤的経綸、自臨深履薄処操出。

訳文

表に表れる節義、即ち、節操や道義は、全く表に現れない暗い部屋の中で、人知れず修養を積んだときに初めて確立されるものである。天下万民が驚天動地する優れた国策は、深い淵に落ちないように慎重の上にも慎重に、あるいは薄氷を踏んで歩むように細心の上にも細心に検討する行為があって初めて導き出されるものである。

歴史には、熟慮断行すべき決断の時が必ずある。国運を賭ける大きな決断においては、深い思索や検討がなければならない。けれども、為政者によっては思考する事が苦手か必要を感じていない人物もある。仮説であるが、織田信長は重大な決断にほぼ直感で決断しており、この菜根譚の趣旨には沿っていない。

戦国時代の権力構造は混沌の世界である。武力の優位性が秩序を作っていく過程にあると言ってよい。鉄砲をいち早く取り入れる先見性や、能力ある木下藤吉郎を登用するセンスは、時代を変える革命的存在としての、信長の陽の側面である。その裏腹に権力を掌握するための負の側面、比叡山焼き討ちなどは、長く仏教を信奉してきた衆生の精神的支柱を破壊する行為となっている。特に本能寺の変の歴史的な事件の真相論で、信長は天皇の地位略奪の意図を持っていたとする仮説がある。天皇を経て上皇に、さらに法皇になって仏教と一体化する権力構造は、天皇制を安定的かつ唯一の権力的存在としての意味を持たせている。それゆえ、比叡山の寺院を破壊し僧侶を皆殺しにする信長の破壊的行為は、異常な行為と大多数の国民が受け取ったのである。鉄砲で古事記や日本書紀を書き換えることはできない。信長の行いを目の当たりにした豊臣秀吉は、正しくこの項の如く、慎重の上にも慎重に細心の上にも細心に行動したと考えられる。

そのことを証拠付ける史跡がある。豊国神社とその奥にある豊国廟である。天皇に歯向かった信長の神社はない。豊臣秀吉は、一〇六代正親町天皇の就任に当たり北野天満宮で大規模な茶会を開催し、また醍醐寺の再建を天皇のために行い、その完成を祝い花見を催している。天皇が幼少のときには摂政に、長じたならば関白に、終始一貫甘んじてそれ以上の地位を求めない姿勢を貫いている。死後に後陽成天皇によって豊国大明神の神号を賜っているが、信長には天皇から頂いた名誉はない。現在も、秀吉の豊国神社豊国廟は、東山に堂々と聳えている。これに対して、信長の墓は、本能寺から二キロほどの阿弥陀寺に、民間人によりひっそりと淋しく置かれている。歴史上天皇制を戴く日本国家のこの特殊性をしっかりと認識しなければ、良くも悪くもこの国のことを理解することにはならない。

〔菜根譚　前集一三四〕——肉親の情と愛の道理

本文

父慈子孝、兄友弟恭。縦做到極処、倶是合当如此、着不得一毫感激的念頭。如施者任徳、受者懐恩、便是路人、便成市道矣。

訳文

父は子を慈しみ、子は親に孝を尽くし、兄は弟に友愛の情を持ち、弟は兄を恭しく敬う。この肉親の情愛が最高の域に至っても、ほんの少しの感動をしても感謝をしてもいけない。なぜなら肉親である以上それが当然だからである。感動をさせた者も感動した者もそれを意識したとき、もはや肉親の関係ではなく他人と同じになってしまい、世間的な交際にすぎなくなる。

肉親はありがたい。見返りなしに存分の尽力をしてくれる。もし他人なら、どんなにお礼をしても、どんなに人を介してもそこまではやらないだろうという点まで引き上げてくれる。しかし、それがふとしたことからまるで他人の関係と一緒になる。不可解な現象である。『史記』に他人の関係を述べて「天下は市井の商いの道を以て交わり、君に勢いあらば即ち君に従い、君に勢いなくば即ち去る」。つまり、他人はいい時には寄ってくるが少しでも悪くなると去っていく。肉親とは違うという。

大塚家具の親子は面白い。創業者の勝久には妻千代子との間に三人の娘と二人の息子がいる。五人の子供を作り育てる家庭は働き者で裕福である。おそらく学校に通っている頃は大塚家は忙しくも幸せではなかったかと思われる。それは肉親の関係以外にないからである。一九六九年埼玉県春日部市で勝久が大塚家具を従業員二〇人で創業。長女久美子は成績優秀、一橋大学経済学部を卒業後、旧富士銀行（現みずほ銀行）を経て大塚家具へ。長男勝之は名古屋芸大卒、久美子の一歳下。姉が優秀と控えめな性格。次女舞子は茶道日舞の教室経営。創業の時代に子供たちが次々誕生。家庭も工場の中にあるような慌ただしさ。背中におんぶして働き育てる。その中で親も子供も頑張り屋。それなりに独自の道を求めて進路を選択。気が付けば会社は立派な上場企業になっていた。二〇〇一年営業利益七五億円。ここがピーク、家具も市場にＩＫＥＡ、ニトリなど競合他社が参入。本格的輸入家具も存在感。その中で宣伝費の大きさと顧客選別の会員制、店舗案内係がコンシェルジュのモデルにほころびが生じて来る。一五億円の赤字決算。二〇〇九年久美子に社長交代。ここで方針転換「店舗内をカジュアルに」積極的な接客を控える客数増加を心掛けた。父勝久の真逆の商法である。それが成功し黒字転換。ここで全ての肉親の情は市井の商いの道に転換したのである。勝久は「自身の築いた経営路線の否定」と捉えて宣戦布告。二〇一四年業績不振を理由に久美子社長の解任決議を株主総会に提案し成立、再び社長復帰。二〇一五年業績さらに悪化、久美子再度社長、勝久解任提案成立。まさにお家騒動。二〇一八年には春日部の創業地の大型店舗の閉鎖に始まり、落ちた信用は回復できず、株価も低迷、売り上げも低迷、自主回復は望めなくなった。二〇一九年上場停止、ヤマダ電機の子会社となる。

人一人の人生の浮沈。わずか六〇年の夢幻の幕は閉じられた。おそらく、肉親の情のままこの家族が生活を楽しんでいたら、今も大塚家具は存在していたのだろう。

〔菜根譚　前集一三五〕――美醜の道理

本文

有姸必有醜為之対。我不誇姸、誰能醜我。有潔必有汚為之仇。我不好潔、誰能汚我。

訳文

美あれば必ず醜ありこれが対を成す。もし私が美を誇る驕った気持ちがなければ、誰も私を醜であるとは言わないであろう。潔あれば必ず汚ありこれが対を成す。もし私が潔いものを好みかつ汚を受け入れる寛大さも備えているなら誰も私を汚であるとは言わないであろう。

美醜はこの世の大問題である。美に生まれるなら人に羨まれる存在となる。しかし、それを自慢するに至っては、真逆の醜悪となってしまう。清汚も然りである。清い人間が自己満足で汚い人間を嫌い蔑むことはよく見られること。「それを言っちゃあ、おしめいよ」となるのである。外見は明示的に理解される。しかし、その張本人の心の内がどうなのかが、人間の価値である。

二〇二〇年八月米国大統領選挙で、トランプ、バイデンの戦いの構図が確定した。民主共和の主張の違いも明らかになった。特に、八月二三日夕方ウィスコンシン州ケノーシャで、黒人のジェイコブ・ブレイクさんが白人警官に背後から複数回撃たれ死亡した事件に端を発した人種差別問題がある。トランプは「暴動鎮圧」、バイデンは「人種差別は許さない」。白人至上主義のトランプにとって逆風が吹く可能性が濃い。加えて、大坂なおみが自身の出場したウェスタン・アンド・サザン・オープンを欠場する声明を出した。「私は、アスリートである前に黒人の女性です。今は、私がテニスをする様子を見てもらうよりも重要なことがあると思います。自分が欠場して、白人が多数を占めるスポーツで会話を始めることができれば正しい方向への一歩だと思う」。この流れは堰を切ったようにバスケットボールのNBA、野球のMLBにも波及した。スポーツにおける黒人の存在感は強大なのである。一九六三年のマーチン・ルーサー・キング牧師の公民権運動並みに広がっている。「I Have a Dream」のフレーズは今も日本の若者たちの耳にある。

白人至上主義は、カラードを許さない。日本人もカラードである。平等を謳う米国憲法のもと真の平等な国家の実現こそ大統領選挙で深く議論をしてほしい。日本人としての願いである。米国第三代大統領トーマス・ジェファーソンはバージニア州シャドウェルに生まれる。ジェファーソンの家は二〇平方キロの農園と二〇人ほどの奴隷を所有していた。今も自宅が残っている。モンティチェロの愛称がある。以前、ここを仕事の途中訪問した。きれいな立派な洋館である。庭に三〇メートルの鎖が三列あった。黒っぽい玉砂利の上にある。案内人に質問した「馬をつなぐには地べた過ぎるけど、何のための鎖かな？」。ガイドは、「そうそう説明しようと思っていた。これは奴隷をつないでおくためのものです」。平然と答えた。追加して「これは男女一緒につないでいた。昔からこのようなやり方で管理をしていた。ジェファーソンの父親の時代から継続していた」。あからさまな表現と隠す様子もない過去の奴隷制度。

カラードの日本人としてはショックであった。

〔菜根譚　前集一三六〕——肉親の憎悪は障害となる

本文

炎涼之態、富貴更甚於貧賤、妬忌之心、骨肉尤狠於外人。此処、若不当以冷腸、御以平気、鮮不日坐煩悩障中矣。

訳文

人に対する情において極端に厚過ぎたり薄過ぎたりする態度は貧賤な者よりもむしろ富貴な者により目立った傾向がある。また、ねたみそねみの心は、他人の場合よりもむしろ肉親身内の方が一層激しく顕著な傾向がある。このように人の心について、良識ある人の方が信じられず、最後に頼りにすべき身内の方が反感を持っていることがわかる。そもそも人間というものは、心は冷静に、気は平静に保っていてもなお心身を苦しめ悩ます生活の中にいることがわかる。

過酷に見える人情のあり様。しかし、胸に手を当てて静かに考えてみればやはりそうだと納得をする。悲しいが現実である。

子供の父親参観日、生まれて初めて参加。しかも三〇分遅れて。誰かが講演している。どこかで聞いた声。何でも「福井の田舎で母一人子一人の家庭に生まれ育った。勉強は好きではないし、仕事も何をしたいというものはない。ただ、歌を歌いたい。東京へ行きたい。そう思う青春の日々」。そこでやっと気が付いた。話しているのは五木ひろしだと。初めて五木さんもこの学校の父兄かとわかった。めったに感動しなくなっていた中年の私が目が覚め感動に包まれた。五木さんは、高校を卒業するや、「東京へ行きたい。歌の勉強をしたい」。一人で苦労して高校まで育ててこれから役場か農協ででも働いて家計を助けてくれるのかと思っていたら、何とこの話。母親はがっかりしたに違いない。それでも笑って送り出してくれた。夜汽車に乗っていく際、母親が重い荷物を抱えてこれを持っていきなさい、お米を五キロ、ボストンバッグに入れてくれた。どんなに助かったことか。汽車の中でずっと涙が止まらなかった。

母はもう他界した。何も恩返しができないままに残念でならない。母を思うと切なくなるが、ある時そんなに悲しいなら何か別の恩返しがあるはずだと思った。そうだ、子供に母にもらった恩、愛は今なら返せる。そう確信したのだ。それから自分に約束した。子供の学校の行事には必ず出席する。どんなに忙しくても。早速、事務所に学校行事の予定表を送り、入学式・卒業式・参観日・運動会、親が行くべき行事を仕事より優先で予定した。子供は三人。皆学校でお世話になっている。ただ一度だけ予定をすっぽかした。何年前の運動会のこと。日曜日だったので、朝早くから席を取って応援の準備をしようと構えていた。ところが台風の影響の大雨で中止。雨天順延で翌日の月曜日に。月曜日は快晴、しかしその日はすでにコンサートが入っていた。新宿コマのリニューアルオープン。さすがに満員のチケットを販売してやめるとは言えない。運動会を欠席した……。歌も上手いが話も上手い。その後、私の四女と五木さんの女のお子さんが同じクラスだとわかり感激。もう二人とも大学も卒業、社会人。「親の恩は子に返す」。世の中の鉄則だ。

〔菜根譚　前集一三七〕——恩と仇は明らかにしてはいけない

本文

功過不容少混。混則人懐隋墮之心。恩仇不可太明。明則人起携弐之志。

訳文

人には功績と過誤がある。少しでもこれを混同してはならない。もし混同するようなことがあれば、人は怠惰になり堕落の道を進む。なぜなら、良いことをしても悪いことをしても曖昧に済ませるならば、悪いことをしてはいけないとの緊張感はなくなる。截然と区別があって初めて人は勤勉になる。その逆に人の恩と仇とは、はっきりと区別をしてはいけない。もしはっきりしてしまうと、人は背き離れる心を起こす。なぜなら、あなたのしたことは私にとって有難迷惑ですと言われて喜ぶ人間はいない。憮然として去るのを見るだけである。自分が良かれとやった行為が仇《あだ》になることを敢えて知りたくもないのに知らせることの愚は犯すべきではないからである。

何でも区別、いつでも整理整頓が正しいわけではない。人間には誇りや羞恥心がある。心に傷は負いたくはない。功績ばかりある人もいなければ、恩ばかり作れる人もいない。皆悩みながらやっと功績を挙げ、恩を作出しているのである。功罪はあい半ばなのである。いずれにしても人を大事に人望厚く人生を過ごさなければならない。

とかく少年時代勉強ができた優秀な子供ほど大きくなっても友人が少ないといわれる。それはある面仕方がない。友達と遊ぶ代わりに勉強するから勉強ができるのである。けれども、本当に優秀な人の中には、人並み以上に友達と遊んでいてもなおすごく勉強ができる不思議な人がいる。そんな人物の一人に、岡村甫《はじめ》さんがいる。一九三八年生まれ土佐高校から東大工学部に入り野球部に入部。東京大学工学部教授。土佐高時代、勉強は二年生までと決め、三年生の時は夕暮れまで後輩と練習していた。東大では遅咲きのピッチャー、神宮球場初勝利は二年生であった。一七〇センチ、五九キロ随分小柄である。右腕で下手投げ軟投変化球投手。一九六〇年春の早大戦で完封勝利。翌日の神宮球場には東大史上最多の五万人の観客が押し寄せた。東京六大学リーグ通算七一試合登板、一七勝三五敗。一七勝は今でも東大野球部での記録である。背番号も不思議と「一七」。その後東大野球部監督に就任。その他の世界でも活躍、世界土木学会会長、高知工科大学学長など枚挙に暇がない。今は、ゴルフが御趣味。一度御指南をとお付き合いさせていただいた。しかし、結果スコアは楽しいゴルフだった。多くの後輩に尊敬され、知人友人に恵まれ、優秀さをひけらかさず言葉柔らかに笑顔で接する。達人である。その岡村先生に、「先生がみて、これはすごいと思った後輩はいましたか？」とお尋ねした。「そうですね、一番に挙げるのは大越君でしょうね」。元ＮＨＫのキャスター大越健介だという。「いつもピンチになると彼は体が緩む能力がある。緊張が解けるのですよ」。五〇試合八勝二七敗。日米野球に初めて東大から選ばれた。面白い魅力ある人間。

〔菜根譚　前集一三八〕——尊大は過ちを呼ぶ

本文

爵位不宜太盛。太盛則危。能事不宜尽畢。尽畢則衰。行誼不宜過高。過高則謗興而毀来。

訳文

報酬と地位はあまり上り詰めない方がよい。上がり過ぎると妬まれて自分の身が危うくなる。優れた才能も全部は出し尽くさない方がよい。全部出し尽くすと、才能は結局おとろえてしまう。正しい行いにおいてもあまり尊大に過ぎない方がよい。尊大に過ぎると人に誹られたりけなされたりするようになる。

中庸の徳を説く。頂点の危うさの原理は不変である。100メートル走の記録とは違う。報酬も地位も高い方が本人にとっていいに決まっている。しかし、他人から見れば「ああ嫌だ。隣の家に倉が建つ。倉が建ったら腹が立つ」である。才能も同じである。ヒット曲もヒットが終われば何度出してもヒットしない。正しい行いでもそうなのである。「正しい」ことは正しいのであってどんな理由があろうと推進すべきように思う。問題はそれを行う人である。人が謙虚で行っても自慢も驕りもなければ世間は喜んで受け入れる。上から目線、選挙のためのような面が少しでも見えれば人はドン引きしてしまう。「正しいこと」は地位・報酬・才能と何ら変わらない価値を有するからだ。

現代社会は富の格差が拡大している。ジョセフ・スティグリッツは、著書『プログレッシブ キャピタリズム』（東洋経済新報社）で、ここ四〇年間で一貫して大多数の国民の所得が減少し、より金持ちが富を集積するようになっているという。この項に照らして言えば、報酬を無限に獲得するやってはならないことをしているのである。これは米国国内の現象である。実は同様のことが日本の国内でも起こっている。しかも、日本で米国よりも富の額が極端に減少している現実がある。

富は資産で表現される。資産の王者は株式である。二〇二〇年の二月時点でNYダウは、二万二九三七ドル（二月六日）。日経平均二万二三三七円だった。問題は米国ではそれでも資産価値を上昇させている。年金や個人資産の目減りをできる限り抑えているのである。実際の数字で示すと、一九九〇年を一〇〇として二〇二〇年に今何倍になっているか。米国は九一九、つまりほぼ九倍になっているのだ。一〇〇万円株を買っていれば、今九〇〇万円になっている。投資したことで満足が得られる。日本は、何と一〇〇あった株価が九〇・五になってしまっている。目減りである。片や九倍、片や〇・九倍、同じ資産がどこの国においておけば安全か。日本は国全体で資産を棄損しているのである。一九八九年一二月二九日の日経平均株価は、三万八九一五円。今より一万円以上高いのである。資産は担保になる。老後の私的年金にもなる。主人がなくなってもこの株を売れば生きていける。そんな安心が日本から消えているのである。富を貪ることの非は戒めなければならない。

〔菜根譚　前集一三九〕——隠れた悪事と隠れた善行の違い

本文

悪忌陰、善忌陽。故悪之顕者禍浅、而隠者禍深。善之顕者功小、而隠者功大。

訳文

悪は陰を嫌う。だから必ず悪事は明らかになってしまう。善は陽を嫌う。だから人に知られにくい。従って、表面に現れた悪事は、それによって起こる災いの程度はさほど大きくはない。しかし隠れた悪事はその災いの程度は甚大になる。また表面に現れた善行は、それによって格別の効果は見られない。表面に現れない隠れた善行は、その効果たるや絶大である。

善悪の対比、陰陽の区別、薄々気が付いているがここまではっきりと断定されると理解が進む。悪事は裏社会アンダーグラウンドほど悪質だ。全く記事にならない失踪事件が膨大な数ある。「行方不明者届受理件数」によると、二〇一九年八万六九三三件もある。届け出がない、失踪の認識がない者も含めれば、およそ三倍あるとも言われている。二倍としても二〇万人近くが、生死も不明なまま家族もわからない状態にある。わからないから記事にしようがない。隠れて闇にあるから巨悪の巣窟化することになる。

巨悪。一九七三年八月八日千代田区ホテルグランドパレス２２１２号室に宿泊していた韓国人が拉致された。犯人はＫＣＩＡ（韓国中央情報部）李厚洛《イフラク》だと後日判明。当日、七人で部屋に押し入り、催眠ガスを嗅がす。朦朧の被害者を地下から車に。そのまま神戸のアジトへ。神戸港から、工作船で韓国へ。被害者には足に重りを付けて計画ではそのまま海に投棄する予定。しかし、日本政府、米国政府は、この拉致事件を察知。工作船の追尾を海上保安庁のヘリが行う。海上で被害者の投棄の怖れあるため照明弾を投下威嚇。ついに殺害を断念して釜山に上陸。犯行の露見が国際問題化する危険があるためそのままソウル市の被害者自宅付近ガソリンスタンドの前で解放。この被害者は金大中。

事件の真相はこうである。一九七一年韓国大統領選挙で朴正熙対金大中。結果は僅差で朴の勝利。その後ＫＣＩＡはしばしば暗殺を試みた。交通事故を装ったり日本の暴力団に依頼したり。金大中の民衆からの支持は脅威であった。そんな時期先の李が朴大統領の信頼を得ようと日本で拉致海上投棄を計画したのだ。

元より日本政府としては領土領海の侵犯事件である。不問とはいかない。しかし、韓国政府は先の李ＫＣＩＡ部長は解任したものの実行犯については明らかにせず国家機関関与を全面否定している。日本政府も田中角栄総理と金鍾泌《キムジョンピル》首相との会談で両国関係はかかる事件はなかったことにするとの密約を交わしたことが、韓国機密文書公開により判明した（二〇〇六年）。加えて「文藝春秋」は田中総理に朴大統領から四億円の資金提供があったと伝えている。当時の米国「ニューズウィーク」など報道は、「朴正熙と懇意であった日本のヤクザ町井久之は、ＫＣＩＡと密接に連携し先のホテルの部屋のフロアを全室借り切っていた。日本のマスコミはこの事実を一切取り上げない」と記述。闇に置くのも、巨悪にするのも日本人か？

〔菜根譚　前集一四〇〕——才能は人徳の僕である

本文

徳者才之主、才者徳之奴。有才無徳、如家無主而奴用事矣。幾何不魍魎而猖狂。

訳文

人徳は主人、才能はその下僕である。才能があっても人徳のない人は、主人のいない家の中で召使たちが勝手気ままに振る舞っているようなもの、品のない猥雑な光景になる。やがて化け物たちが猛り狂うようになる。

才能ある人が地位・名誉・富を獲得する社会が確立されている。勉強ができて有名大学に合格して、専門分野の研究を修め、国際的企業で活躍。やがてマスコミに取り上げられ、完璧な人生を歩む。医者、弁護士、金融マン、起業家そんな羨ましい人物を垣間見る。現在の学校教育、家庭教育全てこの方向を目指している。才能を追い求めて果てしない旅に子供たちを送っている。目的地のわからないあてどない旅に出してあとは運任せになっている。人徳の問題を忘れてはならないのに。

才能を磨くのに日本人に欠落しているものがある。国際性、多言語能力である。グローバル化が進展して世界市場で稼ぐ企業しか持続しない収益を上げられない時代が来ている。だが、日本人に国内回帰傾向が出てきている。外務省でも商社でも海外勤務、外国留学の希望者が減少しているのだ。観光旅行の一環の短期語学留学はむしろ増加している。本格的に海外で他流試合をやる真剣な勤務留学に消極論があるのだ。

ハーバード大学に合格して学ぶ日本人が激減している。一九九二年に一七四人だった。国別では日本が一位。二〇〇八年には一〇七人、今は二〇人以下になった。教育専門家は、日本人の家庭環境の変化が原因だと言う。優秀な子供は、親も満足国内で満たされた待遇と評価を得られる。わざわざそれを捨てて海外に行く動機がないという。さらに客観的に見て入学試験が近年難しくなってきたことである。ハーバードの入学定員は二〇〇〇名、内外国人留学生は二〇〇名。かつて一位でも、今は競争相手が激増。中国・インド・アジアの学生との競争が始まっているのだ。この戦いに勝てる日本人は最近では一人か二人。また、試験の内容が日本のそれとは全く異なる。七つの評価ポイントがある。

「1、高いGPA（高校の成績） 2、SAT（米国の国語と数学） 3、出願エッセイ 4、出身校の先生の推薦文2通 5、課外活動の実績 6、リーダーシップの経験である」

こうなると大学受験の詰め込みは全く用がない。学校以外での活躍などやっていたら勉強ができない。出願エッセイも「自分はどんな人間。何を目的に生きる。社会に国家にどう貢献するのか。変革を起こすには自己の才能をどのように磨き活動するのか」。具体的に書かなければ合格しない。その上で、授業料・下宿代などほぼ日本円で一〇〇〇万円近く負担しなければならない。こう見れば日本の現在の衰退ぶりが読めてくる。むしろ、国家に財政余力があるなら、日本に全額国家負担の大学を作り、世界の優秀な学生二〇〇人を日本に誘致し、卒業後日本に在住一〇年を義務付けした方が現実的である。

〔菜根譚　前集一四一〕――悪事を撲滅するには逃げ道を用意

本文

鋤奸杜倖、要放他一条去路。若使之一無所容、譬如塞鼠穴者。一切去路都塞尽、則一切好物倶咬破矣。

訳文

悪者を除き、諂う者たちを排除するには、彼らが出てゆく一筋の道を作る必要がある。もしも彼らに身を置く場所を一切なくしたなら、丁度それはネズミの逃げ道を塞いだようなものだ。ネズミは逃げようがなく中で暴れまわり、全ての大事なものまで食い散らかしてしまう。

神様創造主は無用なものはお創りにならない。悪者も媚び諂う者も何かこの世に役に立つものとして作られている。悪者らを排除することは可能かもしれない。しかし、その反動や副作用が大きい場合もありそうだ。それをネズミの駆除の比喩で述べている。まさに窮鼠猫を嚙むである。

そこで想起されるのが「けものみち」である。野生動物が日常山や谷を通る道である。通常険しく危険なので人間は利用しない。狩人だけが獣を捕獲するために活用している。そんな道を松本清張は、小説の題名にした。いわく、小さな悪の出来事が実は巨悪につながっている。獣だけが通る道を歩けば、また人でも獣のようになっていく。そんな小説や映画の印象を残す作品である。悪が歩む一筋の道である。

私は、創造主がどうして、ばい菌やウイルスを作って人間を苦しめるのだろうとかねてから思っていた。もしこれらがなければ人間は長生きでき病気で苦しむことも無くなるのに。不思議である。

新約聖書の終わりに「ヨハネ黙示録」という書がある。それを読んでなるほどと合点した。地球は氷河期や火山の爆発によって、終末を迎える時期が来る。終末とは、地球世界では永遠の終わりではなくそれによって新しい時代が始まることを意味している。ばい菌やウイルスは人間の免疫の高い種のみ保存して弱い種を淘汰する。それによって終末を迎え、選ばれしもののみで新しい世界を作る。全てをキャンセルして新しい時代を迎えることは進化の上で能率よく生息環境を整える。創造主は、過酷ではあるが、陰陽の二元から破壊と創造をセット論と考えている。常に盛者必滅会者定離。勝者の繁栄は誠に喜ばしい。しかし、その繁栄も長く続けば維持できる食料とエネルギーに困窮する。あるいは仲間割れが始まり自壊していく。繁栄は永続しない。滅びは心機一転の前兆。死と誕生の鉄則がこの世の原理なのである。

私が弁護士になったのは、一九八二年。この頃、町のあちらこちらに暴力団の組事務所があった。それとわかる建物の様子。塀が高く黒っぽい。塀の上には鉄条網。監視カメラが至るところに。町の人達が暴力追放運動を起こして、エプロンのお母さんが鉢巻をして大勢で町を行進していた。しかし、おっかなびっくり。事務所から刺青の兄さんが出てくると、それを見ただけで運動参加を止める人もいた。そこで、なぜか私が駆り出されるのである。山本さんなら助けてくれる。行進の先頭に並んでください。また、町内から事務所撤去要請。市長・市役所に言っても何もしてくれない。文章はどう書いたらいいか……。実際、今では町に事務所はありません。というより隠れてしまった。かえって暴力団か否か判然としなくなった。

〔菜根譚　前集一四二〕――苦労は共に功績は共にせず

本文

当与人同過、不当与人同功。同功則相忌。可与人共患難、不可与人共安楽。共安楽則相仇。

訳文

失敗の責任は共有できるが、成功の功績は共有してはならない。もし功績を共有するなら、やがて相手を忌むことになる。苦労は共有できるが、安楽は共有してはならない。もし安楽を共有するなら、やがて相手を敵視することになる。

童話の世界なら失敗も成功も苦労も安楽も全て共にして、めでたしめでたしになる。しかし、現実の人間社会では正しくは本項の如くである。

失敗した後の人間の心は、自己反省でいっぱい。あの時こうしておけばとの後悔の念が心の中を覆っている。この心理状態で失敗を共有した相手と利害が相反する要因は、責任の分担である。しかし、共に心のベクトルは内心、自分自身の内側に責めの矢が向いている。むしろ戦場でお互い傷ついた兵士のように、塹壕からどうやって野戦病院まで逃げて行けるか協力関係の情が強く結びつける。逆に、成功したときは、全く異なる心の様相に変わる。反省や後悔の念のような内向きベクトルは働かない。むしろ、他者から称賛を浴び反省は微塵もなくなってしまう。成功の寄与度は互いに主観的には自分の方が多くなる。祝賀会では相手の方が二〇〇人、自分の方が一〇〇人。報酬も相手が年俸一億円、こちらが八〇〇〇万円。絶対におかしい。間違っている。相手が自分を陥れている。つまり、心の在り方の違いが、真逆の方向へ誘導してゆくのである。夫婦も同様、苦労ばかりのときには仲が良い。いざ事業が成功するや贅沢した浮気したと仲違い。成功の瞬間が転落への道になりかねない。人間関係の奥は深い。

欧米には「糟糠の妻」の概念より「オナラブル・マリッジ」（名誉の結婚）という考えがある。欧米の指導者、富裕層のCEOは年齢差のある若き美女と再婚している例が多い。社交の場も「俺の今度の妻は美人だろう」と自慢する場になっているという。

米国前大統領ドナルド・トランプは一九四六年生まれ。一九七七年に三一歳でチェコのスキーヤーでモデルのイバナと結婚。一九九二年に離婚。一九九三年に四七歳で一七歳年下の女優マーラと結婚。一九九九年に離婚。二〇〇五年に五九歳でモデルで二四歳年下のメラニアと結婚。男児バロン誕生。メラニアは旧ユーゴのスロベニア出身。内戦を逃れて渡米。ファッションモデルを目指す。一九九七年二六歳で大ブレイク。ニューヨークで「キャメル」の広告モデルに起用。タイムズスクウェアの大きな看板を飾った。メラニアはハードワークとプロ精神で仕事をこなした。故郷の貧しさやニューヨークのモデル生活の厳しさが身に染みていた。トランプが大統領に就任したとき、メラニアはなかなかホワイトハウスに引っ越さなかった。婚前契約の内容の変更交渉に時間がかかっていた。そのお陰で、息子バロンはトランプ一族の事業や資産の一部を保証された。また本人の離婚費用の合意もできた。やっとホワイトハウスに入居。

〔菜根譚　前集一四三〕——君子の特性

本文
士君子貧、不能済物者。遇人痴迷処、出一言提醒之、遇人急難処、出一言解救之。亦是無量功徳。

訳文
立派な人はとかく貧乏である。だから人を物質的な面で助けることはできない。しかし、君子は世の中の道理に暗く人生に迷いがある人に会うと、その迷いを取り払い平常な心を呼び覚ましてやることができる。また、君子は窮地に陥っている人に会うと、その苦しみを除き病んだ心を救ってやることができる。このようなことができることは、計り知れない優れた特性である。

財貨は万能である。しかし、金銭だけでは解決のできない問題も多い。向こう三軒両隣の江戸の長屋は庶民の集まり。貧乏長屋の生活は落語のネタになる笑いの宝庫である。そこには、庶民の人生の師匠役として大家さんもしくはご隠居さんが必ず存在している。貧乏な店子に部屋を貸しても、利益は上がらない。滞納踏み倒しの連続であるから。従って長屋は大家さんも店子も共に貧乏。しかし、君子たる大家さんは、仁徳で長屋の家族を安心させている。君子は悩みを聞き、心を寄せ、共に泣き笑うことによって人心を救済してゆく。年齢は経験、経験は苦労の数。苦労は体験した者のみ乗り越える方法を知る。金もない、力もない、体力もない、そんなご隠居さんが人を救うのである。

私の尊敬する政治家に元法務大臣野沢大三先生（一九三三年生）がいる。東大から技官として国鉄に入社。新幹線のトンネル技術の先駆者。国鉄分割民営化のために議員になるよう勧められた。生真面目な国鉄施設局長の先生は悩んだ。人生を懸けて挑む目標に不足はないが、果たしてどんな苦難が待っているのか、自分が政治家なんかに向いているのか、朝から晩まで不安な毎日を送った。国鉄を退職してもなお結論は出ない。致し方なく郷里、長野県上伊那郡辰野町にある禅寺に入った。答えを出すために座禅の修行を開始。坊さんと一緒に起きて一緒に作務をして一緒に休んだ。一週間寝起きしても何にも回答は出てこない。またこれから一週間同じことを繰り返すのかと思うと気が重い。そんな時、和尚さんが托鉢に出かけるという。小坊主さんが町を回っても収入はさほどない。しかし、和尚さんが回ると収入になる。小坊主さんも嬉しそうに和尚さんを見送る。どうしてそんなに和尚さんが出かけるのが嬉しいのかと聞くと、もうお寺にはお金もお米もない。我々が托鉢しても町の人は施しを下さらない。だから和尚さんが行ってくれるのは我々の生活が懸かっていると、丁寧に説明してくれた。和尚さんは朝出て夕方には帰ってこられた。しかも、お米や現金をいっぱいもらって帰ってきた。何と一〇万円もお金があった。先生はお坊さんとはいい商売だと感心した。そして次の日も朝出かけていった。今度は昼過ぎには帰ってきた。先生は、毎日行けばお寺が建て替えられるくらい儲かるのにと少し残念な気持ちがした。そこでどうしてもっと稼いでこないのかと失礼を承知でお聞きした。「食べるだけあれば十分です」が答えだった。先生はその答えに霧が晴れた心境だった。多くを望まず。決意ができた。

〔菜根譚　前集一四四〕――君子迷うべからず

本文

饑則附、飽則颺。燠則趨、寒則棄。人情通患也。君子宜当浄拭冷眼。慎勿軽動剛腸。

訳文

食べ物が欲しいときには人にまとわりつき、満腹になると飛び上がって離れてしまう。こちらが裕福なときにはやってくるが、貧乏になると見捨てて去って行く。これが人間の一般的な感情である。だから君子たる者は、いつも物事を冷静に見る眼を曇らせないように、ぬぐい清めておかなければならない。何があろうと、決して君子としてのしっかりした気質心構えを動揺させてはならない。

君子たる人間は極めて少ない。大勢の大衆は裕福な家には媚び、貧困な家には見向きもしない傾向は否めない。万古不変の人間社会の病弊である。君子であれば、貧富の差で人間の評価を変えることはない。

松本清張の作品に「鬼畜」がある。ある地方でまじめに印刷屋を経営する宗吉は、神武景気の後押しで順調に業績を伸ばした。ある日、料理屋の女中、菊代に惹かれ関係をもってしまった。妻のお梅との間には子供がなかったので、思い切って女を囲う算段にでた。家庭も、女も、会社も極めて順調に運び、出世感に溢れ、充実した心持ちになっていた。世間の評価も高く人も羨む町の有力者に上っていった。好事魔多し、都会の印刷会社の進出や工場の火事で急に業績が悪化。評判も急減。客は皆無に近くなる。そのときすでに菊代との間に三人の子供ができていた。生活費を入れない宗吉に菊代は苛立ち、宗吉の家に子供三人を連れて乗り込んだ。初めてお梅に、事態を覚られた宗吉は、なすすべもなく、妻のお梅の指示にひたすら隷従した。菊代は、その腑抜けぶりにあきれて、やり場なき怒りのまま、幼い三人の子供を置き去りにして出て行ってしまった。その日から、宗吉は子供の世話に追われ、お梅は冷徹までに傍観し叱責するばかりであった。これまでの粗筋だけで男性の心胆を寒からしめるものがある。さらに物語は続く。

菊代の態度からすれば、囲う金が切れたので宗吉と離別したとも解釈できる。宗吉も、金さえあれば、菊代との幸せな別所帯の生活を楽しめたのであろう。金の切れ目が縁の切れ目になるという原理は不変である。不貞が原因でお梅とはうまくいっていない。しかし、宗吉は、お梅が鬼嫁でなければ不貞はしないというであろう。夫婦間、恋愛関係、そしてさらに親子関係、幾重にも人間関係は複雑に綾を織っていく。そこに裕福であるか貧乏であるかの条件・変数を加えながら変化していくのがこの憂世の習いである。物語は、お梅の子供への嫌悪感をどうなだめるかが宗吉の課題となる。宗吉はお梅の言いなりに、子供への仕打ちを繰り返す。赤ん坊の正二は、栄養失調で病死。良子は東京タワーで置き去り。最もお梅が嫌う利一を宗吉は殺す画策に出る。この小説は幾度も映画化され、緒方拳やビートたけしの宗吉役の好演で人生や人間について深く考えさせられる。断崖絶壁から放り投げ死んだはずの利一に、逮捕された後に再会して、やっと親子に戻るシーンはこちらも泣ける見事な演出である。人間は君子であるべきであるが、そうもいかない現実がある。

〔菜根譚　前集一四五〕——心の広さが人徳を高める

本文
徳随量進、量由識長。故欲厚其徳、不可不弘其量。欲弘其量、不可不大其識。

訳文
人徳は心の広さ、即ち度量の大きさと一致する。度量はその人の考え方によるものである。だから人徳を高めようと思ったなら、その人の心を広くしなければならない。その人の心を広くしようと思ったなら、その人の考え方を向上させなくてはならない。

人徳は多様な考えの人間をも許し大切にする気持ちがなければ備わるものではない。まず、どんな始末の悪い人間でも付き合えるおおらかさが必要である。けれども悪い人間に感化されては元も子もない。だから清廉さを維持できる強さもいる。それ即ち考え方が正しくなければならない。心をより広くするなら、広くしただけ悪い奴らが沢山心の中に入ってくる。従って、広くなればなるほどさらにより正しい考えを持たなければならない。ひたすら向上して行く人間、より大きく人徳を備える人間は努力の人でなければならない。
私は随分高知県で人のお世話になった。その中に元木益樹元県議会議員がいる。二〇二〇年の三月に八八歳でご逝去されたが、お亡くなりになる直前まで私の選挙を案じてくれた。先生は実に温和で笑みを絶やさぬ穏やかな方だった。もともと、戦後の公設市場の青果業から身を起こした人で、現在も御子息が高知市の青果市場で元木青果を経営なさっておられる。私は高知に帰るたび、先生の事務所にお邪魔して政治、社会、人生を語らっていた。笑顔の裏に奥に秘めた闘志や揺るぎない正義感を折に触れ伺い知るところであった。私が自民党高知県連会長のとき、先生に幹事長をやっていただいた。当時知事は橋本大二郎さん。本来、上手に知事と付き合うのが普通だが、元木先生は「絶対許さん」と完全敵対関係になった。県の病院、市の病院共に経営困難。共に老朽化。両方統合して新規に建て替え案が浮上した。知事は大企業にＰＦＩで経営を委ね、経費を公金から支出して経営全般の責任から解放されるという計画を立てた。建て替えて病院が始動した後、先生は病院内部から情報を得て、病院長と知事が不正を働いているのではないか、大企業も不当な利益を得ているのではないか、との疑惑を抱いたのだ。百条委員会を設置したり、『橋本大二郎闇の真相』（沢山保太郎著、「橋本大二郎　闇の真相」編集委員会）という本の出版に関わったりされた。結局知事は辞任、その後衆議院選挙に出馬するも落選。元木先生の圧勝に終わった。

私との付き合いの中では想像もつかない激しさ、熱情。先生の幼なじみである家内の父親に聞いたことがある。義父が三、四年ほど先輩なので、小さい頃の話を聞いてみたところ、意外な話。義父もやんちゃな悪ガキ。高知商業高校の相撲部で番長。その義父が、元木さんは小学校の頃から市場でも喧嘩のめっぽう強い少年だった、特に市場を仕切っていた鬼頭の親分に可愛がられて、親分の後継者と思われるほどだったと。鬼頭とは、鬼頭良之助、戦前高知市で活躍した侠客。映画『鬼龍院花子の生涯』の鬼龍院政五郎のモデルになった人物。その住まいは元木氏の家の隣、親分の社を立てて死ぬ間際までお参りを欠かさなかった。

〔菜根譚　前集一四六〕——真実が見えるとき

本文

一燈螢然、万籟無声。此吾人初入宴寂時也。暁夢初醒、群動未起。此吾人初出混沌処也。乗此而一念廻光、炯然返照、始知、耳目口鼻皆桎梏、而情欲嗜好悉機械矣。

訳文

一灯螢然、ぼんやり薄明かりしかない闇になって、もの音もしない万籟声無しの夜更け。このときこそ自ずと心身を静かに整え真理を探究するに相応しいときである。やがて夜が明け、暁の夢から覚めてはいるが、いまだ万物の活動には至らないとき、丁度この頃は天地開闢の初めの陰陽未分の物事の区別が判然としない様子で、まさに真実を見極めるに相応しいときである。このように工夫を凝らして、知恵の光をめぐらし、はっきりと自分自身を反省したならば、耳目口鼻で味わう感覚というものは、皆本来の心を束縛する手かせ足かせであり、煩悩や物欲は全て本来の心を操り誤らせるからくりであることがわかる。

実に具体的に人間の悩みの深さを物語っている。われ思う故にわれあり。自分自身を内省する人間の思いの時間的様相を描写している。悩みが深ければ夜眠れない。起き上がり静けさの中に心を整理する。結論の出ないまま夜は明ける。夜が明けて鳥の囀りが聞こえてくるまでのいっとき、陰陽未分の判然としない朦朧の頃、最も真実が見えてくるのである。そこに見えるのは、いかに自分自身が五感に振り回され、それが先入観として手かせになり、さらに煩悩物欲が心を迷い道に誘う。そのことに気が付くのである。これが真実である。描写が映像的でシーンが想像できる表現である。その表現を駆使してまでも目を開け、気が付けよと力説している。感動の項である。

インドには自己内省に人生をささげる行者がいる。グジャラート州チャラダに住むヨギ（ヨガの行者）のプララド・ジャニさんもその一人。二〇一〇年にインドの軍医たち研究班がアーメダバードの病院でジャニさんを二週間観察した。なぜなら、これまで修行に入る七〇年前から、一切の食べ物を口にせず、一切の水分も取っていない。当然排泄もない。なぜ生きて行けるのか。医師は器官や脳、血管をスキャンし心臓、肺、記憶力の検査を行った。医師は「ジャニさんがどのように生き延びているのかいまだにわからない。これはどういった現象なのか依然謎だ」とコメントした。

人間の身心の常識を超える現象を起こすことが、ヨガ、瞑想、座禅、スピリチュアルなどで見られる。一般には、ヒマラヤの聖者と言われる修行者は、洞窟の中に籠り、ひたすら瞑想に明け暮れ、日に一度、里人が持参する麦焦しという麦の粉を団子にした一握りのお握り状のものを食するのが食事だと言われている。この世界に没頭すると年を取ることもない。年齢不詳の著名なヨギに『あるヨギの自叙伝』（森北出版）で紹介されているマハー・アバター・ババジがいる。この本はスティーブ・ジョブズが唯一ｉＰａｄに入れて読んでいる書籍。また彼は一九歳でインドにババジに会いに行っている。

〔菜根譚　前集一四七〕——自己反省は良薬となる

本文

反己者、触事皆成薬石、尤人者、動念即是戈矛。一以闢衆善之路、一以濬諸悪之源。相去霄壌矣。

訳文

自己の言動を日頃から反省している人は、出来事が全て自分自身の良薬となる。逆に、人の過ちを責め咎める者は、心を動かす度に、それが全て自分を傷つける刃物になってしまう。前者の場合、多くの善行を積む道を開くことになる。後者の場合、多くの悪事を重ねてしまう深い根を育てることになる。両者は天と地ほど違い雲泥の差となる。

昔の縁日にはよく天国と地獄の絵が飾ってあった。子供心に怖い印象があったので記憶している。中華料理の丸テーブルのような席に皆座っている。天国では、笑顔でまんまるに全員肥えて恵比寿さんのように楽しそうである。地獄では、同じテーブルなのに全員飢え死に寸前のガリガリ状態で泣きべそをかいている。良く絵の細部を見ると、皆、釣り竿のようなお箸を持っている。地獄では、そのお箸で料理をつまんで食べようとしているが、口には入らない。長すぎて挟むのも困難、口に運ぶのも困難なのである。ところが天国では、その長い箸で、前の人の料理を取って前の人の口に運んでいる。皆、人の食べるのを一所懸命手伝っているのである。この絵の比喩のように、相手を責めることなく反省して人のために生きて行くとき幸せがやってくる。人を責め人を傷つける人間は結果的に自分を傷つけているのである。

二〇二〇年九月二九日史上最悪のディベートとなったトランプ（七四）対バイデン（七七）の討論会は誹謗中傷の攻撃の応酬となった。CNNは「史上最悪のディベートだった。そもそもディベートではなく、恥を曝しただけ。今晩はアメリカ国民の敗北だ」「Shit show（くそみたいなショーだった）」などと酷評。話題の一つにトランプの所得税があった。ニューヨークタイムズでは、二〇一六、一七年は納税額七万九〇〇〇円。二〇一八年には、四五六億六五〇〇万円の収入にもかかわらず四七億円の損失としていた。その上納税申告書の開示を拒んでいる。泥仕合とはこういう戦いをいうのであろう。国家の経綸には何の関係もない。米国の病の深さが見える。米国型民主主義とは何なのか疑問に思ってしまう。

国家の指導者の人材登用の仕組みは各国時代で異なる。明治維新、新政府誕生時は、江戸幕府討幕の戦争論功行賞ただ一つである。軍事政権といえよう。革命後の政権である。キューバのゲバラ、カストロもそれである。まさしく命がけで多くの仲間の屍を越えていることが国民に明白である。植民地政権は宗主国の傀儡政権になる。アフガニスタンの紛争後の大統領カルザイは、国連が推薦したとするが実際は米国の指示によって決められた。同様に、ベトナム戦争開始前のグエンカオキ首相は米国の支援によって成り立っていた。戦争後は全くの独立したベトナム建国の父ホーチミンである。さて日本も敗戦国。幣原喜重郎、吉田茂は米国マッカーサー司令官の推薦である。その後、国民主権を尊重してくれた米国は手出しをしなかった。片山哲、芦田均と混乱を招き朝鮮戦争で米国の色彩はより濃くなった。再び吉田茂になり今日に至る。

〔菜根譚　前集一四八〕——一時の功や学問よりも人間の精神は永遠である

本文

事業文章、随身銷毀、而精神万古如新。功名富貴、逐世転移、而気節千載一日。君子信不当以彼易此也。

訳文

どんなに大きな功績や優れた学問もその人間が死ねば消滅してしまう。しかし、人間の精神はその人間が死んでも日に日に生き続ける。どんなに高い地位や膨大な財産も、世の中が移り変われればその価値は変化する。しかし、人間の意気や節操は千年経っても変わるものではない。従って、君子たる者、一時的な功績や学問あるいは地位や財産を大事にして、永久的な人間の精神や意気節操を失ってはならない。

確かに人間が作ったもので千年の時を経ても存在するものはまれである。今から千年前に何があったのかが興味深い。法隆寺（六〇七）世界最古の木造建築物として今に残る。東大寺大仏開眼会は七五二年。奈良の大仏と東大寺も千年を超える。不思議に思うのは、なぜ日本の家が三〇年で朽ちるのか。千年前のお寺が堂々と甍を誇っているのを見るにつけ情けなく思う。技術の大衆化が全くできていない。もし長期千年の家が今も使用可能なら、一世代三〇年として三三代前の先祖の家を承継できることになる。居住の家屋など三〇年ごとに新築すること自体資源の無駄、資金の無駄につながる。

一〇〇一年に清少納言の『枕草子』が完成したとされている。中学生の頃、古文の時間に暗唱させられた。しかし、リズムがありとても語るのにきれいな文章であった。また、出だしから四季を歌い古典の難解さを感じさせない美しさがある。

「春はあけぼの。やうやう白くなりゆく、山際すこしあかりて、ムラサキだちたる雲の細くたなびきたる。夏は夜。月のころはさらなり、やみもなほ、ほたるの多く飛びちがひたる。（略）秋は夕暮れ。夕陽のさして山のはいと近うなりたるに、（略）冬はつとめて。雪の降りたるは、いふべきにもあらず」。この書き出しは、日本人の心の中に静かに記憶されている。日本というPRビデオの4Kの映像をそのまま表現した画期的な表現力である。今の宮中ではなく、実際の政治の執務をしていた内部の人間関係まで描写した清少納言の英明なる人物が、千年の時を超える力を与えたのであろう。一〇〇七年には紫式部が『源氏物語』を完成させている。日本文学の最高傑作。全ての作家全ての文学青年達の憧れの書である。ただ私には文章と内容が難しく読破するつもりにはなれなかった。ところが最近媒体の変化によって漫画、アニメなどの原作に使われわかりやすくなってきた。タレントの中田敦彦の解説など、学校で学んだ時とは違う新たな面白いエンターテイメントになっている。彼の表現では「ロイヤル・サクセス・パニック・ラブストーリー」なのだ。他に、近現代で千年残る価値あるものに松尾芭蕉の俳句がある。より明快、短文、まさにSNS時代の文章表現にもかなう季節や情景を捉える才能は群を抜いている。「古池や蛙飛びこむ水の音」「夏草や兵どもが夢の跡」「閑さや岩にしみ入る蝉の声」。

〔菜根譚　前集一四九〕——世界のからくり

本文

魚網之設、鴻則罹其中。螳螂之貪、雀又乗其後。機裡蔵機、変外生変。智巧何足恃哉。

訳文

魚を捕まえようと網を設けると、魚が掛からずに魚を食べに来た大きな水鳥が掛かっていた。蟷螂が虫を捕ろうと夢中になっていると、後ろからその蟷螂を捕ろうと雀が狙っている。このように世間には、からくりの中にまたからくりが隠されており、思わぬ異変の他にさらに異変が生じてくることがある。だからちっぽけな存在でしかない人間の知恵やたくらみなどは、取るに足りない浅はかなものでしかない。

自然界の大きさやからくりから見れば人間の存在はまだまだ小さい。だから下手なたくらみなど何の効果もない。姑息な考え、下手なたくらみを一切排除して素朴に素直に生きてゆくことが大切である。

自然に逆らわずに生きている村がある。北海道猿払村《さるふつむら》である。ところで住民一人当たりの年収（年間平均所得）の順位がある。二〇一七年港区は初めて一〇〇〇万円を超えて一一一五万円で日本一になった。全国平均は三三四万円なので約三倍である。二位は千代田区九四四万円。三位がなんと猿払村八一三万円。北のオホーツク海に面し人口は二七〇〇人。何で稼いでいるのか。ホタテ漁である。どこにでもある貧しい漁村であった。漁業組合も若者が去って経営困難になった。誰もがやがて人がいなくなる消滅集落だと思っていた。漁業の当たり前は、豊漁と不漁の繰り返し。豊漁になれば漁師は儲かる。それは最初だけ。市場に同じ魚がだぶつき始めると、価格は下がり始める。魚は取ってしまうと、足が早い。保存は冷蔵庫。何日も置いておけば電気代がかかるし、味が落ちてしまう。結局、豊漁で儲けるのは一時期だけ。漁師は貧乏が定着した。不漁はもっとひどい。売るものがない以上無収入。奥さんが皿洗いにでも行ってなければ生活保護。自然を相手の一次産業は大変なのだ。「貧乏が見たけりゃ猿払へ行け」と言われたのであった。一九七一年太田金一漁協組合長の英断が始まる。ホタテが名産である。ホタテを取れば金になる漁師は乱獲しか手段はない。もはや猿払でホタテを見ることはできなかった。これに反省に反省を重ね何とか資源を復活できないかと太田は思案した。出た結論は、ホタテの稚貝を大量に撒き、それを取らないことであった。当初稚貝を撒けば、一年も経たないうちに漁獲してしまう。撒いた稚貝の資金の方が取ったホタテより高い状態であった。撒いた稚貝は取らない禁止約束が一番大事であることに気が付いた。今残っている漁師全員を組合員にした。そして組合員以外にホタテ漁はできない条例を作り、しかも、漁場を三分割、一年目、二年目、三年目と海域を分割。三年経つまで漁獲禁止である。今では年間二億五〇〇〇万粒を放流し、水揚げ四万トンになっている。六八人の組合員が二六〇人になり希望者が待っているようになった。若者が漁師を誇りに生きて出生率二・三倍、人口減少にも歯止めがかかった。自然にホタテが生育する環境で稚貝を育てるとどこよりもよく育つ。競争で乱獲するのではなく資源管理。自然界に感謝しながら生きていく模範である。

〔菜根譚　前集一五〇〕　――誠実と気転

本文

作人無点真懇念頭、便成個花子、事事皆虚。渉世無段円活機趣、便是個木人、処処有碍。

訳文

一人前の人間になるためには、少しばかりの誠実な心がなければならない。もしそうでなければ一人の乞食と同じくやることなすこと意義のないことばかりになってしまう。また、世の中を渡っていくには、少しばかりの気転がなければならない。もしそうでなければ木の人形と同じく人と上手く付き合っていけない。

塩梅とは、もともと塩と梅酢のことである。食用酢がない時代に料理に梅酢を使用していた当時、塩と梅酢の味加減が丁度良いことを「良い塩梅」と表現していた。ほんのわずかな塩や酢で味が変化する。同じように、人間の一生もわずかな気持ちで大きく変わる。塩が、誠実。梅が気転。そう考えるとよく理解できる。

しかし誠実と気転は、そう簡単に身につくものではない。自己愛が強すぎる人、欲望にかられた人、誠実を身につけることが難しい。気転も頑迷固陋な独りよがりの人に備わることは難しい。上手く人と付き合うには、自分が誠実と気転を持つことが必要だ。相手が悪いのではない。自分の心掛けが足りないからだ。

知識があるとか勉強ができるとかとはまた違う「地頭が良い」という人がいる。地頭とは本来の頭の良さで努力訓練で後で作られた頭の良さではない。どうも最近はこの地頭が大事な時代が来ているように思われる。今の社会が必要としているのは、一番にコミュニケーション能力である。それを備え、考察力、判断力、自分で考え抜く力が必要なのである。そこに誠実と気転が必要とされている。地頭を鍛える本がある。定評のある本に『思考の整理学』（外山滋比古著、筑摩書房）がある。一九八三年から三〇年間で二〇〇万部売れた名著。①学校の教育は自力で飛び立てないグライダー人間ばかり生み出した。②思考を整理するうえで睡眠が重大だ。③本質をとらえるのに一つのことに集中していては見えてこない。④知識は多く入らない。⑤深く考えずに気楽に表現してみる「書く、語る」。なるほどと思わせる著作。

もう一冊、『考える技術・書く技術』（バーバラ・ミント著。ダイヤモンド社）。マッキンゼーで使われているテキスト。思考を論理的にする方法は、ピラミッド原則にのっとり序文から引き付ける工夫をまず作出する。ロジックの展開、人々の問題点や疑問を適切に取り込む。米国では知る人ぞ知る本。最後に『ロジカル・シンキング』（照屋華子／岡田圭子著、東洋経済新報社）。MECE《ミーシー》（Mutually Exclusive and Collectively Exhaustive）、話の重複・漏れ・ずれを直す技術。So What? Why so? 話の飛びをなくす技術。こうした有名な名著に共通した点は、表現力をいかにつけるかの課題に答えていることである。人間の脳が活発に働くときは、人との対話のときである。高齢者が独居になり対話がなくなると急に衰えが顕著になるのは脳の働きが悪くなるからであるという。逆に、対話力があればあるほど人との会話が多くなり楽しくなってさらに脳が活性化するのである。地頭は表現力、対人関係の円滑化で向上する。誠実気転。

〔菜根譚　前集一五一〕——本来の心は清浄である

本文

水不波則自定、鑑不翳則自明。故心無可清。去其混之者而清自現。楽不必尋。去其苦之者而楽自存。

訳文

水は波さえなければ、静かなものである。鏡は曇っていなければ、事実をはっきり映し出す。だから人の心もことさら清らかにしようと努めることはない。心にかかる邪念を払いさえすれば、本来の清らかさがそのまま現れてくる。これと同様に、楽しみというものも格別外に設けることはない。心を苦しめている雑念を取り払えさえすれば、本来の楽しみがそのままそこにあるからである。

赤ちゃんを見ていて、何の邪心もない様子に、何で大人になれば塵芥にまみれてしまうのだろうか、疑問に思う。元の姿を生まれたばかりの赤ちゃんとすれば、邪念を払うだけで清らかになるだろうと思うことができる。苦しみも取り除けば、確かに楽しみだけが現れてくる。楽しみが十分にあるなら、食事だ、イベントだ、旅行だといって何か特別なことを非日常的にやらなくても、何の不満もないはずである。もっといえば、雑念を病気、特にガン細胞だと思えばさらにわかりやすい。ガンさえ取り払うことができれば、豪華な世界一周より何倍も楽しい時間を過ごすことができる。苦痛を払うことは重要である。

性善説は人間の本性を基本的に善であるとする。儒教主流派の中心概念。孟子によって論理は進化した。「四端の心」、人には先天的に善の端、即ち兆候が見られる。一、惻隠。他者の苦境を見過ごせない。二、羞悪。不正を羞恥する心がある。三、辞譲。謙譲の心がある。四、是非。善悪を分別する心がある。この端に過ぎない小さな芽を、修養することによって拡充しなければならない。そうすれば、「仁・義・礼・智」の四つの徳を顕現させることができる。それによって、聖人、君子へと至るのである。けれども、この考え方には大きな矛盾があった。社会には悪が跳梁跋扈し人々は悪に苦しめられているのである。頻発する戦争収奪に性善説は目を向けていないと批判を受けた。これと真っ向から対立するのが、性悪説。荀子が説く。そしてそれに基づく考え方を覇道といった。覇道は、徳によらず武力策略で天下を治めるべきであると説く。当時の中国で､覇道の秦が天下統一の歩を進めることによって戦国の終焉を迎えた。秦の統一がまぢかになると、武力だけの覇道が減弱していった。王道覇道の区別は曖昧になり、その後の項羽は「覇王」を名乗り両者の美徳を備える将軍との立場を誇った。日本では、天皇を王として王道の頂点に置いた。また、武家政権の頂点を覇道の頂点に置いて両立させる政権運営を長く続けることとなった。明治以降は、天皇崇拝が強力になる。仁義礼智の治世を上位概念に置いて、富国強兵政策の推進をしつつ全ての軍事指導者として天皇を位置付けた。いわば覇王の考えで王道を上位に置いたと解釈される。やはり、人間の心は善なりとの考えは、過半数の支持を得られる論である。この善悪と同様に、苦楽を解釈して苦を取り払う思考法を取っている。苦が曇りで楽が自ずと現れると考える。本性が楽でありたい。

〔菜根譚　前集一五二〕――邪念を払う行動

本文

有一念而犯鬼神之禁、一言而傷天地之和、一事而醸子孫之禍者。最宜切戒。

訳文

ささいな邪念が神の逆鱗に触れたり、何気ない失言が天地の和を壊したり、何でもないように見える事柄が災いをまねき子孫にまで影響することがある。だからたとえ小さなことであっても、細心の注意を払って行動しなければならない。

半藤一利さんの『昭和史』（平凡社）は、日本史に新たな息吹を吹込む画期的な歴史書である。私は、この本に先ずはドップリとはまってしまい、いわば半藤ファンクラブが高じて、御夫妻に懇願して夕食を御一緒したこともあった。本以外でも、半藤さんのお話であれば進んで購入していた。歴史愛好家の前で面白おかしく話された講義のＣＤセットも買い求めた。ゆっくり聴く時間を作ることが中々できないので、携帯のボイスレコーダーを買って、そこに全部録音し、運動不足解消のための散歩をしながら聴いていた。そんなとき、ある話題で突然私の足が止まった。日米開戦前のくだりである。

足が止まった個所は、いわゆるハルノートに至る前段階の二人の宣教師による日米交渉であった。それは、一九四〇年一一月末、アメリカからウォルシュ司祭とドラウト神父が来日。一二月初めには陸海軍の首脳にも会っている。キリスト教が一般に信仰されている国家では、しばしば宣教師が政治的活動に関与している。

宣教師の提案は、「中国大陸に進出した日本軍の満洲国での駐留は容認する。しかし、関東軍がさらに南京まで占領してしまったことに憂慮している。南京からは、日本軍の撤収を求める」。そのポイントの重要な交渉は、米国大統領府の人間と直接交渉する必要がある。いわゆるトップ会談で結論を得ることが両国の国益に沿うところである。そこで、日本側と米国国務省とがワシントンで会談することとなった。宣教師は、これで日米開戦は避けられたと安堵していた。ところが、結果は真逆となってしまう。その事情が驚きなのである。日本側の通訳の訳し方が歴史を変えたと言うのである。

会談の内容は、日本軍が南京から撤退すれば、米国は日本の満州駐留という現状を認めるという話である。その「南京市」というつもりの英語訳が「south china」となり、それを日本側の通訳が「南満州」と訳してしまったというのである。当然訳文は、日本本国に送られた。外務省は良い提案と高く評価した。ところが、陸軍の関東軍幹部は烈火の如く怒ったという。満州に南も北もない。満州はすでに独立している。その国家の一部から撤退など、譲れるものではないのだ。

アメリカとしては、現状で収まれば、日本の中国進出を容認する。それを日米で公式に協議して合意すれば、戦争の危険はなくなると考えていた。ところが、英語の表現と日本語の理解の問題で、その後の不幸な歴史が紡がれることとなる。

〔菜根譚　前集一五三〕——事をなすに急ぐべからず

本文

事有急之不白者、寛之或自明。毋躁急以速其忿。人有操之不従者、縦之或自化。毋操切以益其頑。

訳文

物事というものは、それを急いでしても上手くいかないものである。逆にあわてずゆっくりすると、自然と上手くいくものだ。騒ぎ急いで人の怒りを招いてはいけない。また人間は、その人を拘束して従わせようとしても無理な場合がある。逆に、自由にさせて好きなようにさせると、自然と従うようになる。従って無理に拘束してその人を、益々頑固にさせてはならない。

急いてはことを仕損じる。急がば回れ。糸を半分と書いて絆と読む。語源からいうと、絆とは雁字搦めの一体感ではなく、馬の轡の手綱の半分を持つことである。慣れれば、手綱を引かなくても自由に動き、行き過ぎれば少し引いて制御する。まさに絆の語源の通り、緩急自在でなければ人を使うことはできない。全ては物事への労りや愛情があるか否か、全体を把握できれば、関係者へのおもんばかりが、ことを急いてはならないと気付く。また、無闇な拘束が本人の心を閉ざしてしまう、などのことが自然に理解できるのである。

人間から離れてしまうが、馬の調教師の仕事は地味だが難しい。奥が深いのである。なりたい人は大勢。資格が必要となる。合格率は一〇％以下、騎手経験者か厩務員経験者でなければ合格はしない。平均年収は一二〇〇万円。馬に乗る以上体重六〇キロ以上は資格なし。実力が付くと年収は上がり、五〇〇〇万円を超える。その適性を見てみると、まず何と言っても馬が好きでなければできない仕事だ。事故にあわない注意深い細心の気づかいができる人。ことはギャンブル。公正で秘密が厳守できる人でなければならない。このことからすれば、人を上手く使える人の調教師になるには、まず一番に人が大好きでなければならないことがわかる。

私の友人に馬が好きで、休日はいつも馬を見に出かけて家族も馬好きになり、到頭一人娘さんが大学を卒業して北海道の馬の牧場に就職したという方がいる。その方は麻布中高出身で慶應義塾大学に入った。大学時代も授業はそこそこにほとんど競馬場にいたようだ。百貨店に就職したのち、職場で気に入った女性が現れ、初めてのデートは中山競馬場。しかも女性にお弁当を作ってくるよう頼んで、仲良く競馬場で昼を食べて馬券を買っていたとのこと。どうしてそんなに馬が好きなんですかとお尋ねすると、よく自分でもわかりませんが姿形と走る勢いですかね、そんな答えだった。馬の話のときにはつい笑みがこぼれている。ある日家に早く帰ったのでテレビをつけるとその友人が出ていた。「百貨店の変貌」というようなテーマの番組だった。業績不振の新宿伊勢丹をリニューアル。見事三越を抜いて伊勢丹を魅力ある業態に変えたというものだった。大西洋さん。なんで名刺に「太平洋、大西洋」と書いてあるのだろうと一瞬思うような名前。私も一緒に府中競馬場に行ったが、大西さんが買った馬券は外れていた。

〔菜根譚　前集一五四〕——徳性は青雲よりも高い

本文

節義傲青雲、文章高白雪、若不以徳性陶鎔之、終為血気之私、技能之末。

訳文

人間というものは常日頃、見事な陶器や金細工を作るように、自己を鍛練して徳性を磨き養っていかなければならない。どんなに高位高官の人をもしのぐ身の処し方を体得していても、この徳性がなければ、単なる身勝手な演技に過ぎないものとなる。また、どんなに学問を高めて古来評判の楚の国の白雪の楽曲を奏でるほどの技に匹敵する水準に達していようとも、この徳性がなければ高尚に見える学問も小手先の技巧でしかないものとなる。

人間に一番必要なものは徳性だと断言している。末は博士か大臣か、それよりも大事なことは徳ただ一つ。早くわかってくれとばかり、文章表現を駆使している。徳とは何者であろうか。地位・名誉・知識・学問・財産よりもなぜ大事になるのだろうか。人間、身は一つ。この世に生を受け、いかに生きようとやがては老いを迎え死に至る。

長い人生で、うたかたの俗世の中でどんなに足掻いてもそこで得られた成果は一時のもの。豊臣秀吉の「浪速のことも夢のまた夢」と上り詰めた地位を夢と表現するしかない老後である。秀頼を案じ、淀を案じ、自己の生命の終焉が愛する家族の不幸の始まりと感じていたのではないだろうか。そんな心配よりも、俗世ながら、人に尽くし、人に好かれ、人が集まる徳の高い人生であるなら、その身が高かろうが低かろうが、財産の有無大小ではないことに気が付く。朝鮮出兵の前にこれに気が付き、千利休に嫉妬せず、秀吉が徳を養う生活を送っていたなら、江戸時代よりも長い政権であり続け日本文化は今よりも一層の発展を遂げていたかもしれない。つまり徳は一身専属的人格要素であり、相続したりDNAで継承したりできるものではない。ひたすら生きている間に、自分自身で努力して身につける以外に方法のない価値である。だから短い一生に常に身につけるように錬磨しなければ消えてしまうような繊細なものである。地位名誉などに徳性の裏打ちがあったなら、どんなに見事であろうかと筆者は述べている。菜根譚の根っこの願いなのである。

コロナ禍でお葬式の参列者の数が減った。二〇二〇年の四月に高校の同級生が急逝して、お葬式になってしまった。地方銀行に勤務していたが、もう一〇年以上前に退職していた。一般に銀行員の方のお葬式の例によると、三〇〇人も参列すれば上々なのだそうである。その同級生F君の葬儀には三倍の一二〇〇人の方々がこられた。彼の生まれは広島。甲子園に出場した土佐高校の選手に憧れ土佐高校を受験した。見事合格して野球部に入部。彼の時代には甲子園には行けなかったが、野球部の寮生活の厳しさに耐え大学進学。卒業後、広島に帰るのかと思いきや、「僕は土佐の野球部が好き。そのお世話ができる就職をしたい」と高知の銀行員に。銀行でも出世ではなく行員身の上相談などを専門にしていた。障害のあるお子さんがいてその団体のお世話もしていた。全て人のためにと思う人柄が胸を打った。

〔菜根譚　前集一五五〕——引き際と恩の施し方

本文

謝事当謝於正盛之時、居身宜居於独後之地。謹徳須謹於至微之事、施恩務施於不報之人。

訳文

高位高官から身を引く時期は全盛期がよい。官吏となり職に就くのには、人が望まず、人と争わない立場の職場にいるのがよい。また人に何か密かに恵みを与えるときには、当然細かなことに注意を払わなければならない。恩恵を人に施すときには、できるだけそのお返しがこないような人に施すのがよい。

引退の時期は全盛期が良い。横綱が負け越しても怪我を治せばまた全勝できる。周りの期待と本人の欲求はいつまでも全盛期を続けたいのである。しかし、能力実力の現実は厳しい。上り坂と下り坂のリスクは違う。それを考えれば、全盛期にパッと消える潔さは、本人の名誉を保ち周囲の期待感の余韻をいつまでも保つことができる。当事者にはなかなかできるものではない。

米国の大統領の任期は四年、二期まで再選できる。長期八年である。世界で一番強大な権力、核兵器の発射ボタンを持ち、米軍の最高指揮権を持ち、CIA、FBI、最高裁判事の任命権を持つ。大統領は長きにわたると長期政権の反動や腐臭がし始める。だから丁度八年がよい頃合いである。もし二期再選が微妙なら、きっぱりと大統領の職を辞任した方がよい。落選して辞めるのは全盛期をのがすからである。盛者必滅の理があるように、必ず高位高官からは落ちていかなければならない。落ちた後の姿と高位高官にある姿と比較すれば歴然である。日本人は特に華と言えば桜、桜は未練なく美しいままに散るを美学としている。

韓国の大統領の政権交代劇はいつも悲惨である。一九七九年、朴正熙《パクチョンヒ》は恨みを抱いた側近金載圭《キムジェギュ》に祝宴の席で銃殺された。全斗煥《チョンドゥファン》は大統領引退後、不正蓄財の罪に問われる。一九九七年有罪判決無期懲役。一九六億円の追徴。金大中《キムデジュン》は二〇〇二年その長男、次男、三男それぞれが企業から不正資金の供与を受けていた。それぞれ一〇億円をこえる。

盧武鉉《ノムヒョン》は二〇〇八年退任。その後夫人に企業から一億円の不正資金供与が発覚。実兄の娘婿に五億円が供与されていた。二〇〇九年自宅裏山の大きな岩の上から飛び降り自殺を図り死亡。遺書には「そもそも大統領になろうとしたことが間違いだった」と書かれていた。次の李明博《イミョンバク》は在任中にサムスンなどから賄賂を一〇億円受け取る。二〇一八年有罪。懲役一五年。一三億円の罰金。朴槿恵《パククネ》は腹心女性の娘が大学に不正に入学。その反発で失職。懲役二五年の実刑となる。現在の文在寅《ムンジェイン》も側近法務大臣の娘の大学不正入学、妻への不正資金提供などすでに発覚。支持率も大幅に低下している。

韓国は例外なく大統領を辞めた後は悲惨な末路となる。儒教の国柄で親類一族の結束が異様に強い。一族から出世した者が出ると全員でその人物を中心に生活をする風習が残っている。悪気なく大統領の権威を利用する。また任期五年と長く腐敗しがち。

〔菜根譚　前集一五六〕——老翁を友とし古人の言行を語り合う

本文
交市人、不如友山翁、謁朱門、不如親白屋。聴街談巷語、不如聴樵歌牧詠、談今人失徳過挙、不如述古人嘉言懿行。

訳文
街中の俗人と交際するのは、山の中の老翁と交際することには及ばない。老翁の交際が人生の妙薬になる。高官貴人に会うことは、一般庶民と会うことには及ばない。高官貴人に会っても得になることはない。世間の噂話を聞くことは、木こりや牛飼いの歌を聞くのには及ばない。暗くて根拠のない話を聞くより、心が洗われるきれいな歌を聞く方が心の滋養になる。現代の人々の不徳や失敗を話し合うのは、昔の賢人や聖人の立派な言行を語り合うことには及ばない。

豊かな人生を送りたい。誰もが思うことである。しかし、世の中の人々は俗人とばかり付き合い、高官貴人に会い、噂話に興じ、不徳失敗談を好む。しかし、人生の奥義は一歩退くことである。人を妬み恨み批判するのは、一歩退いていないからである。街中の俗人は欲望を捨ててはいない。欲望の渦の中は諍いが絶えない。穏やかには過ごせない。山中の老翁はもはや欲を捨てている。街中に住んでいても老翁と交わり欲を減らすことができれば、一歩退く境地に近づけるであろう。庶民の立場で高官貴人に交わり目線を高くするのは退くことにはならない。感情の起伏、特に怒り・失望・落胆は人間の活力を阻害する。噂話、不徳失敗の会話は感情の起伏を呼び、運気を下げていく。美しい歌、聖人の名言は、精神の浄化となり感情は穏やかに保てる。運気も上がる。敢えて不幸の道に入ることはないと教えている。

この原理原則を体得していた人物がいた。諸葛亮孔明である。中国屈指の名参謀として知られている。「三顧の礼」という言葉の語源になった人物である。孔明は後漢の乱世に黄巾賊を避け深く山中に隠棲していた。働き者の奥さんと二人で簡素ながら快適に過ごしていた。そこに、野心野望を抱いた若き将軍、劉備玄徳が天才の直感を得て、孔明に天下統一の大計画の参加支援を請いに来たのである。もともと俗世の野心を捨てた身。何の未練もない孔明は天下統一などに興味はない。風の音鳥の声、陽の光、雲の流れを友として自然と戯れる生活は格別。いかに劉備が名家名門の出で将来漢の王位に就くとしても、孔明には何ら縁も所縁も感じることはなかった。困ったのは劉備である。三度通ってやっと説き伏せたことを以て「三顧の礼」というようになった。一国の将軍が無位無官無職の若者の山中の草庵に三度行くことは、上場企業の社長が失業中の若者の下宿に通って採用面接なしに雇用契約をしてくるようなものである。今でもあり得ない話である。軍師として迎えた孔明は早速「天下三分の計」を説いて、無闇に戦わず、三国に分けて一先ず時世時節を待つ構えを指南。北は曹操、南は孫権、中が劉備。案の定、いきり立つ曹操は南下して戦争を仕掛けてきた。すかさず、孔明は南の孫権と同盟を結び敵を倒してしまった（赤壁の戦い）。やがて劉備は蜀の皇帝となり孔明を大臣として重用した。蜀の繁栄が始まる。中国切っての軍師となる。

〔菜根譚　前集一五七〕——根のない所に葉は茂らない

本文

徳者事業之基。未有基不固而棟宇堅久者。心者後裔之根。未有根不植而枝葉栄茂者。

訳文

事業を起こし発展させるための基礎は人柄である。その人に徳が備わっていなければ、基礎ができていない家屋のようなものである。その家が長持ちするはずがない。また、子孫が繁栄する根本は、その人に志がなくてはならない。志が十分でなければ、根が張っていない木のようなものである。その枝葉が盛んに茂ることはない。

人を批判するつもりは毛頭ない。政治の世界で派閥を作り総裁選挙に勝利しようと計画するのも事業である。その時、二〇二〇年九月の石破茂の敗北とその後の石破派水月会の顚末は石破の徳のなさが起因するとの結論でいいのか。疑問である。私が石破を近くで見る限り善良な良い人物である。人を騙したり裏切ったりすることはない。また週刊誌に載るような欲にかられた金銭女性スキャンダルはない。キリスト教徒である。彼の趣味は酒、日本酒には目がない。毎日一升飲んでいる。政界で酒に強い番付では、横綱級は石破と岸田文雄である。石破は酒を飲んで家に帰って、それから本を読む。しかも難しい分厚い本を読んで朝の会で披露してくれる。何と勉強家なのかと舌を巻く。しかし、派閥の会長を辞任し水月会は崩壊。事業は破綻した。石破に徳がないのか。どうも政界の徳は、議員を多く引き連れること。金の力でも人間力でも脅しのテクニックでもとにかく多く率いること。その意味では、石破にはまだその基礎が十分ではなかった。

子孫繁栄のあかしは、代々その家が続くことにある。その意味で長く続いて繁栄をしている家に「わび茶」の千家がある。「表千家」「裏千家」「武者小路千家」の御三家である。その系譜を見てみると、千利休の六女亀の子供、即ち利休の孫宗旦が血統の始まり。宗旦の次男千宗守が武者小路通の官休庵を拠点に「武者小路千家」を、三男千宗左が不審庵を拠点に「表千家」を、四男千宗室が今日庵を拠点に「裏千家」を、それぞれわび茶の流派を興した。利休から見ればひ孫の代になる。

表千家は古来の作法に忠実な本流と言える。現在の家元は第一五代千宗左。道具や仕草は裏よりも質素でわび寂に拘る。裏千家は最大の流派。戦後に学校教育に関係して弟子を広げていった。現在の家元は第一六代坐忘斎宗室。近々一七代丹心斎宗史が家元を継承される予定。武者小路千家は茶室が焼失したことが無駄を極限まで省く所作となった。現在の家元は不徹斎千宗守。長く千家が繁栄したのは、この三千家が、互いに競わない掟にある。元を正せば同根という血統に崇敬の念を抱いているのである。さらに親子兄弟従妹たちが系統の教室を経営している。関係する企業の役員は全て親類である。ちなみに私は裏千家の初釜式にお邪魔している。お家元の父親千玄室大宗匠は一九二三年生まれ。背筋が伸びている。一九四三年学徒出陣、特攻隊入隊、一九五九年日本青年会議所会頭。いつも正座から立ち上がる速さが年齢には見えない。その秘訣は抹茶を日に一五杯は飲むからという。

〔菜根譚　前集一五八〕——無心にこそ真の学問が宿る

本文

前人云、抛却自家無尽蔵、沿門持鉢効貧児。又云、暴富貧児休説夢、誰家竈裡火無烟。一箴自昧所有、一箴自誇所有。可為学問切戒。

訳文

昔から学問をなす者の心得として二つの大事な教えがある。一つは、自分に無尽蔵の良知、つまり知的財産があることを忘却してはならないこと。二つ目は、自分自身のわずかな知識に酔いしれて尊大になり根拠なき夢を追ってはならないこと。これは、例えていうなら、金持ちが乞食のまねをする愚かさや、にわか成金が少しの財産を針小棒大に語る愚に似ている。

人間の感情は複雑微妙である。自信過剰であってはならないが、その考えが極端になってしまうと卑下していることと同様になる。金持ちが、乞食の鉢を胸にお布施を請う仕草をするなどしてはならない社会常識である。その逆は、急に金持ちになった人にありがちな感情で、どうだ俺はお前よりカネがあるのだと自慢してしまう尊大な態度である。謙虚と卑下とは異なり、自信と尊大も違う精神模様である。

日本学術会議の政府任命について、令和二年の秋の国会では大問題になっていた。菅総理が、学術会議事務局から提示された推薦名簿に対し六名の任命を拒否したからである。戦後、学問の自由を保障することが健全な国家の在り方だと考え、学術会議設立当初開設式典で吉田茂総理大臣は「政治がいささかも関与すべきではない」と挨拶した。その後、法律改正で学者同士の選挙から研究分野ごとの推薦方式に改正されたおり、中曽根康弘首相は「形だけの推薦制であって推薦された者を拒否することはない」と答弁している。今回の菅総理は、平和安全法案に新聞紙上法案反対の意見表明をされた者を拒否したと理由を明らかにした。思想信条で拒否したのだが、野党はさほど追及をすることはなかった。任命すれば国家公務員となる身分。公務員は内閣政府の一員。その方針に反対であることが明らかなら任命することはできない、と菅総理は譲らない。繰り返し一〇億円の税金を使って運営している学術団体であるから在り方も今後検討の余地があるとする。日本の学者は九〇万人存在する。

そもそも日本学術会議は、内閣府の特別の機関である。「科学の向上発達を図り、行政、産業及び国民生活に科学を反映浸透させることを目的とする」(日本学術会議法2条)。軍事研究に関する声明では物議をかもしている。二〇一六年「安全保障と学術に関する検討委員会」で、大西隆会長と有識者池内了氏の間で論争となった。大西は「攻撃のための研究は駄目だが自衛のための研究は良い」、池内は「攻撃と自衛の研究の区別はできず、自衛のための研究も認められない」とした。この論争から安全保障研究に関する論文は極端に減少していった。学者の権威付けの勲章としての日本学術会議との見方もある。選考が固定化していることも事実のようだ。国民目線に立って考えれば、米国のように実際実用への研究だと割り切る方が、インターネットなど地球が変わる技術を生み出す研究は進む。

〔菜根譚　前集一五九〕――学問を畏敬せよ

本文

道是一重公衆物事、当随人而接引。学是一個尋常家飯、当随事而警惕。

訳文

道徳は人間に共通の一つの価値である。だからあらゆる人にいかなる場面でも道徳の大切さを認識してもらうよう努めなければならない。学問は日常的に日頃から心掛けなければならないものである。いつも何事においても徒や疎かにしてはならない。畏れ敬うべき重要事項である。

道徳を推奨している。徳がなければ仕事も人生も価値を備えることができない。道徳は社会の健全なルールである以上に個人の生き方に幸福感をもたらせる特別の価値である。「徳は孤ならず、必ず隣あり」なのである。学問は学者だけの仕事ではない。人間が生きていく上での知恵を学ぶ大事な行為である。日常に意識しかつ畏敬すべきものである。そうすれば学問を修める者の価値も上がり、優れた人への尊敬によって社会や国家の知的文化的水準も向上する。

かつて日本には、一高東大という戦前戦後に渡るエリートコースが存在した。日本の統治機構の主要なポストはこの方々で占められていた。またこのコースに乗っている人たちは、このコースに非ずんば人に非ず的な思考があった。私が第二次小泉内閣で谷垣財務大臣の下で副大臣に就任した当時のことであった。財政の案件で大臣の都合がつかず私が宮澤元総理に説明に行く機会があった。大臣から「山本さん、少し注意事項があります。大したことと思わずに聞いてください」。私は身構えた。「宮澤元総理は池田隼人総理大臣の頭脳トランジスタと言われてきました。そこで説明を受けると初めての方に必ず聞くことがあります。あーたは、法科ですか経済ですか、と。残念ながら経済と答えると、相手を疎んずる傾向があるのです。東大の法科か経済かでそれだけ成績頭脳に差がある時代だったのでしょう。だから、山本さんは早稲田の法科なのですから、法科と言って帰ってきてください」。谷垣大臣の貴重なアドバイスだった。エリートとは本当に我々と違うのだなと思った。

しかし、今や私学の役人も増え一高出身者も他界されその意識はなくなった。むしろ時代の変化に対応するにはあまり優秀な少年時代を送ってしまうと固定観念にとらわれ、臨機応変さや融通無碍な発想にかける傾向もあり、学歴偏重の機運はないと言える時代が来ている。私の郷里高知県に実に面白い起業家がいる。技研製作所の北村精男《あきお》さん。香南市にある普通高校を卒業後、トラックの運転手に土木作業の運転手。現場で荷台が満載されるまで待つ間、考えていた。なぜ鉄の杭を土の中に入れるのに上からハンマーでたたくのか。何でネジを入れるように静かに回さないのか、と考えたのです。特許を取り、機械を製作しました。サイレントパイラーである。あっという間に全国の土木作業現場が変わった。それを基本に自動杭打機を発明。今は東証一部上場、ここ数年年俸二〇億円を超えて、カルロス・ゴーンの報酬より高い。北村さんいわく、「大学卒は頭が固い。柔軟でなければ世は変わらない」。

〔菜根譚　前集一六〇〕――信頼と欺き

本文

信人者、人未必尽誠、己則独誠矣。疑人者、人未必皆詐、己則先詐矣。

訳文

他人を信じる者がいる。しかし、他人は必ずしもその人を信じてはいない。結局、他人を信じる自分だけは信じることができる。また、他人を疑う者がいる。しかし、他人は必ずしもその人を欺いてはいない。結局、他人を疑う自分だけは人を欺いていることがわかる。

信じるも信じないもおのれ次第。疑うも欺くもおのれ次第。神の目以外は真実がわからない。相手を信じる自分がいるのみ。また、相手を疑う自分がいるのみ。極端に言えば、自分が変われば相手も変わる。信じれば信じてくれる。疑えば疑われる。

禅の言葉に「灯々無尽」がある。寺の蠟燭を指して作られた言葉である。一人の知恵や考えは頼りなく弱い。また小さく消えそうだ。しかし、その非力な蠟燭も次の蠟燭に点火することは可能だ。その小さな灯も無限に点火していけば大きな明かりとなって堂を輝き照らしてくれる。信じる自分と疑う自分。自分の力は想像以上に強く大きいのである。

人類の起源は遠く、石器時代は二〇〇万年前からと言われている。旧石器時代の後期から、人間に寄り添うように生きてきた動物に犬がいる。犬の体温は人間よりも三度ほど高く、人間が洞窟で睡眠するとき犬が温かいと熟睡しやすいからだと考えられている。犬を可愛がりいつもそばにおいておくと決して裏切ることはない。信じることにおいて犬の右に出るものはない。人間は犬の気持ちを知ろうと努力することはないが、犬は懸命に人間の気持ちを知ろうと努力している。

人間は孤独だ。オスは種の保存のため、浮気心が内在されている。今ここで恋に落ちても一年もしないうちに次のメスに関心を寄せる。逆にメスも子供ができると早い人ではお腹にいるときからオスを敬遠するホルモンが出て、住処からオスを追い出してしまう。こうして種は近親者のみの交配を避け、子だくさんの家ほど労働力に恵まれ繁栄する。社会が形成されていない時代、動物として生存していた人類は、オスを放浪の旅に出す仕組みがあったのだ。それはライオンのオスのそれと酷似している。

ライオンと違うのは人間には犬がついてきてくれた。しかも一緒に添い寝までしてくれる。野獣が人間に襲い掛かると犬も一緒に敵に向かってくれる。人間には犬というかけがえのない相棒がいる。犬がいなければ自殺者が増えて人類の存亡にかかわる事態になっていたかもわからない。

二〇一一年に日本で犬の飼育頭数は一一九三万匹。猫は、九六〇万匹。日本の世帯数はその年四八〇〇万世帯。犬と猫合計、二〇〇〇万匹。一〇軒に四軒はペットを飼っていることになる。その後、犬の数は激減。二〇一八年では、犬八九〇万匹、猫九六五万匹。猫と犬が逆転。犬だけが減っています。オスは孤独感が増幅。

〔菜根譚　前集一六二〕――ゆったりとした気持ちが恩恵となり万物を育てる

本文
念頭寛厚的、如春風煦育。万物遭之而生。念頭忌刻的、如朔雪陰凝。万物遭之而死。

訳文
心持がゆったりとした温かい人は、春風が万物を温め育てるようなものである。全てのものは、その恩恵を受けて生長する。これに対して、冷たく残忍な心の人は、北方の雪が万物を凍りつかせるようなものである。全てのものは陰の気によって災いに出会い枯れ死んでしまう。

冬眠から目を覚ました熊の親子は、春の新芽を食べながら長かった冬の厳しさを夢心地で過ごせたことに、おぼろげな記憶をたどりながら安堵感に浸っている。これは人間が熊の気持ちを察して記述したところであるが、およそ動植物はエサや滋養のない冬の自然界では、死に近い状況で越冬という過酷な試練を乗り越える宿命を帯びている。人間もカクあれと、春風のごとき性格を帯びた人格を礼賛している。

冬の過酷さと春の滋養とを上手く合わせた植物を発見した人物がいる。岡山県の田中節三《せつぞう》さんである。バナナを日本の常温で栽培することに成功した栽培研究農家である。田中さんは貧しい家の生まれ、少年時代の原体験で、バナナを遠足に持ってくる裕福な家の友人が羨ましくて仕方がなかった。いつかは腹いっぱいバナナを食べたいという願望が根づいていた。中学校卒業後すぐに働いたが、バナナが頭に浮かぶ毎日。

ついに、バナナの栽培を決意する。まず、バナナの品種を探した。子供の頃に食べた品種は台湾産のグロスミシェル。しかしこれは今日では、ほぼ絶滅している。現在売られているフィリピン産などのキャベンディシュに変わっている。子供のときのバナナ以外興味が湧かない。グロスを探して日本中をまわった。昭和三〇年、沖縄に栽培している農家にこれがあった。無理を言って分けてもらい岡山に持ち帰った。ハウスを建てて、電熱器をいれ加温。それでも足りず石油ストーブを入れて温度を上げる。するとすぐ枯れてしまう。電熱器の赤外線と石油ストーブの二酸化炭素に弱いのが原因。換気を良くして、赤外線を遮ると枯れなかった。しかし、実をつけない。途方に暮れて諦めかけていたとき、偶然雑誌に「日本ソテツの化石発見」の記事を見た。五億年前の化石だとすれば、熱帯のソテツは、氷河期を何度も越えている。バナナもおそらく氷河期を越えているはず。それならDNAの中に氷河期の記憶が残っているはず。それを呼び起こすことができれば寒い場所でも育つのではないか。急速冷凍してマイナス六〇度を体験させた。しかし育たない。考えた末、ゆっくり凍らせれば自然に近いと考えて、ゆっくり氷結ゆっくり解凍に心掛けた。すると岡山の路地でも立派に育つバナナが誕生したのである。凍結解凍覚醒法の誕生であった。これは特許となった。バナナには、ポリフェノール、ビタミンB群、カリウム、葉酸、マグネシウムなどが豊富にある。特に皮には、セロトニンになるトリプトファンがいっぱいである。この田中さんのバナナは、「もんげーバナナ」（岡山弁ですごい）と名付けられ皮ごと食べると滋養になると評判である。寒冷にも生き、熱帯にも生きる植物は人間が想像する以上に強く、食べれば人間の生命力を強化してくれる。

〔菜根譚　前集一六二〕――重ねた悪事が身を滅ぼす

本文

為善不見其益、如草裡東瓜。自応暗長。為悪不見其損、如庭前春雪。当必潜消。

訳文

善行をしても、その良い結果が見えないのは、草むらの中の瓜のようなものである。己の姿は人には見えないけれど自然に大きく成長していく。悪行を重ねても、その悪い結果が見えないのは、庭先に積もった春の雪の塊のようなものである。己の姿は人には見えないけれど自然にその身を滅ぼし消えてゆく。

善行悪行のこのルールは、学習しなくともなぜか理解している。阿吽の呼吸の教えである。おそらく、両親や祖父母から知らず知らずの内に教えてもらったのか、人間の集団としての個体に組み込まれている遺伝子情報なのか、不思議と万人に理解されたルールである。この逆説が「天網恢恢疎にして漏らさず」である。これは、悪いことをしたら、神様、天は必ず見ているので隠れて罪を犯しても必ずわかってしまう。だから罪など犯してはならない、という論である。人間は主観的生き物である。自分自身にとっては善行ばかりではないだろうか。それならこんなことも生きる方法に加えたらと思うことがある。

口角の話である。人間は年を取る。中年になると顔の表情に年齢が出て来る。その一つが口角が下がることである。まず、「ブルドッグフェイス」、顔から首への筋肉、広頸筋が緩んで輪郭がブルドッグのようにたるむのである。「マリオネットライン」、まるで操り人形のように口角の両脇に線が入ったようにしわが寄ってしまう表情になる。

これは、顔の現象だけではなく、心の中も変化を起こしている印であると発表されている。下がれば下がるほど、陰気、鬱状態である。人相学や医学会では、「真一文字」だと、意志が強く忍耐力がある。「やや上がっている」と心穏やかに過ごしている。加えて、唇が長く少し薄めであれば「仰月口《ぎょうげつぐち》」といって金運・家庭運に恵まれると言われている。「極端に上がっている」のは良い兆候ではない。自分本位で周りから嫌われる相である。怒りに狂う般若の面になるのである。「下がっている」と常日頃から不快な気分。「極端に下がっている」となると不平不満がひどく笑えない顔に固定されている。こうした相関関係が歴然としている。そこでこれをさらに進めたものがジェームズ・ランゲの「表情フィードバック仮説」である。人間の脳は、楽しいと笑う。笑うと口角が上がる。これを利用して、口角をわざと上げてみると、脳は錯覚を起こして楽しいことにしてしまうというのである。哲学者アランは、「幸福だから笑うのではない。笑うから幸福なのだ」と。悲しいから泣くのではない。泣くから悲しいのだということになる。口角を上げて楽しいと錯覚させる効果は、セロトニン、チョコレート二〇〇〇個に匹敵するという。口角上げにより、勘違いによって癒やしのホルモンのセロトニン、多幸感をもたらすエンドルフィンが分泌されるのである。日常、口角を下げない訓練は、人生の生き方を積極的にしてくれるという。善行をする意識に口角上昇を加えれば万事安泰である。

〔菜根譚　前集一六三〕——公明正大な心で人と接する

本文

遇故旧之交、意気要愈新。処隠微之事、心迹宜愈顕。待衰朽之人、恩礼当愈隆。

訳文

昔なじみの友人との付き合いは、いつも新たな気持ちがいる。惰性で何も緊張を覚えなければその関係は壊れてしまう。人に知られていない内緒の話はできる限り公明正大に扱うのが良い。隠していても徐々に知られてしまうものなので、誤解を受けるより最初から明らかにする態度が自らの立場を救うことになる。衰え落ちぶれてしまった人と接するには、恩恵を与え礼を尽くさなければならない。自信を失い人に蔑《さげす》まれているという僻《ひが》み根性を少しでも慰撫することが人の道である。

人生にはいくつかの場面がある。そのうち三つの例を挙げている。その共通点は、相手の深層心理である。あくまでも相手との関係を良好に保つためにいかにすべきかを適切に指摘している。納得の妙案である。安倍晋三衆議院議員は、明治憲法発布以来最も長期政権を維持した大宰相である。歴史にその名は永遠に残されてゆく。しかし、少しケチがついてしまった。「桜を見る会前夜祭」である。

まず桜を見る会は、宮内庁主催の春の園遊会のあとに開かれる新宿御苑の八重桜を見る総理主催の催しである。税金を使う公式行事で、招待されるのは、各国大使館関係者、芸能人、文化人、スポーツ選手、政治関係者などである。総理主催なので内閣の一員の大臣などは多少の枠を与えられているが各省庁の推薦に任せているのが通常である。歴代総理が、程度の差はあれご自身の身内や後援会の人間を招待していたことは事実である。今回問題視されてしまったのは、安倍後援会の山口県の人間が八〇〇人参加していること、さらにこの会員と前日の夜、宿泊有名ホテルで前夜祭を開催して飲食のもてなしをしたのではないかという疑いである。

野党は、公職選挙法の買収、政治資金規正法の記載義務違反を指摘する。安倍総理自身は国会答弁で、「後援会主催ではない。後援会活動でもない。記載義務はない。ホテルと個人個人が任意に食事契約を入り口で行い、会費五〇〇〇円と契約して支払い収受があったもので、安倍事務所は関与のないあずかり知らない行為である」とした。安倍総理の言うことは、事実をそう認識すれば適法になるが八〇〇人が、個別に個人契約を結んだとの言い訳はやや無理がある。総理が、法解釈を細かく整理したとは思えない。側近の秘書官、弁護士の類の自信過剰の権力に溺れた輩が、この程度で野党どもの犬の遠吠えは収まるだろうとの浅はかさが、この答弁となったとしか思えない。さらには、黒川弘務高検検事を検事総長に就任させれば何をやっても安全圏との驕りがあるならもっと病は深刻。山本有二が側近なら、「しばらく調査して疑わしい点について後日正確に答弁します」と答え、ホテル側、後援会会員と打ち合わせ、後援会活動として収支報告の修正をし、会費の不足分を改めて徴取する合意をする。もったいない。

〔菜根譚　前集一六四〕——勤勉に徳を励むこと

本文

勤者敏於徳義。而世人借勤、以済其貧。倹者淡於貨利。而世人仮倹、以飾其吝。君子持身之符、反為小人営私之具矣。惜哉。

訳文

勤勉とは道徳の実践に励むことである。それなのに世の人々は、勤勉に名を借りて貧乏から抜け出すことだけに心を用いている。倹約ということは財貨に恬淡としていることである。それなのに世の中の人々は、倹約に名を借りて自身のケチな根性の言い訳にしている。君子がその身を保つための勤倹という守り札は、今やかえって小人が私利私欲を図るための道具となっている。惜しい限りである。

なるほどと深く頷ける話である。勤倹という熟語が今でも辞典にある。道徳に励み財貨に恬淡とした人物を意味する。人生の目標になる。菜根譚が書かれた明の中国は農耕時代。国民のほぼ全員が農民である時代の思想となる。狩猟時代よりは競争社会になっている。富の偏在が少し始まっているくらいである。それでも私利私欲に走る者に戒めが必要になっている。

産業革命を経て、大企業の時代を迎え、さらにインターネットが家庭に普及し、個人がアプリで億万長者になれる時代が到来した。価値観は多様化して、芸術文化も多様化。

勤勉であっても貧困、倹約しても貧困。その逆もある複雑な社会が到来した。ますます菜根譚が憂慮する事態が多くなっている。格差が拡大しその傾向は拡大しつつある。

フランスの若き経済学者トマ・ピケティは、現在の経済システムは必然的に格差を生み出すとの論文で世界を驚かせた。二〇一五年来日して『21世紀の資本』(みすず書房)を出版。その精緻な議論は日本の若者を虜にした。この本の紹介文によると、「資本収益率が、産出と所得の成長率を上回るとき、資本主義は自動的に恣意的で持続不可能な格差を生み出す」。

まず、有史以来財産資産の成長率は労働によって得られる賃金の成長率を上回る。従って、持てる者はより豊かに、持たざる者はより貧しくなると結論付ける。そしてさらに、今後相続によって格差は拡大していく。特に先進国、特に日本は少子化が進み相続による格差拡大は飛躍的に広がるという。一九一〇〜一九五〇年には格差は小さかったが、この時代は世界大戦が二度あり、国によっては焦土と化し国民全員が一文無しのスタートラインに立ったからだという。今後格差は、一九世紀封建時代並みになっていく。そこで重要なのは「格差の大きさではなく、その格差が正当化されるか否か」「相続税を財産に課し、累進税を政府がかけうるか否かにある」という。この講義を日本の大学で行ったとき、学生から意見がでた。「格差は認めるけど、先生がいう資本主義が大きく変わり格差のない社会が来るとは思えない。だから私は勤勉に勉強して富裕層に早く入って累進課税に反対するか海外に移住します」。今や勤勉に努力する目的はあくまで貧困からの脱出そのものなのである。

〔菜根譚　前集一六五〕――永遠の知恵を得るには

本文

憑意興作為者、随作則随止。豈是不退之輪。従情識解悟者、有悟則有迷。終非常明之燈。

訳文

思い付きで何かやる人は、何かやるそばからやめてしまう。こんなことでは常に休まず説法を続けなければなしえない大事などできるはずもない。普通の人の感情に任せて出てきた創意工夫は、何かに役に立つには違いないがまた一方で何かに迷っている。これでは折角の良い知恵も長続きするものではない。

深い知識や経験の上に出てきた創意工夫と違って、普通の人の感情による創意工夫は知恵としては不十分である。普通の人の知恵は、専門家や経験者の意見を聞くなど錬磨して仕上げる心掛けが必要だ。

インターネットは米国の軍事技術から始まっている。世界の産業や通信技術を大変革してしまった。それは昔の話ではない。アフガン戦争がきっかけになった。アフガンは丘陵地帯が多い。その地域ごとに人種や宗教が異なり、アルカイダやその分派勢力が敵か味方かわからない複雑な地域であった。特にカンダハルの攻防は、今日味方になって、一夜明けると敵が占領していたなどの目まぐるしさであった。米国の軍事技術はどのＩＳよりも機能は高い。しかし、攻撃の指令を出すタイミングが少しでもズレると味方を攻撃してしまう怖れがある。司令官はまず状況の説明を聞いて、電話はないので無線でさらに状況の把握をする。それは傍受されていると思わなければならない。その上で、本国のペンタゴンに電話して攻撃命令の許諾を待つ。説明から攻撃指令まで、約一五分。これを五分で決済できなければ、米軍の海兵隊員の命が平均一〇名消耗してしまう。米国の総力を挙げて、通信革命を行った。傍受できない仕組み。国際電話回線よりも迅速な仕組み。会話でなくとも文字でも可能な仕組み。出来上がったときには、今のラインの技術が完成していた。写真もラインではメンバーに送信できる。人命に関わり国家の存亡にも関わる創意工夫が必要となっていた。こうした技術は、軍事機密である。その関係者も軍を退役すれば一民間人。超秘匿事項でなければ小出しに民間活用への方向に利用は可能である。彼らは、少しずつインターネットの民需への活用という分野で定年後の就職先を見つけることができた。

Google、Apple、Facebook、Amazon の誕生である。何で米国にできて日本にできないのか。ＧＡＦＡの株価は、日本の上場企業全社の株価よりも時価総額が高い。地球の経済構造が変わってしまった。しかし、いくら嘆いても日本でＧＡＦＡはできようがない。米国の軍事技術なのだから。国家がＣＩＡ、ＦＢＩ、軍警察を通じて見張るのである。いわば彼らはチームになって、生み出した創意工夫のインターネット技術で事業として配当を分かち合う仲間なのである。それは、コロンブスが大陸を発見して、ピルグリム・ファーザーズが建国の配当を受けたのと同根。

〔菜根譚　前集一六六〕――人を許し自己には厳しく

本文
人之過誤宜恕。而在己則不可恕。己之困辱当忍。而在人則不可忍。

訳文
他人の過ちは許し、自分の過ちは自分で許してはならない。自分の辛い境遇は自分で耐え忍ばなければならない。しかし、他人の苦境は黙って見過ごしてはならない。必ず手を指し伸ばさなければならない。

このような自分を演じることはかなり辛いものがある。菜根譚に許しを請いたい心境である。そこまで自虐的に他人の許しを実践しなくとも、と思ってしまう。どうもそうではないらしい。
イエス・キリストはまず「赦せ」と言っている。「もし人の過ちを赦すなら、あなたがたの天の父もあなたがたの過ちをお赦しになる。しかし、もし人を赦さないなら、あなたがたの父もあなたがたの過ちをお赦しにならない」（「マタイによる福音書」六章一四、一五節）。また弟子のペトロに、自分に罪を犯した人を何回まで赦すべきかを聞かれ「七の七十倍までも赦しなさい」（同一八章二一、二二節）と答えている。キリスト教は伝道という行為なくして語ることはできない。異国の地に行き、赤の他人に寄り添い、その人を知り、その人を受け入れ許す、伝道を任務とする宣教師は許しの実践者でなければならないのであった。新約聖書に許しが説かれている。キリストの弟子たちは布教伝道を聖書に書き込んだのだ。

日本のキリスト教者、曽野綾子の許しはキリストのそれとは少し異なる。

「この世で何がむずかしいと言って人を赦すことほどむずかしいことはない。一番簡単なのは、傷つけられていると思う相手からそれとなく遠のくことで、友達でも夫婦でも遠ざかれば大して憎まずに済む。私が仲の悪い父母の離婚を勧めたのはその理由からだった。父と別れたその夜ほど安心して眠ったことはなかった、と母は言った。これは距離的な赦しが始まった兆候だと言えるだろう。距離的赦しと対照的なのが、時間的赦しなのだが、肉親を殺されたような場合、他人が加害者を赦しなさい、と言って済むことではない。失われた命は帰って来ないからである。ことに犯した罪は『赦されるべきだ』と居直る人たちが多くなった時代には、赦しはもっと困難になった。しかしそれでもなお、人間の晩年の最大の偉大な仕事は赦しだということになっている。相手のためではない。自分のために相手を赦すのである」（『幸せの才能』海竜社）。

許しの研究はその後進化している。自分を許し他人を許せば、引き寄せの法則が働く。また、人を許せない理由を探ると、それは過去への執着に行きつく……など。許せなければ、否定的な感情は、執着を生み、人を遠ざけ、自分のエネルギーを後ろ向きにしてしまう。恨みの増幅でしかない。執着を捨て、自分を許し、ありのままの現実を受け入れ許すことで、素晴らしい明日がやってくる。

〔菜根譚　前集一六七〕――清廉潔白の裏側

本文

能脱俗便是奇。作意尚奇者、不為奇而為異。不合汚便是清。絶俗求清者、不為清而為激。

訳文

俗世間を脱却できたなら、そのままで非凡な人である。これに対し、自分が非凡に見えるように奇異な行動をする人間がいる。これは非凡ではなく、普通の人と異なるだけの人間である。世俗の汚れに染まらなければ、それだけで清廉潔白な人である。これに対し、自分は清廉潔白であるとわざと演じている人は、ただ清濁をことさらに峻別しているだけの人である。

普通に暮らしていたら俗世間の中での生活になじんでしまう。普通に仕事をしていたら、疲れるしたまには楽をしたくなる。お金も色も地位も可能なら手にしたくなる。そんなことでは、非凡になれないし清廉潔白であることはできない。かなり難しい要求である。松山英樹や渋野日向子は非凡だが、その非凡のすすめではない。精神的思考的側面の非凡である。俗を離れ塵埃にまみれずに過ごす大切さや快適さを説いている。おそらく一休禅師や良寛さんがその見本ともいえるだろう。お坊さんはそもそも住む世界を異にするから、俗を脱却できる。ここでは、俗に住みながらも脱却できる稀な生き方を奨めてくれているのだ。

俗にありながら脱却していると子供心に強く感じた人物がいた。小学校の時に見たＴＶに映る棟方志功の姿である。必死でノミを走らせる男、極端な近視で版画の板に顔を擦り付ける異様さ。しかし、その表情は笑顔に溢れている。しかもコテコテの津軽弁。楽しくて仕方がないと言いながら作品がいつの間にか出来上がっている。しかもその作品は、写実的ではない。観世音菩薩や吉祥天の女人像。豊満な肉体がデフォルメされて、イラスト的な強い筆圧で輪郭がくっきりと描かれている。

棟方は一九〇三年、津軽の鍛冶屋の三男に生まれる。囲炉裏の火が目に入り極度の近視となった。一七歳の時、裁判所の給仕に採用され、空き時間は写生に専念した。一八歳の頃、ゴッホのひまわりを見て私はゴッホになりたいと叫んだという。以後、西洋の油絵を学んだが、藤田嗣治も梅原龍三郎も西洋人の弟子に過ぎないと思うようになり、悩んだ末ゴッホが愛した版画に興味をもった。広重、北斎、比類のない日本独自の文化。その上でフランスのロダンと親交のあった柳宗悦という思想家と出会い版画への確信を得た。棟方は戦時中、富山県に疎開した。この地には浄土真宗が自然に根付いていた。そこで棟方は、「今までの自分の自力の世界とは違う、自分は非力で小さなものという考えを学んだ」と言っている。青森のねぶたに心酔して嬉々として祭りの跳人《はねと》をやっていた。こうした土着、ふるさと、東北などの要素が重なり棟方の味わいが生まれた。棟方は民藝に入った。柳の影響だが、名もなき職人、刻印もない作品、芸術品を作るのではなくただ伝統や用途に忠実に作られる作品に列せられる作風となった。この無名性を背景に、棟方のそれは一目でそれとわかる個性の強いものであるが自意識の過剰な現れを感じさせない。名を残そうとしてはいない。

〔菜根譚　前集一六八〕――厳しさを恨む気持ち

本文

恩宜自淡而濃。先濃後淡者、人忘其恵。威宜自厳而寛。先寛後厳者、人怨其酷。

訳文

人に恩恵を施すには、初めはあっさりとして後から手厚くしなければならない。初めに手厚くして後からあっさりとしてしまうと、人というものは、その恩恵を忘れてしまうからである。人に威厳を示すには、初めは厳しくして後から緩やかにしなければならない。初めに緩やかにして後に厳しくしてしまうと、人はその厳しさを恨むようになってしまうからである。

この法則は現実社会でかなり活用されている。かつての相撲の世界がまさにこれである。三重県出身の尾車親方から実際をお聞きしたことがある。現役時代は大関琴風で千代の富士のライバルであった。中学生時代の親方は、かけっこも速く、運動も好きだったが、それより勉強する方がもっと好きだった。ある日、相撲の好きな父親に連れられて九重部屋の朝稽古を見に行った親方は、稽古後のちゃんこを食べさせてもらうと、父親に「どうだ美味いか」と何度も聞かれた。美味かったので正直に美味いと何度も答えた。すると父親は、今日からここで寝泊まりして学校に行けという。いくら何でも何にも聞かされていないし、そんなつもりもない。嫌だと言うと、いつの間にか父親は部屋からいなくなっていた。身長と体重は大人より大きかったので、ただそれだけで相撲取りになったらと思いついたのだと思うが、こちらとしてはもっと友達と遊びたいし本も読みたい。親に捨てられた気持ちになった。一週間くらいは優しい言葉をかけてくれた。一週間ほどたつと、先輩から「何してんだ馬鹿」「こらのろま」「ちゃんと早く掃除しないか、ぶっ殺すぞ」。それはパワハラどころではない。すぐに嫌になって、部屋から逃げ出そうとしたが、寝るのは大部屋、夜中にそっと外に出ようとしても、外からカギが掛かっていて出られない。仕方がないのでまた戻るという日が続いた。兄弟子に言って部屋から家に電話した。母親が出ただけで、涙が溢れてものが言えない。母親は、大変だけど頑張るのよ、ただそればっかり。いよいよ両親は無慈悲で自分のことを子供と思っていない。両親に捨てられたのだと確信するようになった。相撲の稽古といっても、何をするわけでもない。いつの間にかついたあだ名は「かまぼこ」。それはいつも稽古場の板の壁にぴったりとくっついて離れようとしないからだった。しかし、心には少し変化の兆しがあった。よし親がそんなつもりなら、死んでやると思うようになったのだ。けれども、薬を飲んだり飛び降りたりするということではない。稽古をすると多分死ぬことになると思っていたので、本格的に土俵で兄弟子にぶつかっていくことを始めたのである。死んでやろうと思っているから、泣きながら当たっていった。すると少しずつ強くなっていく。十両幕内と出世し、大関にもなった。今から思うととんでもない時代だった。木刀、竹刀、丸太で毎日背中腰を殴って教育してくれた親方には深い愛情があったように思う……。働き方改革、パワハラ禁止の現代では昔話である。

〔菜根譚　前集一六九〕――心の本質

本文

心虚則性現。不息心而求見性、如撥波覓月。意浄則心清。不了意而求明心、如索鏡増塵。

訳文

心に是非善悪を分別する働きがなければ、いつまでも本当の自分を見つけることができない。分別のつかない状態でいくら自己を見つめてみても、それは見つかるはずもない。水に映った月を探すのに波をかき分け水の中で月を探すようなものである。心の働きが清らかであれば、心自体も清らかである。心の働きを明らかにしないで、心自体を清らかにしようとしても無理である。それは本来きれいな鏡をきれいにするためにぼろ雑巾で塵埃まみれにしてしまうようなものである。

瞑想、座禅、マインドフルネス。自己を見つめる方法は多様で、誰もが容易にアクセスできる社会になっている。しかし、是非善悪を判別する自己の判断能力がなければ、月を探すのに、空に注目せずに水に映った月を探して波をかき分ける愚を犯してしまう。心を掴むのは自分の心と言えども難しい。また、心が清らかであったとしても、それはすぐに曇ってしまう性質を持つようだ。したがって、綺麗にするための清潔なハンカチを持っていなければならない。汚れたぼろ雑巾でぬぐったならば、綺麗な心も汚れてしまい、その綺麗さを発揮することができない。

日本の剣豪塚原卜伝（一四八九〜一五七一）が詠んだ歌に「映るとも月も思わず　映すとも水も思わぬ広沢の池」がある。菜根譚は「月を探すのに水はないだろう」と言っている。それに対し、卜伝は、阿吽の呼吸、絶妙の関係、こだわりのない恬淡とした望ましい関係を表現している。同じ題材でも意味が全く異なる。さらに世間では、水月の語を用いて、①身体の急所みずおち（みぞおち）のこと、②くらげのこと、③実体のない空虚な様子、④接近してにらみ合うこと、などを意味する。

菜根譚前集八三には、「雁が凍った湖を渡るとき、湖に雁の影が映る。しかし、雁が過ぎ去れば、その湖には何も映らない。この自然の営みのように君子たる者は、地位や仕事にあるときには、それに対応して懸命に働き成果を上げなければならない。けれども、その地位や仕事が終わったならば、何事もなかったかのように、元に戻り静かに時を過ごすべきである」とある。ここは雁であるが、月にしても同義である。権力地位にあっても、それに拘らない恬淡とした関係こそ、まことの政治家の境地であるとして、旧石破茂の派閥を「水月会」と命名した。なぜか、水月会はその名の通り、こだわりを捨てて、その任を終えたとして、あっさりと解散してしまった（二〇二一年）。

それにしても、もがき苦しみながら自分を見つけようとする人間の何と少ないことか。子供の頃から四六時中、閑を埋めてしまうツールにあふれ、自分で考えて楽しむ時間をこしらえることがない。自己分析、精神修養の不要な時代に、人間はどういう人間関係を作るのか。まさに、クラゲの如き水月である。

〔菜根譚　前集一七〇〕――見かけと本当の姿

本文

我貴而人奉之、奉此峨冠大帯也。我賤而人侮之、侮此布衣草履也。然則原非奉我、我胡為喜。原非侮我、我胡為怒。

訳文

私が高位高官について、人がその私を尊敬しているのは、私の身に着けた高位高官を示す冠や礼服を尊敬しているのである。私が身分が卑しくて、人がその私を軽蔑しているのは、私の身に着けた粗末な衣服やわらぐつを軽蔑しているのである。もしそうであるなら、人はもともと私そのものを尊敬してはいないのであって、私はどうして喜ぶ必要があろうか。また、人はもともと私そのものを軽蔑してはいないのであって、私はどうして怒る必要があろうか。

人間の評価はそんなに正確なものではない。人間は変化している。身体の状態も考え方や心の状態も常に変化する。最近では、高学歴の学生は富裕層の子供であるとされている。学歴で人を評価することは不可能である。それでも人は他人を格付けしていくものである。人を格付けする願望があるのではないか。その基準は、自分より金持ちか否か、自分より……である。

一九九〇年から放送されたアニメ『三丁目の夕日』は昭和三〇年代の町の日常を描いたものである。戦争で焼け野原になったのはつい一〇年前。国民全員が貧乏であった。服装も持ち物も高価なものはない。そんな中で、特別高価な服装が背広であった。背広を着ている男性は、一体どこの高官か社長だろうという場面がある。この菜根譚の光景を見るようである。時代は進み令和になった今、背広で高位高官を判別することは全く不可能である。むしろ世代によってはできるだけ飾らない雰囲気や普段着で仕事をしている。富裕層ほどその傾向がある。若くして富を得た人と食事をしたとき、こちらは背広にネクタイ。若者は、サンダルにTシャツ。それで超一流レストランに案内してくれた。彼らは着るもので判断するんじゃないよとレジスタンスを起こしているようにも見える。ある飲食店の女将さんが、面白いことを言っていた。お客さんが上質かどうか服では見分けがつかないようになってしまった。それでも金持ちかどうか店をやっていく以上ある程度見分けなければならない。その時役に立つのは時計だそうである。お金のある人はいい時計、歴史のある品の良い時計をしている、という。そう思って見ていると確かにTシャツのお兄さんもいい時計であった。これからの人間の評価は、これと同じことが言えるのかもしれない。

それは、見かけや学歴などでは全く貧富貴賤は判別できないが、ふとした時の人間の品格にあるのではないか。丁寧な言葉遣い、思いやりのある一言、話の中に深い思索がある、節度ある態度、とんでもない苦労を乗り越えている事実など。時計のようにすぐには見えないけれど、注意深く観察しているとわかる部分なのである。これからの日本人に必要なのは、歴史的に礼節を重要視してきた国柄にふさわしい品格を人間に内在させることなのではないか。行き過ぎた資本主義が格差と分断を生んでも。

〔菜根譚　前集一七二〕　――思いやりこそ重要

本文

為鼠常留飯、憐蛾不点燈。古人此等念頭、是吾人一点生生之機。無此、便所謂土木形骸而已。

訳文

「ネズミのためにいつも飯を残しておき、蛾が火に飛び込むのを可哀そうに思って、灯火をつけないでおく」と蘇東坡は詩に詠んでいる。古の人のこのような心掛けは、これこそ現在の私達が生きていく上での一つの重要な心の働きである。この心掛けがなかったならば、まるで土や木で作った人形と同じで人間の形はしているが大事な心がない人間である。

人間の価値は心である。その心とは、小さなもの弱い者への労りの気持ちが備わっていなければならない。現代は、ネズミや蛾を大事にする人はいない。公衆衛生面、生活環境の整備で少し無理があるのだろう。しかし、いたわりの心は形を変えて、ペットを飼って虐待したり、保健所で飼い主のわからないペットを殺処分することへの問題が注目されている。優しい心は、大勢の集合で世の中の可哀そうな動物や人々を救うことができる。全ては、たった一人のその気持ちから始まるのだ。

今緊急を要するのは、人類の足元の危機への対処である。地球温暖化、異常気象。なるほど対策が必要だと言っても、思っても、どうせ政治家がやるだろう。それで終わっていた。しかし、一人の少女グレタさんの行動で世界は動いた。二〇一八年八月スウェーデンの議会前にグレタさんは現れた。「気候のための学校ストライキ」の看板を書いて訴えた。彼女の要求は「スウェーデン政府がパリ協定に従って二酸化炭素排出量を削減することだ」。彼女は、インスタとツイッターに投稿し続けた。毎週金曜日は学校へ行かず議会の前で抗議行動をした。これを見た米国のフリーカメラマンが、取材して英語のビデオにした。SNSに投稿したところ、視聴回数八万八〇〇〇回を超えた。やがて国連事務総長のアントニオ・グテーレスに届き、彼は「私の世代は気候変動の課題に適切に対処していない。若者が怒るのも不思議ではありません」とコメントを出した。敏感な政治家、米国下院議員のオカシオ＝コルテスは史上最年少。グレタとTV番組で対談した。すぐさま二〇一九年下院に、グリーンニューディール法案を提出。これ以来、世界は少しずつ反応し始めたのである。グレタは、パリ協定に示された地球温暖化を一・五℃に制限する各国政府の計画は不十分と抗議した。英国は「排出量を減らす」という観点を止め「排出をなくす」に改めると宣言した。EUはCO_2削減目標を二〇三〇年四〇％とパリ協定で設定していた。

それを二倍の八〇％にする必要があると改めている。そこで一番大事な米国についてグレタは行動を起こした。二〇一九年九月国連気候変動サミット会場でグレタさんはトランプを待った。「科学に耳を傾けるように」とのメッセージを送った。その後、彼女は、世界に米国大統領選挙は、バイデンに投票しようと呼びかけた。

〔菜根譚　前集一七二〕——宇宙の現象と人の心

本文

心体便是天体。一念之喜、景星慶雲。一念之怒、震雷暴雨。一念之慈、和風甘露。一念之厳、烈日秋霜。何者少得。只要随起随滅、廓然無碍、便与太虚同体。

訳文

心体は天体なり。人間の一念の喜びは、景星慶雲、星が瞬き雲が湧き立つようなものである。また一念の怒りは、震雷暴雨、大きな地震と雷や暴風雨の災害のようなものである。また一念の慈しみは、和風甘露、のどかな春風と恵みの雨のようなものである。また一念の厳しさは、秋霜烈日、厳しい寒さの秋の霜や照りつける真夏の太陽のようなものである。このように人の心の有様は宇宙の在り方そのものである。どれをも欠くことはできない。ただこの現象は起こるそばから消えていくものである。そして後は何も無かったかのようである。まさしく人の心と宇宙は同一のものである。

喜びと慈しみは、穏やかな天候。怒りと厳しさは過酷な天候を示している。特に日本はこの傾向がより顕著になっている。

以前、宇宙飛行士の毛利衛さんにお目にかかったときにうかがったお話では、宇宙から地球を眺めると、一つだけ緑一色で描かれた島が見えるという。何とそれが日本であった。他はどこも茶色ぽくなり、緑もとぎれとぎれである。地球全体の色調は砂漠が広いせいで茶系なのである。いかに日本が緑の自然に恵まれているかを物語っている……。日本がアジアモンスーン地帯の高温多湿な地域であることを示してくれる表現だった。

そんな四季に溢れた自然は、時に異常気象の現象を露呈する。台風、積乱雲線状降水帯、高潮、など地域特性が顕著になるのである。さらに、東日本大震災によって、マグニチュード八・五以上の地震災害に対しての国民の取組姿勢が一変した。わがこと、になったのである。首都直下型地震、南海トラフ巨大地震の各発生確率は三〇年間で七〇%〜八〇%。しかも中央防災会議による津波想定L2では、最大三四メートル。とても生きて逃げ延びることさえ不可能に思われる数字が示されている。さらには、降水量においても、二〇三〇年には現在の一二〇%の降雨量が予測されている。河川の水位が二〇%高くなることを想定すれば、今でも危険な箇所は床上浸水になってしまう。日本中ダムと堤防を作り続けるわけにはいかない。今年まで過去一〇年間、損害保険の異常気象による家屋の火災保険等の支払い額は、一年間で例外なく1兆円を連続して超している。保険会社も保険金を上げるしかない。この状況は、地球温暖化を等しく迎える世界各国共通かと思えば、日本が災害の多発地域で最も危険度が高いのである。

保険のルールで英国ロイズの再保険がほぼ無理になっている。日本はより心も厳しい。

〔菜根譚　前集一七三〕――平常心

本文

無事時、心易昏冥。宜寂寂而照以惺惺。有事時、心易奔逸。宜惺惺而主以寂寂。

訳文

平穏無事な状況のとき、心は弛緩してぼんやりしてものごとが見えにくくなってしまう。そんなときには、まず心を静めて落ち着くことである。そして次に澄みきった明らかな目で物事を判断しなければならない。物情騒然の混乱のとき、心は奔放逸脱して常軌を逸してものごとがわかりづらくなっている。そんなときには、まず心を静めて落ち着くことである。そして次に澄みきった明らかな目で物事を判断しなければならない。

文章表現からみれば、平穏なときと混乱のときでは心の解決が異なるように思うところである。全く一緒であるというオチがなるほどと頭に焼き付いてしまう。菜根譚ならではの言い回しである。

人間は常に、心を静め落ち着いて、次に澄みきった明らかな目をもって物事に当たれという。この言葉で理解できる人は、すでに相当な達人である。心を静めようと思って静めることができる人はそうはいない。

落ち着いて行動しようと思っても凡人はそうはいかない。それを簡単にこなすにはどうすればよいか、それが問題なのである。人間は自分の身体も心も自由にはならない。心が乱れているときは、心拍数が上がり呼吸が速くなっている。心が静まり落ち着いた状態とは、呼吸がゆっくりで、心拍数が平穏な状態をいう。普通の人間は一〇〜二〇回。緊張したり興奮したりした状態では、呼吸回数は上昇する。心拍数は六〇〜九〇回が正常値で、五九以下は、脈が遅い。九一以上は速いとされ要精密検査となる。心疾患か甲状腺の病気と診断される。心と落ち着きの基準は、この呼吸と心拍以外に求めにくい。だから、人間はこの基準をもとに修業を重ねてきたのである。つまり心拍数を下げ、呼吸をゆったりすればよい。実際、それができればほぼ心を制御する可能性が出てくる。これもたゆまぬ訓練と日常生活の心掛けである。禅寺の高僧たちは、ほぼ一分に一〜二回の呼吸だ。この呼吸ができれば、慌てている心が乱れている、落ち着きがない、とは言われないだろう。ここで大事なのは、自律神経系の臓器でコントロールできるのは、唯一肺だけであるということなのだ。いくら頑張っても心臓を止めることはできない。ただ、呼吸回数が減っていけば、心拍数も比例して低減していくことが明らかである。人間に神から与えられた唯一の命の舵、ハンドルは唯一呼吸なのだ。呼吸を上手くコントロールしている人は、達人だ。科学技術庁の研究所で、呼吸の効果を記述した論文の中に「呼吸でガンの治療に成功」というものがあった。それは、がん患者を二つのグループに分け、一つに、数人で朝晩散歩をしてもらうというもの。しかも「シーシーコー」「吐く吐く吸う」で一時間ずつ。劇的改善効果ありだったようです。

〔菜根譚　前集一七四〕――事を行うときは客観的であれ

本文

議事者、身在事外、宜悉利害之情。任事者、身居事中、当忘利害之慮。

訳文

物事を考え仕事を進めるためには、自分の身は、仕事から離れて客観的でなければならない。その上で十分利害得失を判断しなければならない。それを実行するときには、自分の身は、仕事の真っ只中におき夢中で励まなければならない。その上で利害得失を一切考えてはならない。

「熟慮細心、大胆実行」なのである。スキージャンプのように、板の具合や表面のコーティングは飛ぶ前でしかメンテはできない。細心の注意が必要である。いざジャンプしたなら、空中にある。ひたすら自分の姿勢を制御することのみに集中しなければならない。やり直しはきかない。それと同じことが、全ての物事、仕事に当てはまる共通法則なのである。

福島第一原子力発電所の解体工事が進んでいる。発災当初は、被曝線量が高いことは知られていたが、どこまでがどれくらいか皆目見当がつかなかった。そこで、発電所関係者、東電の職員、原子力委員会、自衛隊など各自の判断で建屋の近くまで接近した。その人たちは相当の被曝の可能性があるので、判明した人たちの特定を急ぎ彼らの健康モニタリングを始めた。どのくらいか不明なので大事を取って、月に一度質問形式で調査している。これは一生死ぬまで行われるそうだ。今は廃炉が進められている炉心からの距離で線量が特定できるので、危険を正確に回避できている。こうした原子力事故への対策対応が一番進んでいるのが米国である。まずスリーマイル島での炉心溶融事故があり、その知見が存在すること。それによって、避難、鎮静、被曝、建屋解体、処分の各段階で克明な分析結果を残している。それが福島でも有用であった。そして驚くのは、さらにそれよりも以前に役に立った知見があったという。それは何と、広島・長崎の原爆投下の歴史的惨状の経験である。実は、米国が日本に原爆を投下する計画は、「マンハッタン計画」、隠密裏に国家の超機密事項とされていた。原爆は完成した。破壊力は科学的に推計できる。通常爆弾の数万倍。しかし、どうしても判定不可能なのは、人間への影響である。そこで、開発した科学者たちが、投下したときの人体への影響モニタリングを切望した。人類最初の原爆投下、その時にすでに後世に大影響があり、それをどのようにコントロールできるのかが、今後の戦争の行方に関わってくる。注意深く当時の映像を見ていると、B29エノラゲイが原爆を投下するその瞬間を、別の編隊が撮影しており、原爆が落下すると同時に、気球をつけた検知器も投下されていることがわかる。そこには、その後の将来を考えて人類のためにやっていたことだという自己弁護もあるだろう。広島の生存者の血液も何人も採取されて持ち帰っている。また、日米開戦パールハーバーは仕掛けられたものであるとの異論がある。出撃の暗号は解読されていた。もちろん原爆のために戦争が始まったわけではないが、結果的に日本で原爆の壊滅的な威力が、夥しい犠牲のもと実証された。

〔菜根譚　前集一七五〕――地位にある者の心の在り方

本文

士君子、処権門要路、操履要厳明、心気要和易。毋少随而近腥羶之党、亦毋過激而犯蜂蠆之毒。

訳文

士君子たる人物が権力の座や重要な地位に就いたならば、仕事においての感情は厳しく公明正大でなければならない。日常においては、温和で直截でなければならない。また対人関係では、私利私欲にかられた人物には近づいてはならない。さらにうっかりサソリや蜂のような毒を持った人間と付き合ってしまって刺されることのないようにしなければならない。

士君子という言葉は死語ではない。熊本県立熊本高等学校は、明治三三年に創立されて以来、不動の教育方針を士君子精神の涵養においている。その教育の方針には、「士君子たるの修養を目標とし、徳性・智能・体力共に優れた人物の養成を図る」としている。この項は、士君子に到達した優秀な人物が重要な地位に就任したときの心得を説いている。ひたすら「付き合いに気をつけろ」である。私利私欲に本人がかられるのではなく、私利私欲の強い人物を寄せ付けてはならない。また、サソリのような毒のある人物は人を刺すことが平気なので注意しておけという。人間が誠実で私利私欲にかられた不貞の輩ではない人間をしっかり選ばなければならない。現実に、M資金や都心の一等地の権利をめぐる詐欺に、一流銀行・大企業の経営者が関与していることがある。要注意である。この士君子の戒めは、正鵠を得たものである。

ロシアのプーチン大統領は、もはや怖いものなし。二〇一七年に米国上院の委員会で開示された資料によると、プーチンの資産は約二〇〇〇億ドル（約二二・八兆円）であった。以前ロシアで公開された情報では、プーチンの年収は、約一四〇〇万円。他の保有資産も、七七平方メートルのアパートと駐車場、乗用車数台のみである。どちらが本当なのか。世界の指導者は士君子であってほしい。海外のインターネットニュースでプーチンの話題は尽きない。二〇一八年に発覚した、デンマークのダンスケ銀行でのマネロン疑惑は、総額二〇〇〇億ユーロ（二六兆円）規模のものだったが、そこにはプーチンの親類縁者の名前ばかりが登場するという。国連薬物犯罪事務所によれば、毎年世界で二兆二〇〇〇億ドルの資金洗浄がなされていると推測している。二六四兆円である。

プーチンの隠し財産の話は強烈である。ロシアの反体制派指導者ナワヌルイ氏がユーチューブに投稿した「プーチン宮殿」の動画再生回数が一億を超えている。この宮殿はプーチンが自由に使える自宅兼別荘だという（プーチン側は否定している）。宮殿の延べ床面積は一万七六九一平方メートル。難攻不落のフェンス、独自の港、上空は飛行禁止区域、敷地内へは国境検問所まである。ナワヌルイ氏の関連団体が撮影した動画を公開した。その後ナワヌルイ氏は身柄を拘束され、二〇二二年三月に懲役九年の判決を受けた。彼の勇気は称賛に値する。

〔菜根譚　前集一七六〕――君子は円満で温和であれ

本文
標節義者、必以節義受謗、榜道学者、常因道学招尤。故君子、不近悪事、亦不立善名、只渾然和気。纔是居身之珍。

訳文
節操のあることを誇りとする者は、必ずその節操のために非難を受ける。また道徳を看板に生きている者は、いつも道徳が原因でとがめを受けることになる。だから君子は、節操や道徳を説くよりも、もっと平易に実行できる「悪いことには近寄らない」という程度のことを心掛けている。またたとえ良い評判でもことさらに目立たないようにして、ただ円満で温和な気持ちでいられるようにしている。それではじめて最高の道に身を置くことができる。

実際報道になる不祥事は節操や道徳を身につけている人に多い。学校の教員、公立学校教職員調査の記事は「わいせつ行為などで過去最多二八二人の処分」の見出し（平成三〇年度人事行政状況調査）。徐々に増加傾向のようだ。警察官の懲戒処分は二五七人（平成三〇年）。これは徐々に減少傾向にあるが、異性関係による処分は三〇％で過去最多であった。極めつけは、キリスト教の神父さんたちである。米国ペンシルベニア州のカトリック教会の少年少女への性的虐待の大陪審調査報告書では、七〇年以上にわたり歴代神父三〇〇人以上が数千人の子供たちに性的虐待をしていたという。節操・道徳をいくら学習しても、人間の根源的欲望、人類の種の保存本能、つまり性的欲求は無くならない。欲望を押し殺して生きる以外の道はない。言葉で説き説明することはできても、自分の欲求を消し去ることは不可能である。ここでわかるのは、ペルソナ、仮面をつけて生きていく職業にある者は、仮面の自分とその下にある本物の自分との差、ギャップに苦しんでいることである。

これらの職業に共通なのは、被害者の相手が自分より立場が弱い者たちであることだ。つまり、拒否しづらい相手に「教えを説く」、「指導をする」などの名目で、密室に入れる、身体を触るなどに及びやすいのである。強い立場であればあるほどこの誘惑は強い。このメカニズムを解き明かし高位高官にあって失敗をしない考え方を教示するのが菜根譚である。その奥には、陽明学の知行合一がある。知りえた知識と行いが一致しなければ本物の知識ではない。それを固く強く信じるところが陽明学は強力である。幕末の大塩平八郎、吉田松陰など半端ではない。知行合一という方法論は、人間に余裕や曖昧さを与えないという意味で完璧を求める。まさに半端ではない生き方をしなければ生を全うできなくなってしまう。かなりきつい人生となってしまう。それを片方に置きながら、さらにもう一つ、菜根譚は生き方、考え方を提供してくれる。それが、無理をしない、するべきだ、あるべきだ、という考えから、近寄らない、目立たない、ただ円満に温和にと誰にでもできる当たり前の態度表情、表現で良いのだという安心を与えてくれる。しかも、それこそが最高の人物の境地なのだと確信的に教示してくれる。ただ日常、平凡に、円満、温和に、が。発見である。

〔菜根譚　前集一七七〕――人を諭すには

本文

遇欺詐的人、以誠心感動之、遇暴戻的人、以和気薫蒸之、遇傾邪私曲的人、以名義気節激礪之。天下無不入我陶冶中矣。

訳文

口先だけの人を騙すような人に会ったならば、真心を持ってその人を感動させ、乱暴で非道な人に会ったならば、温厚な心をもってその人の心をやわらげ、心がねじ曲がった自分勝手な人に会ったならば、大義名分・意気節操でその人を励まし、良い方向に向けさせる。このようにして導くならば、この世の中の人は、自分の指導の対象とならないものは一人もいない。

詐欺師、暴力団、ひねくれ者、どんな社会にもいると思われる。そんな難しい人を指導することを生きがいとしている。相手が指導した通り良くなるならである。普通に考えれば、真心をもって感動させて、温厚な心をもって心を和らげ、励ましをもって善導する。そうすれば人は必ず良くなるという。しかし、このように簡単に言い切れるほど人は容易に矯正はできない。菜根譚は全てお見通しのうえでこのように説いている。つまり人を導くことに躊躇するな、人を諭すことは喜びである。そう教えているのである。

人を教える仕事、教師は大変な仕事である。今になって中学や高校のときに教えていただいた先生の大変さが思われて仕方がない。不思議と黒板を背にした授業よりも、野球部のときの鬼だと思った監督の教えが、今の自分を形成していることに気が付く。

授業が終わってからの部活なので午後の三時過ぎから始まる。陽が沈むまで練習はあるので、冬は五時、夏は七時まで一日の休みも無く監督はグラウンドにいた。監督が用事でいないときは天国のように思われた。指導というより、毎日叱られに行っていたという気持であった。選手より先に来て選手より後に帰る。真っ黒い日に焼けた顔を一年中している。あまり金銭的に裕福ではないらしく、吸っているタバコが自分の父親のより安い「しんせい」というものであった。それを根元まで吸うので、手先が黄色くなっていた。土日も試合で他の学校へ遠征した。必ず監督が同行していた。まるっきり選手と監督は四六時中一緒なのである。私は、褒められることもない補欠選手。やっと試合に出ても九番バッター。守備はライト。たまに間違って球がバットに当たり運よくヒットにならない限り、三振ばかり。三年生になってやっと部活が終わったときには、牢獄の鎖が解かれたと本当に思った。けれども、今結婚して子供ができ親の苦労も人並みにしてみると、人の子供のためにこれほどの時間と体力を消耗してまで教えることはなかなかできないと感じる。この岡村熊長という人間がいかに子供と野球が好きか、振り返るとそう感動してしまう。全てに、全力疾走。「だらだら外野の守備に就くな、必死に走れ」「ピッチャーの球が速かったら、目をつぶって思い切り振ってこい」「何でもいいから声を出せ」「声は腹から思い切りだせ」「ユニフォームの着替えは素早くしろ」。これらが上手く実行できないときには、殴られる。今から思うとこんな体験があったから育ったのかと思う。補欠であることも大事なのだと。

〔菜根譚　前集一七八〕――僅かな慈しみや善心こそ清く永遠

本文

一念慈祥、可以醞釀両間和気、寸心潔白、可以昭垂百代清芬。

訳文

天地の間にある人間の心の和らいだ気持は、ちょっとした慈しみや善なる心によって醸し出される。わずかな心の潔白さが、百世代あとの世まで清く香しい人の心であると伝え続けてくれる。

慈しみの心、善なる気持、潔白さが子々孫々まで続く永遠の価値となる。和気藹々、人間の心には柔らかい温かな部分がある。この心の在り方、要素を大切な価値として認識し、ほんの些細な気遣いをすることができれば、その人の周りは幸福に包まれてゆく。公明正大な潔さが家族一門一党を清らかにする。

不思議に円満な両親の家の子供たちは、なぜか円満な方となります。土佐市は製紙工業の町として今も栄えている。そこに森澤豊明さんが、二〇一九年まで私の後援会長であった。この方ほど円満な人物はいない。お陰で私も長く議員を続けることができた。私は、円満な人格と事業運とは全く別物と思っていたが、森澤さんを見るにつけ、菜根譚が教えている通り、円満だからこそ子々孫々繁栄できると思えるようになった。

森澤さんは先祖から紙漉きの製紙会社。現在は機械製造の製紙会社、三和製紙・三昭紙業という企業のオーナーである。昭和の時代、テイッシュやトイレットペーパーの製造が主だった。競争が激しくなると、不織布に転じて布巾や濡れテイッシュなどに変化していった。そんなときに爆発的に売れたのが、フェイスマスクだった。しかも化粧水をしみこませる技術で他の追随を許さず、特にコーセー化粧品と組んでからは、生産が追い付かなくなっていった。また、中国からインバウンドの観光客が押し寄せるようになって、お土産にダンボールでこのフェイスマスクを買うようになった。二四時間操業、一日四交代制で生産して、機械レーンも二レーン増やして生産能力を倍増させた。人も雇い、設備の機械も導入して徹底的にインバウンド対応をしたところであった。そんな二〇二〇年の夏以降、コロナ禍によって瞬く間にインバウンドは収束。需要も縮小から皆無に。注文は全くなくなってしまった。私も森澤さんの会社はどうするのだろうと懸念した。お尋ねしてみると、いつものように終始にこやか。全員が親戚のような和気藹々の職員関係。何の変化も、何の困った様子も見られない。私が心配していることを暗に伝えさせていただくと、「いや、中国の方が来られなくなって、マスクが売れなくなったんですよ」。そうにこやかに言われた後、「マスクの代わりに国内で除菌シートが売れるようになりました。これは、どこかのPB商品ではなく自社製品として売れるので利益はむしろあります」。ホクホク顔だ。高齢になるまで会長として企業の采配を振り、九〇歳を超えてから第一線を退いた。昨年、もう高齢で耳が遠くなったので、後援会長を遠慮させていただきたいと申し出があった。その代わり長男の社長を後援会長に任命してもらえればやりやすくなりますと、御子息に交代された。

改めて考えるのは、やはり円満な善心の方の子供もまた円満であること。菜根譚の説く通りだ。

〔菜根譚　前集一七九〕――平和な人生を招くには

本文

陰謀怪習、異行奇能、倶是渉世的禍胎。只一個庸徳庸行、便可以完混沌而召和平。

訳文

陰謀は人を陥れる。奇怪な慣習、一風変わった行動や珍しい能力などはいずれも災いの原因となる。このような詐術を駆使するのではなく、ただ、平凡な道徳の実践が、本来の人間の正しい生き方を導き、それによって平和な人生を送ることができる。

平坦な日常が果てしなく続くと、毎日充実感を覚えていなければつい安逸に走ってしまう。詐術に騙されたり、陰謀にのってしまったり、奇異な能力に特に興味を持ったりしがちである。

一九九四年(平成六年)長野県松本市でオウム真理教事件が発生した。毒物がまかれ無差別殺人事件となったのである。その後、一九九五年地下鉄サリン事件が発生して事件の概要が徐々にわかってきた。

犯罪を行ったのは麻原彰晃、本名松本智津夫に帰依する者たちの宗教団体の組織的犯罪であった。麻原は一九五五年熊本に生まれた。畳職人の四男。男六人女三人の九人兄弟の七番目であった。先天性緑内障のため左目がほとんど見えず、右目の視力は一・〇であった。一二歳上の長兄は全盲であった。五男も弱視である。一九六一年八代市の普通科の小学校に入学。その秋、熊本市の県立盲学校に転校。雙眼の視覚障害が理由であった。長男とは違い片目が見えたのに転校させられたことに麻原は親を恨んだ。近所の者には、貧しかったから、寄宿舎で経費が掛からない盲学校が口減らしに良かったのだと揶揄された。五男も入り、兄弟三人が盲学校の生徒となった。二〇歳で卒業するまでの一三年間、麻原の親が学校を訪ねることも衣類や食料を送ってくることもなかった。他の子供たちは、休みの日には里帰りしていたが麻原の兄弟はそれもなかった。片目が見える麻原は、全盲の子供を外に連れ出しては金をせびったという。また生来乱暴で殴る蹴るで周囲を怯えさせた。卒業時には一七五センチで八〇キロあり柔道二段も取得している。卒業後、東京の代々木ゼミに入って東京大学受験を目指すが失敗。鍼灸師の資格で開業。しかし、「鍼灸では病気を完治させられない」と悩み無常観を抱く。その後四柱推命、気学の研究をする。また、運命を知っても運命を変えることはできないと、これも諦めてしまう。そこで没頭することになったのが、奇門遁甲と仙道であった。その神秘体験めいたものに魅了され、さらにそれを生かして宗教へと手を伸ばしていった。仏教学の泰斗中村元《はじめ》氏などの書籍など読み漁った。その後、雑誌ムーに空中浮遊したと称する写真が掲載された。

こうして奇怪な能力を備えた麻原は、人生に今一つ懐疑的で自信のない若者を対象にオウム真理教を唱えていった。大学受験に失敗した。受験は上手くいったが、社会的に適応できない。研究員として悩みが絶えない。今の高学歴の若者の寄る辺のない、地に足がしっかり着いてないことを上手く利用して自由に彼らを操ることに成功した。土谷正実、新実智光など実行犯は信じていたが半信半疑でもあった。

〔菜根譚　前集一八〇〕――「耐」の一字

本文

語云、登山耐側路、踏雪耐危橋。一耐字、極有意味。如傾険之人情、坎坷之世道、若不得一耐字、撐持過去、幾何不墮入榛莽坑塹哉。

訳文

古の言葉に、「山に登るときは、険しい斜面に耐え、雪道では雪が積もっている欄干のない狭く危険な橋にも耐えて歩きなさい」と。このように耐えるということは、大変大きな意味がある。偏見に満ちた世の中で不遇な境遇にあっても、もし耐えるという一字を忘れなければ、どれだけ多くの者が、藪や穴や堀に落ちないで済んだことか。つまり、何はなくても忍耐なのである。言い換えれば、活人は、どんな状況でも忍耐こそが成功の秘訣であると知っている。

忍の一字、耐の一字、忍耐こそどんなスキルより強力である。日本では耐え忍ぶことを、「おしん」というようになった。ＮＨＫ朝ドラの空前のヒットによって、「おしん竹下」などと表現している。一九八三年～一九八四年の平均視聴率は五二・六％最高視聴率は六二・九％。これは今でもテレビドラマの最高視聴率記録。物語は、東北地方山形県酒田市近くの最上川上流の寒村から始まる。一九〇七年（明治四〇年）頃の設定である。おしんは、今年いよいよ尋常小学校へ上がる予定で胸を膨らませていた。しかし、凶作が続き小作の家では地主に地代も払えなかった。父親はやむなく、おしんを口減らしのために奉公へ出すよう決めた。おしんは学校に行きたくて嫌がった。そのことを知っていた祖母は自分の食事を減らしておしんを学校に行かそうとしていた。また、母親がある日、雪のふる冷たい日に川に入っていった。それを見たおしんは、母がお腹にいる妹を下ろそうとしているのを知った。それがわかったおしんは、奉公に行く決意をする。このようにドラマは次から次へとおしんの身の上に降ってくる厳しい現実や人の冷徹さと優しさの連続。茶の間では涙をふくハンカチなしでは見られなかった。八〇歳を超えたおしんは、その働き者故に一九八三年（昭和五八年）頃には三重県のスーパーのオーナーになっていて子供にすでに経営を任せていた。孫同然の大学生、八代圭と共に生家のあった山形の廃村を訪ねるシーンがある。おしんは目に涙を浮かべ、自分本位の経営方針で突き進む子供や、八〇年の自分の人生で何を手に入れ、そして何を失ったのかを思っていた……。このドラマは時代を問い、世代を問い、ハッピーエンドのようで、単純にそう結末をつけてはいないひねりがあった。名作。

このドラマは、海外でも空前の人気を博し、アジア、中東、アフリカなど六八か国で放送され「おシンドローム」といわれた。明治・大正・昭和と貧困・戦乱・復興の中を生きた主人公おしんの姿が、どの国にもあてはまり圧倒的な共感を呼んだ。昭和天皇も視聴していて「ああいう具合に国民が苦しんでいたとは知らなかった」と感想を述べている。この脚本家橋田壽賀子は日経新聞私の履歴書で「昭和天皇にご覧いただきたくて、おしんの生まれを陛下と同じ明治三四年にした」と記している。

〔菜根譚　前集一八二〕——人間の持っている本来の輝き

本文

誇逞功業、炫燿文章、皆是靠外物做人。不知、心体瑩然、本来不失、即無寸功隻字、亦自有堂堂正正做人処。

訳文

自分の功績を誇り自分の学問を見せびらかすのは、全て自分以外の人間を過剰に意識しかつ依存して生きているだけのことである。本来人間というものは、その心の本体は玉のように輝いており備えているものだけで自然と正々堂々と生きていくことができる。わずかな功績や知識を追いかけて本来備わった能力を失うことは残念である。

人間一人一人にはかなりの能力がある。案外自分自身では気が付いていないことが多い。つい地域の名士の子供たちと比較して、「うちの子は普通の家の子供だから」などと卑下して見たり、同級生でも良い大学に行っただけで、「塾に行かしてくれれば私も行けたのに」的な考えをする人が意外に多い。「汝自身を知れ、自らの能力を信じよ」なのである。それは健常者でも障害者でも同じである。

今は亡き高知県知的障害者福祉協会会長の池内裕青《のぶはる》さんに何時も教えられたのは、どんな人間でも神様がこの世に必要だから生命の誕生を許されているのだと。池内さんは四万十市で知的障害児童福祉施設「わかふじ寮」を経営されていた。お訪ねすると、大勢の子供たちが池内さんを見つけて駆け寄ってくる。池内さんは一人一人の子供の名前を呼んで「よし君のお父さんがすごくお世話になっている山本先生が来てくれたから、良かったね」。十分に意味がわからなくても子供は私が来たことと、池内さんの存在と組み合わせしながら納得して元の遊びに戻っていくのである。池内さんの哲学は、人間の精子の数は二億以上あるという。その一つ一つに個性があり特徴を持つ。その二億の競争に勝って一番乗りして卵子に受け入れられたものだけが、胎児となる。すごい競争率を制するにはこの世の必然性がある。もし他の精子であれば、知的障害ではなかったかもしれない。しかし、障害を持って生まれる使命を持っているのだ。その子が教えてくれるもの、その子に教えなければならないもの。その意味や目的を考えながら福祉の在り方を思考していくのだと。

特に大事にされていたのは、親との対話だった。親が一番悩み苦しみ、自己を責めたり他人を責めたりしがちなのである。劣等感、自尊心、他人の子供との比較、子供の将来、貧乏金持ちの話ではなく、全く違う次元での悩みを突き付けられているのだ。そして障害は、知的、身体、精神の三障害に区分されるが、その中で、予算で優遇されるのは身体だと言う。池内さんに、なぜとお聞きすると、外見で救いをする必然が出てくるからだと。知的と精神は外見では普通の人と変わらないことが逆にハンディを背負ってしまうと、嘆いておられた。ゴルフはシングル。ガンに侵されて体重が半分になっても病院からゴルフ場へ。亡くなる一か月前にご一緒したとき、スコア80だった。弱音は吐かない。他人を先にする。弱い人のことを最も大事にする。政治家は大事な仕事をしていると私に言い続けてくださった。

〔菜根譚　前集一八二〕――世間の動向に迷わされない

本文

忙裏要偸閑、須先向閑時討個欛柄。鬧中要取静、須先従静処立個主宰。不然、未有不因境而遷、随事而靡者。

訳文

忙しいときに閑であったらと思うならば、まず閑なときに自分の心の置き所は何であるかをしっかり見つめておかなければならない。騒がしい中に静けさを得たいと思うならば、まず静かな中で自分の心の主体性を確立しておかなければならない。そうでなければ環境の変化で心が移ろい、周囲の現象にいちいち反応して落ち着くことはない。

人間はないものねだり。隣の芝生がキレイに見えるのが業なのである。そういう卑しい心を持たないようしっかりと価値観の基本を確立して右顧左眄《うこさべん》しないものの考え方ができていれば、心を乱すことはない。

高知県は山林が多い。面積の内八四%が山林である。海沿いにわずかな平野があるのみで、どこまで行っても山また山の連続である。一昔前にはそれが故に経済力があった。私の友人高知弁護士会の和田高明さんの故郷は、いの町《ちょう》吾《ご》北《ほく》上《かみ》八《や》川《かわ》という山間の集落である。父親も和田弁護士と同じ東大法学部出身。父上の時代は、自分の保有する山の大きな杉の木を四本伐採すれば、四年間の学費や東京生活を十分賄えたという。中曽根康弘元総理と同じクラスで、大学卒業の時は和田さんの父上のノートを中曽根先生は見て勉強したとのこと。材木の値打ちが全く違うのには驚嘆してしまう。また当時は、冬の暖房は薪と炭以外にはない。炭を焼く仕事でも十分家族を養うことができた。山の生活が貧しいという評価は全くなかった。

愛媛県の境に位置する梼原町《ゆすはらちょう》に友林という会社があった。町の肝いりで、都会の若者を招いて林業作業をするグループが誕生した。農家民宿の「いちょうの樹」上田知子さんから、「有二さん、都会から梼原に一〇人くらい田舎暮らしがいいと若者が引っ越してきたよ。皆が集まるから話に来ませんか」。その友林の人たちのことだった。

行ってみると元気な若い青年が家族で子供さんまで集まっていた。何でこの山の中に来たのか、彼らの動機を聞いてみた。その大半が都会はもういい。うんざりだ、というものだった。子供がアトピーで治らない。こちらに来てからやっとましになってきた。主人は胃潰瘍で会社を辞めようか悩んでいた。辞めて良かった。こちらの人は皆優しい、親切だ、都会とは全く人間関係が違う。口々に都会の生活の過酷さ、人口の多い雑踏に辟易した経験、大会社の無機質な非人間的処遇など納得できる話ばかり聞かせていただいた。それから五年ほどたった現在、町長さんに、あの若者は元気にやっていますか、と尋ねたところ。「なかなか難しいですね。最初は全員喜んでくれたのですが、林野作業の給与は低い。ほぼ都会の半分。それに夜明けから日没まで、体力が要ります。真夏の日中は炎天下、鹿や猪、猿、蜂、虻、虫や動物に遭遇する。慣れるまでは敵わない。都会の人はヤワだかね」とあっさり。もうひと家族も残っていない。羨むまでが華。いざ現実は厳しい。都会でも田舎でも生きるとは過酷かも。

〔菜根譚　前集一八三〕——自身の心を曇らさない

本文
不昧己心、不尽人情、不竭物力。三者、可以為天地立心、為生民立命、為子孫造福。

訳文
自分自身の心を物欲で曇らせることなく、人に対する人情も絶やすことなく、人民の財産を無闇に課税して取り尽くさない。この三つの心掛けを以て、天地にその誓いを立て、万民に対してはその生活を安定させ、子孫に対してはその幸福を作り出すことができる。

おそらくこの項は、為政者、時の総理大臣に語っているような文章である。読者には関係ないと思わないでもない。しかし、菜根譚がそんな項を設けるはずもない。とするなら、およそ、物欲に溺れるな、人情は厚く持て、公的使命はどんな立場でも私心なく勤めよ、なのではないか。そして、天地にそういう自分であることを高らかに掲げ、世のため人のためにお役に立てるよう努力して、子々孫々の将来まで長期に優れた事業を行うようにしよう。そんな正しい考えを述べたものである。

心が曇ることは意外に多い。何も物欲だけではない。米国のトランプ前大統領は、完全に曇った心を持っている。世界がそれを断定している。ＳＮＳで「議会を占拠しろ」などと言い始めるのは、民主主義国家の三権の長の発言とも思えない暴論であった。そもそもトランプを大統領にする米国とは何なのか。それはレーガンに戻る。米国社会の分断は、単純に黒人白人の問題にとどまらない。この差別感が白人内部でも牢固として分断を生む契機となっている。レーガンも既存の権力階層、即ち教養ある地位のある白人からすれば軽蔑の対象であった。教養のない人気のない映画俳優なのだから。だからこそ、白人中間層以下の連中は、レーガンに同病意識を持ちその代表代弁者としたのである。この根っこがトランプをも支持している。次に米国の国家としての肥大化がトランプへの支持の背景になっている。国家の権力構造が複雑になり過ぎて誰が本当の権力を持って支配しているのか誰にもわからなくなってしまっている。金融も財政も軍事も大統領の支配と思っている者はいない。オバマケアの説明書が二万ページに及んでいる事実は、国家を把握しているものの存在がわからないことを意味している。それに対し、トランプは我が物顔に権力者を単純に演じ切ってくれる。教養の高くないトランプ支持の白人中間層は、やっと本当の大統領が出現したとやんやの喝さいである。

面白いことに最近の米国は中間価値帯が消えてしまった。服を買おうとするとき、あるのは極端に安い量販店か超高級なテーラードスーツの店しかなく、中間がなくて困っている人が多いという。ここも階層分化の反映なのか。この現象は発展途上国に特有である。二重経済モデルと言われる。米国は経済大国でありながら全く異なる二つの経済に分かれている発展途上国と一緒になっているのである。国家の支配階級はＩＴ技術者と金融支配者だけである。

〔菜根譚　前集一八四〕——公と家との二つの戒め

本文

居官有二語。曰、惟公則生明、惟廉則生威。居家有二語。曰、惟恕則情平、惟倹則用足。

訳文

公務員として勤める心得に二語ある。それは「公平無私」であること。そうならば明朗な政治が必ず行われる。もう一つは「清廉潔白」であること。そうならば威厳のある態度に自ずからなっていく。家庭に在っての心得に二語ある。「思いやりは深く」である。これで家族の心はいつも穏やかである。もう一つは「倹約」である。倹約さえすれば費用は十分足りるからである。

公平無私とは結果において適切であること。清廉潔白とは手続きにおいて圧力関与がないこと。そうであるなら、誰が見ても適切妥当な行政を実行していることになる。やがて時間が経っていけば、そこに信頼が生まれ、さらに威厳すらできてくるのである。

この行政分野、お役人の世界は昔も今もほとんど変わりはない。しかし、家庭家族の分野はまるっきり異なる異次元の構造になってしまった。

　昔の家族は、職業との関係が濃い。中国の明の時代は、ほぼ日本の江戸時代と変わりない農業中心である。食べるために農業に従事し金銭を得るために農業を仕事にする。産業革命以前は、都市労働・企業労働はない。田園の中での経済でありその中での貨幣経済である。一般に就職雇用の仕組みは出来上がっていない。鍛冶屋は鍛冶屋、農家は農家、技能職が代々継承されていった時代である。人口の約一〇％が、特権階級で役人になりえた。そんな環境下で、家父長中心に長幼序ありで、家族は一体であった。父親中心で昼間は家族全員で農作業。夜は水入らずで夕餉を囲んで仲良く談笑であった。ここに言う「思いやり」は、父親が広く家族全体を優しく包むことに尽きている。おそらく「倹約」については、父親のそばの女房役たる妻が家計を預かっている。この妻の方針が倹約であるべきことを述べている。当時の中国も日本も家族労働で手作業、その生産でもコメ麦などの穀物や野菜を作っている。年貢で供出する分を除けば、家族がそれを分けて食べるのである。贅沢さえしなければ食に困ることはない。但し、災害など天災地変は例外である。

　しかし、今日の家族は、「思いやりが深く」ても「倹約」をいくらしても、家庭が順調にいくとは限らない。まずは職業が多様化してしまっている。現在の各国とも、農業人口の割合は、全人口の一％程度である。ほぼ先進国の平均である。一億人の日本であれば、一〇〇万人の専業農家数である。実際は六〇万人。兼業を含めればその三倍にはなるがあまりその数に意味はない。圧倒的に自営業は減り勤労者が多い。その職種も多様である。何より、核家族となっている。子供も大学へ進学すればもはや親と同居することはなくなってしまう。この項の後半、家族の問題は、全く異なる異質な世界の話になってしまった。思いやり、倹約で家族が上手くいくような社会は理想。

〔菜根譚　前集一八五〕——絶頂の時こそ細心であれ

本文

処富貴之地、要知貧賤的痛癢、当少壮之時、須念衰老的辛酸。

訳文

富貴の身分にあるときは、貧賤の境遇にある人の苦痛を知ることが大事である。若くて肉体的に盛んなときは、年老いて衰えた人の辛さを忘れてはならない。

人間の一生は起伏に富む。良い時もあれば悪い時もある。どちらを自分の地にするかでその人の一生が決まる。大方の人間は、成功した後の環境が快適なのでつい成功したあとの境遇を自分のベースにしがちである。それが最も危険で失敗に陥る可能性が大きい。どんなに成功していても、未だ貧困な若い時代と変わりない生活をしていたら、およそ失敗はあり得ない。ベースを自分の最低ラインにおいておく大事さを知らなければ真の成功は勝ち取れない。

少年は老いやすく、青年は壮年を一気に越え高齢者となる。筋力は衰え、目や耳も機能が衰える。体形も変化していびつな姿勢となる。歩き方も歩幅が狭まり潑剌さは消える。どんなに金があろうが地位があろうが、等しく年をとりやがて死んでゆく。人間の無常である。それをハッキリ理解している人間とそうでない人間とで態度や考え方に差が出て来る。高齢者の経験知という優れた面を吸収できる人間とそうでない人間に分かれることになるのである。

いつも「豊臣秀吉が木下藤吉郎のままであったら」と「日本が日米戦争を回避していたら」と思う。貧困最低に基本があるならどちらも可能だったと思われる。無理な朝鮮出兵をする、千利休を自害させる、淀君を寵愛するあまり賢婦のねね高台寺様の知恵を生かしえなかった、愚昧なる秀頼に権限を預けることで組織は崩壊していく。この項の教えは歴史を確実に変える力がある。

一九六二年、米国司法長官ロバート・ケネディが来日。滞在日程に合気道の養神館道場があった。ケネディの興味好奇心からであった。日本の武道は年齢を超える何かがある。それを実体験してみたいというのである。身長一五四センチ体重四五キロの塩田剛三が次々に若者を片手でなぎ倒してゆく。

ケネディは自分の警護官SPと対戦させてくれないか、とリクエストした。会場は凍りついた。大人と子供の身長差。はた目には、とても塩田の勝ち目はない、そう思えたのである。いざ組手となった。掴みかかったSPの手の逆を取った。SPはたまらず動きが止まってしまった。塩田の圧勝となった。ケネディはその回顧録で「私のボディーガードがその小柄な先生に立ち向かっていったところ、まるで蜘蛛がピンで張り付けられたように、苦もなく取り押さえられた」と感嘆している。合気道は、肉体の衰えとは無関係な天地の気の力を信じている。それを身体に取り入れるには、長期間の訓練がいる。塩田はそれを企むことなく見せつけたのである。これと同様に、座禅の世界でも、精神統一は高齢者の方が優れている。やはり訓練が長期間必要なのであろう。肉体を超える精神活動による価値の存在を知ることは大事。

〔菜根譚　前集一八六〕――包容力

本文

持身不可太皎潔。一切汚辱垢穢、要茹納得。与人不可太分明。一切善悪賢愚、要包容得。

訳文

身を安全に保つにはあまりに潔癖過ぎてはならない。一切の汚れや穢れといえども、全て受け入れなければ安全とは言えない。また人と一緒に物事を行う際には、あまりにハッキリ割り切り過ぎてはならない。一切の善も悪も、賢も愚も、全て受け入れてしまう包容力が必要だ。

人間の器、その多様な基準は様々である。部屋の温度、湿度、騒音、TVの好み、数人いれば一致は無理になるだろう。そんな世の中で、人に好かれなくとも、嫌われない得策は受け入れることである。自分が潔癖であるために、人を許せないという状況は自分自身で解決できるのである。自分の趣味嗜好に拘らずに、相手に一歩譲る。そのためには、極端に言えば汚れ穢れでも受け入れる気持ちであれば大丈夫なのだ。また、人間の癖や性格、体力、特技、能力など個性は幾重にも違いとなる。その人間が複数集まって仕事や行事を行おうとするなら、仲間になった以上我慢しなければならない。それは一言で、「我慢」しかない。パチンコを博打だという仲間と一緒に行くわけにはいかない。競馬・競輪もそう。集団の目的遂行のためには忍耐が必要である。その我慢を包容力という。包容力さえあれば、我慢や忍耐の心に無理を強いることがなくなって生きていきやすいのである。人間の素晴らしい英知なのだ。

歴史上、不運な男の一人に、浜口雄幸がいる。満州事変の責任を取って、田中義一が辞任した後、土佐人の浜口が首相となった。一般的土佐人とは異なり、闊達で軽佻なところはない。謹厳実直、寡黙、誠実無比なのである。帝大卒後、大蔵省に。秀才の誉れ高く出世するものと周囲は思っていた。しかし、なぜか地方勤務ばかり、先輩がもったいないと、中央へ迎えても主流の主計局や金融分野には配置されず、専売局で根雪となった。後藤新平はこの浜口を高く評価しており、逓信省の次官にした。しかし、そんな後藤に従うということのない変わり者であった。浜口が拘っていた政策は「金解禁」であった。日本は長く鎖国制度を採り国際経済や金融には基本的に理解が乏しかった。一八一六年、イギリスで金本位制が採用されているが、日本での導入は一八九七年。この頃には、貿易優先国家は金本位制を採る時代がきていたのである。ところが一九一四年の第一次世界大戦勃発で、金本位制は中断され管理通貨制度に移行する。大戦終結後、世界の主要国は金輸出を解禁し金本位制に復帰。それでも日本は、関東大震災などもあり金本位制になかなか復帰できなかった。一九三〇年、浜口は、金解禁を断行するが、一九二九年の米国株価大暴落を発端とする世界恐慌に飲み込まれる。この証券パニックを契機に世界は未曾有の大不況に陥っていくのである。一九三一年には金本位制の総本山のイングランド銀行が金本位制を停止し、各国が続いた。日本は、大戦景気で好況の時期に金融緩和し、不況のときに緊縮財政政策をとってしまったのである。

〔菜根譚　前集一八七〕――つまらない人達との交流

本文

休与小人仇讐。小人自有対頭。休向君子諂媚。君子原無私恵。

訳文

つまらない人達といさかいをするのはやめなさい。小人には小人なりの相手があるのです。立派な君子に媚び諂うのはやめなさい。媚びても何の得にもなりません。君子はもともと依怙贔屓などしないのです。

身分で士農工商に分かれていた時代があった。インドは現在も、バラモン、クシャトリヤ、バイシャ、スードラに分かれているそうだ。権力で見れば、政治家も役人も名刺を見ればはっきりしている。富で見るなら、金持ちと庶民、貧困層に分かれるだろう。さらにそれに徳を加えて徳の高い人から低い人まで段階をつけていくなら、小人と君子、その中間層に分かれてくるのだろう。それはすでに仏教の世界できちんと整理されている。六道、輪廻転生である。一切衆生は業の結果として六つの世界を輪廻転生する。天道、天人が住まう世界、享楽の内に生涯を過ごす。人間道、人間が住む世界、四苦八苦に悩まされる。修羅道、阿修羅の住む世界、修羅は終始戦い争う。畜生道、牛馬と同じ本能のみで生きる世界。餓鬼道、餓鬼即ち飢えた鬼で飢えと渇きに取りつかれている。地獄道、ひたすら罪を償うだけの世界。

　人間は人と区別して優位な存在でありたいと願う動物である。しかし、現実にしっかり分断区別されても仕方のない場合もあるのである。共通意識の違いである。宗教、思想、風習、文化、言語などである。その一つを徳の世界から見て小人と君子に分けているのである。

「デリヘルドライバー」（東良美季著、駒草出版）にみる実話は、デリヘルで働く少女たちのデリヘルでしか住む世界を見つけられない生活実態を見事に描写している。偶々、転職や企業運のないありふれた男が、職探しで行き着いた運転手。聞こえは良くないが給料は高い。確実に仕事もある。そんな男から見た少女たち。セックスをしたこともないのにデリヘルに入店。好奇心と生活。共通した状況は、家族と家庭に居場所を見つけられないこと。二〇歳くらいで、手に職はない、貯金も当然ない、支援してくれる親戚も縁者もない、話し相手もない孤独な若者は、迷路の中で行き詰まりの広場に集まる。それがデリヘルである。中にはセックスなしでは眠れない子、男に捨てられリベンジのために自分をいじめたい願望、超高学歴で爪先立って生きてきた疲れの反動、ドライバーはある種冷静に少女を見つめる。一番気の毒なのは、悪い客に会うことだ。普通は全くないが、ホテルの部屋に呼んでおいて、ホテルではトイレや風呂に仲間が潜んで、裸になった頃を見計らって出て来る。嫌がる少女を輪姦するのである。それでも時間が来たらドライバーは迎えに行く。少女は泣きながら、無口で話したがらない。やっと何があったかわかっても、警察には届ける気持ちも勇気も正義感も当に失っている。弱い貧困な少女を食い物にするまた貧困な層の悪い奴がいる。そんな小人といさかいをしても仕方がないことは明白。

〔菜根譚　前集一八八〕——理屈と道理の落とし穴

本文
縦欲之病可医。而執理之病難医。事物之障可除。而義理之障難除。

訳文
欲望にかられる人間を修正することは可能である。しかし、理屈に拘る人間を修正することは難しい。また、物質的な障害は取り除くことは可能である。しかし、道理の上での障害は取り除くことは困難である。

色欲食欲動物的欲にかられた人間に、カウンセリングや食事療法、漢方薬などで治療は可能である。ところが確かに、理屈で米国は嫌いだ、北朝鮮の国家は地上天国だと言って、よど号事件は起こされた。それを見ても人間の頭でしっかりと収まった確信的考えを修正することは困難である。

私が大学に入学した一九七二年、授業はほとんどなかった。大学紛争ばかりでセクトの争いを大学構内でやっていたので、授業中に火炎瓶が飛んできたり、学校の周りに機動隊が警備していたり、現在では考えられない光景があった。東大闘争一九六九年、よど号事件一九七〇年、などの流れで、武力革命を現実にすることができると思って理論武装、実戦武装をしていた集団、即ちテロ組織があったのである。当時の早稲田大学は、学生自治会を革マルが運営していて、学生会館も革マルの拠点であり、文化祭の収入は革マルの活動費用となっていた。組織は、密かに正常な企業や大学を呑み込もうとしていたのである。

『マングローブ テロリストに乗っ取られたJR東日本の真実』（西岡研介著、講談社）には、事細かにその状況が記されている。「まるで多足類生物のように、熱帯地域の河口の泥地に根を張り巡らせるマングローブ。そのマングローブの根のように、配下の革マル派組合活動家をJRの隅々にまで浸透させていく。革マル派秘密組織につけられたコードネームからは、そんな目論見が透けて見えるようだ」。そこに私の大学時代の恩師、元早稲田大学総長の奥島孝康先生が登場する。奥島先生は革マルの大学占拠に憂慮していた。徐々に浸透は進み教授会にまで影響が及んでいたからである。まず資金を絶たなければならない。大学関係者に寄付してはならない、誰が革マル派かしっかり認識して戦う姿勢を確立するべきである。敢然と明確な教務部長としての方針を打ち立てた。お陰で現在は正常化しているが、その脅し脅迫の手口は巧妙であった。奥島に協力する教授陣理事たちは、行き帰りの電車で痴漢事件を起こしている。というよりは、まじめにカバンを下げて満員電車に乗っている教授を女性二人組がまず囲む。接近して「キャー痴漢」といえばそれで完了。これで何十人も大学を失職してしまったという。ある日、埼玉県警公安部から奥島先生に電話。「革マルの活動家を逮捕したところ先生の家の鍵が出てきました」と。先生は覚えがない。調べによれば、何回も家に不法侵入して物色していたという。わざと、本棚の本を一冊、置いてあるところと違うところに置く。机の書類の位置を変える。物は取らずに少し様子を変える。普通の学者なら夫婦喧嘩になったり、疲れていると深刻に悩んだりするそうだ。奥島先生は、警察に言われるまで気が付かなかったという。立派である。

〔菜根譚　前集一八九〕――自己錬磨は鉄を打つように

本文

磨礪当如百煉之金。急就者非邃養。施為宜似千鈞之弩。軽発者無宏功。

訳文

自分自身を錬磨するには、鉄を打つように繰り返し練り鍛えるようにしなければならない。促成したのでは鉄が脆くなるように修養も足りなくなる。事業を興すには、強い石弓を放つようにしなければならない。ゆっくりと慎重に満身の力を込めなければ的は射貫けない。軽々しく興したならば、必ずどこかで上手くいかなくなる。

宮本武蔵の『五輪書』で「千日の稽古を鍛とし、万日の稽古を練とす」とある。即ち、鍛練とは繰り返し同じことを弛みなく成しきることだと説いています。努力は天才に優る。

日本は長く武士の世の中だった。最初は武器として後期は儀式用途として、また今は文化芸術として刀の存在は不滅である。その刀は、日本特有の鉄であること、強くしなやかでなければならないこと、が条件とされる。それ故に機械生産ができない。だから刀鍛治、刀工、刀匠が代々その技術を伝承している。その工程には、二つの肝心な特徴がある。鍛練と焼き入れだ。「鍛練」は、不純物をたたき出して炭素を均一化できる上に、折り返す度に鉄の層が重なりより強い鉄ができる。「焼き入れ」は、正確には焼き入れ焼き戻しの両方をいう。焼き入れの基本は、鉄を高温で熱しこれを急激にジューと音を立てて水に入れること。鉄の組織が変異して硬くなる。同時に脆くなる。刀はそれでは役に立たない。そこで焼き戻しをする。再び鉄を熱して今度は自然に冷却させる。すると粘りがある鉄になってくる。長い歴史の中で刀鍛冶のこの技術を指導者が見て、人間もまさに鍛練と焼きである、そしてこれを繰り返しやった者こそが本物になっていく。そう擬人化して教訓にまで高めたのだ。

株式会社「Ｕｂｅｒ」は二〇〇九年、ロサンゼルスでトラビス・カラニック（一九七六年生まれ、当時三三歳）によって創業された。米国のタクシーは昼でも恐怖感がある。ボロの車。運転手はほぼ移民。しかも服装はヒッピー。ピアスに首飾り、どこかで踊っているような恰好。乗車しても何も言わない。中は、音楽の音がやかましい。ビートが効きすぎ。到着して料金を支払うときも、客の立場よりも体の大きな黒人の方が上。車から降りたとき、本当にほっとする。これではサービス業とは言えない。トラビスは、まさにそう思っていた。また、実際ロスの街でタクシーを呼んでも、来ない。一時間待っても来ない。頭にきたＵＣＬＡでコンピューター工学を専攻した若者が思いついたアイデアがウーバーだった。アプリ、ネットワーク、料金システム、乗車アンケート、当初は上手くいった。二〇一五年フォーブス世界長者番付で資産六三億ドル（六五〇〇億円）と公表される。しかし白タク営業、運転手の強姦犯罪などトラブルだらけでトラビスは退任。その後は、別の経営者が順調に経営継続、むしろ売上倍増。

〔菜根譚　前集一九〇〕　――つまらない人間には憎まれてよい

本文

寧為小人所忌毀、毋為小人所媚悦。寧為君子所責修、毋為君子所包容。

訳文

いっそ小人、つまりつまらない人間に憎まれても、彼らに媚び諂われることがあってはならない。いっそ君子、つまり立派な人間に責められることがあっても、安易にその人のお世話になってしまってはならない。

世の中には、あれ、と思うような下等な人間がいる。その者たちが誉めそやしたり、崇めたてまつる人間は、やはり輪をかけて下等な人間である。ところで、規律正しく正義感もある君子が責めるというには、それなりの合理的納得のいく理由があると思われる。だからと言って、全面降伏して君子のお世話になってしまうと、本来君子が責めて叩き直してみようとする趣旨にそうところではない。そこは、ぐっと我慢の上、精進研鑽を積んで自己鍛錬の道を歩み、やがて君子そのものになることが、正しい人生となるのである。

つまらない人間の一つに暴力団がある。主に犯罪を行うことによって生活の糧を得ている集団のこと。全国に一万八〇〇〇人。準構成員を含むと三万九〇〇〇人に上る。彼らの事情を聞くと、ほとんどが、幼少期に精神的経済的に恵まれていない人が圧倒的に多い。単身家庭や育児放棄、虐待、孤児、在日韓国人、朝鮮人などが多く占めている。新潮新書『ヤクザになる理由』（廣末登著）によると、「家庭・学校・仲間・個性にその要因が含まれている」と。まず「家庭」、子供への愛情、それが十分満たされていないことで子供は指針を失う。次に「学校」、善に導いてくれるはずが、なぜか非行を進化させる場所でしかないときが多い。「仲間」、組員をかっこいいと思う人間がその仲間にいることで組が近くなる。「個人的な特性」としては、切れやすい、腕力が自慢、地位への執着、安易な思考など。そして重要なのは更生のチャンスが来ても運悪く邪魔が入る偶然がある。人生、「出会い」に運不運があり落ちていく人は運が悪いという。

東京六本木に本部をおく指定暴力団稲川会は構成員三四〇〇人、強大な勢力を誇る。一九四九年稲川聖城が一代で築いた組織である。組員の一人として浜田幸一がいた。「木更津のダニ」と言われた時代があった。稲川が児玉誉士夫の用心棒にしたことから政界に関係ができた。富津町議会議員、千葉県議会議員を経て衆議院議員になる。稲川を「尊敬する人物」として公言。若い頃、傷害事件で服役、出所してみると所属の組織は稲川に吸収されていた。一九五五年頃、親分が死んだため稲川に相談したところ、「別な道を考えろ」と言われ政治に関心があるというと、児玉誉士夫を紹介された。児玉邸に二、三年住み込んでいた。その後一〇年間、小佐野賢治の国際興業で不動産の業務に就く。浜田は賭博が好きであった。一九七三年ラスベガスのカジノで一晩で一五〇万ドルの損失を出した。この稲川も故人となる。その後組は六代目となった。五代目の清田次郎（辛炳圭《シンビョンギュ》）の娘婿の内堀和也が六代目を襲名した。一九五二年生まれで早稲田大学法学部から三菱銀行へと言われる。私と同年大学学部も同じ。時代なのか。

〔菜根譚　前集一九一〕――名声と道徳のからくり

本文

好利者、逸出於道義之外、其害顕而浅。好名者、竄入於道義之中、其害隠而深。

訳文

営利を好む者は、初めから道徳の外に走り出しているので、その弊害は誰にでもわかる。その根は浅い。これに対し、名声を好む者は、初めから道徳の名の中にもぐりこんで隠れているのでその弊害は見えない。その根は深い。

経済界と政界の違いを喝破している。しかしこの両者はしばしば協力して反道徳的行為に出ることがある。「越後屋よ、お主も悪じゃのう」「いえいえ、お代官様ほどでは……」。このセリフを地で行く事件が戦後四件あった。四大疑獄事件と言われる。昭和電工事件、造船疑獄、ロッキード事件、リクルート事件である。

戦後復興資金の融資を巡り、大手肥料会社昭和電工が政治家と役人、さらにGHQに賄賂を贈った事件である。まだ大蔵省の役人だった、後に総理になる福田赳夫も逮捕された。警視庁は全容を把握したが、GHQの指示で検察庁の事件に移管され、やがてうやむやになった。

次に造船疑獄は、低利融資や計画造船の割り当てをめぐり海運造船会社が政官に賄賂を贈った事件。検察庁は自由党幹事長佐藤栄作が金員を収受していることを内偵。逮捕に踏み切ろうとした。吉田内閣は危機に瀕した。総理は犬養健法務大臣に指揮権発動を命じ、後に総理になる佐藤栄作は逮捕を免れた。検察の横暴を抑制するための指揮権が政治家の疑惑隠しに使われたと以後大論争となった。

ロッキード事件は、歴史上初めての総理大臣の逮捕となった。その真相は未だに明確ではなく追及が続いている。米国国家安全保障公文書館のアナリストが、キッシンジャー「会談録」二一〇〇件を公開した。その中の超機密文書として大統領補佐官と田中角栄赤坂会談が記述されている。「ジャップは上前を撥ねやがった」「日本のアラブ寄り外交は米国の国益に反している」。激怒の言葉が散在している。もはや復讐心の表現だと思える文章である。一般的には外国の公文書は日本の裁判所の証拠書類にはならない。必ず文書作成者の尋問をしなければ証拠能力がないからである。それにも拘わらず、日本の最高裁判所は超法規的措置という名で、日米司法当局間文書引き渡し協定が締結された。それで「キッシンジャー意見書」が米国証券取引委員会（ＳＥＣ）に出され東京地検の証拠書類の中に入った。米国の強い意図がなければ事件性はほとんど皆無に近いものであった。

最後は、リクルート事件。創業者の江副浩正氏が自身の政治的財界的地位を高める目的で、政官財の関係者約一〇〇人近くに、リクルートコスモスの未公開株を譲渡したものである。有力政治家は全て対象。もらっていなければ有力ではないと評価されたほどであった。しかし自民党で有罪となったのは職務権限の立証が容易であった中曽根内閣官房長官藤波孝生一人であった。生真面目で嘘のつけない実直さが、かえって自らの首を絞めてしまった。逮捕有罪でも総理になる者もいれば……。

〔菜根譚　前集一九二〕——冷酷な心を戒めよ

本文
受人之恩、雖深不報、怨則浅亦報之。聞人之悪、雖隠不疑、善則顕亦疑之。此刻之極、薄之尤也。宜切戒之。

訳文
人というものは他人から受けた恩義は深いものでも報いることはない。逆に、恨みは浅いものであっても必ず報復をしようとする。他人の悪評は、本当かどうかわからなくても疑うことはない。良い評判は確かであっても疑う。このような人間の陥りがちな性質は、冷酷極まりなく甚だ薄情であり、必ず改めなければならない。

刻石流水《こくせきりゅうすい》、仏教経典にある言葉「情けを掛けしは水に流し、恩を受けしは石に刻むべし」。古から恩義における人間関係の難しさを絶妙な表現で表している。これを端的にいうとこの菜根譚となる。人間には自負心プライドがある。苦しい時の情けや恩をいつまでも語り続けることは立身出世したならば、今さらいつまでも言えない心境に変化してしまう。残念だが恩を受けた者の論理なのである。

悪い評判は立ちやすい。歴史上面白い例がある。いろは丸事件である。一八六七年五月海援隊隊長坂本龍馬が操縦するいろは丸（一六〇トン）と紀州藩所有の明光丸（八八七トン）が瀬戸内海の最も事故の多い鞆の浦沖で衝突した事件である。現在の海難事故として判断すれば、龍馬の敗訴となってしまう。それは、互いに相手船を視認したときには右旋回することが義務付けられている。いろは丸は左旋回している。また、夜間の航行では舷灯を点灯させなければならない。いろは丸は点灯していなかった。

龍馬は窮地に陥る。そもそも海援隊隊長になったばかりで所有の船はない。土佐藩と仲のよい大洲藩のいろは丸を一五日間借りて五〇〇両払う貸借契約をした。またこの船は大洲藩が外国から一万両で買ったもの。衝突後小さないろは丸は大破して沈没している。それに龍馬はこの船で武器の輸送をして稼ぎを得る目的があった。ミニエー銃四〇〇丁他、銃火器三万六〇〇〇両相当も海の中へ。船も積み荷も全部龍馬の責任となる。龍馬は気転の利くことにおいては天才である。武市瑞山が龍馬を歌って「肝胆元雄大（かんたんもとよりゆうだい）奇機自湧出（ききおのずからわきいず）飛潜有誰識（ひせんだれかしるあらん）偏不恥龍名（ひとえにりょうめいにはじず）」と。気転知恵者の龍馬。ここで、龍馬はこの事件が公然の事実になる前に示談で解決する以外ないと判断した。藩命で長崎へ急がなければならない明光丸が、鞆の浦の桝屋清右衛門宅で示談交渉で足止めされた。さらに龍馬は薩摩・長州と組み紀州包囲網を作った。「船を沈めたその償いは金をとらずに国をとる」。当時の世の中を駆け回った。現在のSNS現象。焦る船長高柳楠之助は判断力を失った。示談は紀州側は茂田一次郎、いろは丸は後藤象二郎となった。事態は悪化し、茂田は戦争も辞さずと熱していった。そこで交渉の仲介を薩摩藩の五代友厚がとることになった。土佐・薩摩・長州が完全に連携していることを未だ茂田は承知していなかった。結果、龍馬に万国公法から理ありと五代は言い、紀州に八万三五〇〇両の賠償責任を認めさせてしまった。龍馬とは相当の悪であり、不思議な能力を持っていた。

〔菜根譚　前集一九三〕――媚びる阿るは身体を損なう

本文

讒夫毀士、如寸雲蔽日。不久自明。媚子阿人、似隙風侵肌。不覚其損。

訳文

中傷や悪口よりも、媚子阿人《びしあじん》に気を付けなさい。中傷や悪口は、少しばかりの雲が一時太陽を覆い隠すようなものである。やがて事実はすぐに明らかになる。しかし、媚びる者阿る人の言葉は、冷たい風が肌を刺すようなものである。気が付かぬ間に身体が芯から悪くなっている。

媚びるとは、相手に気に入られようとしてご機嫌を取る態度をいう。阿るとは、「面」と「練る」で成り立っていて、「表情を柔らかくすることで、相手を立てる」という意味だ。媚阿、共に共通する人間心理がある。まず、①表裏があること。権威や権力に弱く、部下には強い態度で上司にはご機嫌を取る、人として卑怯な面である。次に、②損得で人を判断する。メリットがあるならアピールして近寄り、メリットがなくなれば急に冷たくなる、即物的である。最後に、③自信に欠ける。自己に主体性がないため権威ある人に気に入られることが、自己評価につながると安易に考える傾向がある。強い劣等感が根底にある。道徳的作家の三木清は『人生論ノート』で、「ひとに阿ることは間違ったことを言うよりも遙かに悪い。後者は他人を腐敗させはしないが、前者は他人を腐敗させ、その心をかどわかして真理の認識に対して無能力にするのである。嘘吐くことでさえもが阿ることよりも道徳的にまさっている」といっている。

王様がいると媚び諂う人間が必ず現れるものである。王は絶対権力である。この絶対権力は絶対的に腐敗すると言われる。そこで市民革命が起こることになる。哀れマリー・アントワネット王妃は、儚くもギロチンにかけられて惨殺された（一七八九年）。市民は解放され永遠に王政は地上から消え去ったと思われた。しかし僅か一五年で再びフランスは王政に復帰する。一八〇四年ナポレオン一世の登場である。あれほど媚び諂い阿りに嫌気がさしていた国民が実は、やっぱり隷従の安逸さが忘れられなかったのである。フランスの人文主義者エティエンヌ・ド・ラ・ボエシは一五七六年に書いた『自発的隷従論』（山上博嗣訳、ちくま学芸文庫）で次のように述べている。すなわち、民衆自身こそが「あえてみずからを抑圧させている」のだと。「たしかに、人はまず最初に、力によって強制されたり、うち負かされたりして隷従する。だが、のちに現れる人々は、悔いもなく隷従するし、先人たちが強制されてなしたことを、進んで行うようになる。（中略）隷従状態のもとで発育し成長する者たちは、（中略）生まれた状態を自分にとって自然なものと考えるのである」。つまり「自発的隷従の第一の原因は、習慣である」。原因はそれだけではない。支配者のまわり追随者が生まれ、その支配体制を強化する。その追随者＝「小圧制者」にはさらに追随者がつき、末広がりに隷従の連鎖がつながっていき、「結局のところ、圧制から利益を得ているであろう者が、自由を心地よく感じる者と、ほとんど同じ数だけ存在するようになる」。

自発的隷従はどんな体制下でもありうる。現在の日本は、まさに自発的隷従に覆われている。

〔菜根譚　前集一九四〕――孤高の人や度量狭き人は孤独

本文

山之高峻処無木。而谿谷廻環、則草木叢生。水之湍急処無魚。而淵潭停蓄、則魚鼈聚集。此高絶之行、褊急之衷、君子重有戒焉。

訳文

山が高く険しければ木は生えない。けれども高い山から水が流れ谷川に至れば草木は群がり生えている。また、川の急流には魚は棲みつかない。けれども、川が流れ淵に至れば水は滞り魚が群がって集まっている。このように、ことさらに孤高な態度や器量が狭く性急な行動では人を寄せ付けない。君子は、とかく理想を持ち、自己抑制が強く、ひたすら刻苦勉励しがちである。ここに人が敬遠する要因がある。そこを注意して生きていかなければ、折角の努力が無益になってしまう。

君子はその知識や経験の豊富さで人の指導者たるべきである。幕末の長州における吉田松陰の師匠玉木文之進の如くに孤高であれどもひたすら弟子が慕ってくるようでなければならない。松下村塾の松陰しかりである。

『孤高の人』に私は、いたく感動した経験がある。新田次郎の小説を読んだのである。

平凡な会社員、加藤文太郎は登山に魅せられていた。生真面目な技術者、家族思いの不器用な人柄の人物が主人公である。人に迷惑を掛けたくない、もし危険な道で人に怪我でもさせたら申し訳ない。それを彼は利己的だという。徹底して単独行で、自然を楽しみ愛し堪能した。しかし、神は悪戯である。一九三六年、厳冬の登山で友人に頼まれ初めてパーティを組んだ。無謀な計画に引きずられ、運悪く吹雪の槍ヶ岳北鎌尾根で遭難した。最愛の妻花子と結婚して山をやめようと決意したところであった。享年三〇歳。当時の新聞は「国宝的山の猛者、槍ヶ岳で遭難」との見出しであった。加藤の生家のある兵庫県新温泉町には加藤文太郎記念図書館がある。平凡の非凡、趣味の登山をひたすら追求した一会社員が三〇歳という若さで多くの人に慕われたのである。加藤は休みの朝、住んでいた須磨を出発して六甲山を全山縦走してまた須磨まで一日で帰ってきた。その距離一〇〇キロに及ぶ。当時登山はヨーロッパの貴族のスポーツという位置づけしかなかった。シェルパが案内し荷物を持たせてチームで登るのが登山であった。しかし、加藤は単独で何の装備も無くただ地下足袋をはいて歩くだけの画期的な大衆登山を始めたのである。山に登りたいために須磨の家から勤務の神戸まで往復六キロを一五キロのリュックを背負って通勤していた。最初は標高三二八メートルの神戸の高取山から山の魅力に取りつかれていった。冬の雪山も加藤はことさらに単独行であった。一九三一年正月富山から信州へ一〇日間かけて北アルプスを横断した記録は今日でも評価されている。なぜ単独行者（ドイツ語でアラインゲンガー）であるのかを加藤本人がその著書『単独行』で記している。「気が弱いから一人で登ります」。

〔菜根譚　前集一九五〕――成功と失敗

本文

建功立業者、多虚円之士。僨事失機者、必執拗之人。

訳文

大きな事業を成し遂げ功績を挙げる者は、多くの場合あっさりしていて円満な人間である。事業に失敗しチャンスを失う者は、例外なく執念深く偏狭固執する人間である。つまり、偉業を成し遂げ成功したいなら、偏らず、囚われず、拘らず、執着心をなくすことである。

日経の連載「私の履歴書」は、日本の経済界、文化芸術界、学者、官僚、政治家など著名な人達の人生物語が綴られている。これは失敗や挫折・逆境をエネルギーに変えて活躍した人間の実話が列記されている。この著述を全部読んで分析した人がいる。彼は成功者には極めて顕著な共通する特徴があるという。それは三つの性格要素である。いわく「明元素《めいげんそ》」だと。明、性格が明朗で物事をおおよそ楽観的に捉える人でなければならない。元、身体的に元気であることを要する。成功とは失敗に学びチャレンジする人でなければならない。ウォルト・ディズニーは三回の事業倒産を経験している。ミッキーマウスに出会うまでは只の夢見る若者でしかなかった。次の事業への意欲は身体的な元気に支えられなければならない。素、これが妙味である。一般的に気が付かない所である。素とは、性格が素直な人か、曲がっていても素直なものに修正できる人であることである。相手の援助に素直に感謝できて、人の言うことを素直に聞くことができる人間は成功できるのである。一六世紀の菜根譚の言葉は、二一世紀のわれわれのデジタル社会でも十分に通用することに驚嘆する。

高知県出身の漫画家は多い。横山隆一、やなせたかし、黒鉄ヒロシ、青柳祐介、はらたいら、安倍夜郎など、枚挙に暇がない。その中で画期的なのが、やなせたかし氏である。私の目から見ると本当の成功者ではないかと思う。まず私が少年期、子供の玩具や絵本はディズニー一色であった。白雪姫、シンデレラ、熊のプーさん、ドナルドダックなど。ところが子育てをしていて、ふと気が付いた時、自分の子供の玩具にはほとんどディズニーグッズがなくなっているのである。それに代わって一杯あったのがアンパンマンだったのです。子供が歌う「アンパンマンのマーチ」に驚いた。なんのために生まれて……から始まる歌詞は、五歳の幼児が歌うにはあまりに深い内容である。やなせたかしさんの名言には、「我々が本当にスーパーマンに助けてもらいたいのは、たとえば、失恋して死にそうな時、おなかがすいてたおれそうな時、あるいは旅先でお金がなくなった時、その他いろいろあるわけで、そういう細かいところに気がつく優しいスーパーマンがいてほしいのです。鉄橋をもちあげたり、全くいそうにもないビニール製の怪獣をなぐりつけてもらっても、あんまり心からよろこべない。(中略) 本当のスーパーマンは、ほんのささやかな親切を惜しまないひとだと」(「アンパンマン雑記帳」より)。米国に日本が勝ったような気がする。成功者とは、次の世代に支持があること。そして本人自身が長生きしていること。やなせさん、享年九四歳。ディズニー、六五歳没。

〔菜根譚　前集一九六〕——世俗との妥協と違和

本文

処世、不宜与俗同。亦不宜与俗異。作事、不宜令人厭。亦不宜令人喜。

訳文

人間が生きていくには、世俗の人とあまりにも妥協し過ぎてはいけない。しかしまた、世俗の人とあまりにも違い過ぎてもいけない。また、事業を興そうとするときには、決して人に嫌な思いをさせてはいけない。しかし人を喜ばせるばかりでもいけない。

小野田寛郎《ひろお》さんの人生には、いくつもの気付きや教えがある。一九二二年和歌山県に小野田家の四男として生まれる。長兄も次兄も東京帝国大学卒業後陸軍に入隊。寛郎は軍人よりも民間人を希望し中学校卒業後直ちに上海の商社に入ったが、二〇歳を迎え徴兵となり郷里の歩兵六一連隊に入隊。中国語英語に精通していたことから、すぐさま陸軍中野学校に入校。陸軍少尉となる。海南中学校では剣道部主将、中野学校でも剣道の達人として三年連続校内剣道大会の決勝戦に残った。ルバング島で一番見た夢は、剣道大会の決勝戦で毎回敗れた記憶だった。相手はいつも小松雅《ただし》。悔しさに夢の中で何度も小松と戦ったという。日本に帰国してインタビューの際「今一番会いたい人は誰ですか」との問いに、「小松さんです」と答えた。皆、小松さんを探した。小松さんは当時高知県議会議員になっていた。政治家にしては思慮深くあまり表に出ることを好まなかった。高知県から拓殖大学剣道部の主将となり陸軍中野学校に小野田と同期で入校している。マスコミはついに小松氏を探しあてた。テレビ出演、取材要請など大変な騒ぎになった。小松県議は終始「小野田さんという人は、知りません」。一点張りで押し通した。小松は高知県が国体でいつも最下位である不名誉を何とかしてほしいと知事に依頼され、国体に出場した。何と個人・団体共に高知県が優勝したのである。小野田さんが夢に見た理由がわかる。

小野田は軍の情報将校としてマニラ湾を一望できる戦略的に最重要箇所ルバング島に派遣された。終戦を迎えてもここには任務解除命令が届かなかった。小野田ら作戦部隊は密林に立て籠もり諜報活動を徹底した。その中の赤津勇一一等兵が一九五〇年投降したことによって、残留日本兵が三人存在することが判明した。最終的には、一九七四年命令解除によって帰国。横井庄一も残留日本兵であるが横井が天皇陛下から拝領された銃剣を穴掘り道具にしたことで小野田は面会を拒否した。さらに天皇陛下への拝謁も断った。それは、「自分は陛下の軍人である。それを誇りに生きてきた。その兵隊が陛下に会って、陛下が自分にもし頭を下げるようなことがあれば自分の本意ではない。だから会えない」と。また、小野田は米国の属国に落ちぶれてしまったとの認識を強くした。様変わりした日本に居られず兄のいたブラジルに移住を決意した。特に子供が親をバットで殴り殺す事件に、日本の哀れ落ちぶれた国情を読み取って、自然から理を学ぶ自然塾を開催して日本の子供と触れ合った。九二歳で他界。死ぬまで強かった日本の指導者は満州に亡命していると思い込んでいた。

〔菜根譚　前集一九七〕――晩年の生き方

本文

日既暮、而猶烟霞絢爛。歳将晩、而更橙橘芳馨。故末路晩年、君子更宜精神百倍。

訳文

陽が沈んでも夕映えは美しく輝いている。一年がまさに暮れようとしている年末でもなお、橙や橘はさらに芳しい香りを放っている。故に、人生の晩年には、君子はさらに精神を百倍にも奮い立たせて大いに活躍すべきである。

中国に徐福伝説がある。史記によると、秦の始皇帝が徐福に命じて、「東方の三神山に長生不老の霊薬がある。それを取得して帰ってこい」と三〇〇〇人の集団を日本に派遣したとある。日本にはいくつかの徐福伝説が残る町がある。特に和歌山県新宮市には徐福公園がありその中には徐福の墓と称されるものまである。公園の入り口には中国さながらの楼門まである。また売店には天台烏薬というクスノキ科の木から作った老化防止の活性酸素除去のお茶の販売もしている。紀元前二二〇年の話が今も日本に残ることの意味は大きい。それにしても人間の欲望の大きな一つに不老不死、長生があることは明らかである。

そして長生きしてなおかつ重要なことは、「決して老いぼれて、気力を失い、体力の衰えをそのまま外に表すなど朽ち果てるような様をしてはならない」と菜根譚は説く。人間の一生を振り返ると、現役で盛んな時期がそれぞれの仕事である。日野原重明医師は、聖路加国際病院院長を長らく勤め二〇〇五年には文化勲章を九四歳で受章してからも、医師として勤務しまた「いのちの授業」を小学校で二〇〇回以上、NHKでも放映している。享年一〇五歳。九〇歳を超えてから世間の話題となっている。きんさんぎんさんという姉妹、成田きん、蟹江ぎんさんは双子の姉妹であった。二人とも普通の主婦として人生を送り子供孫に囲まれた普通の老後を送っていた。一九九一年に数え年で一〇〇歳を迎え、愛知県知事から表彰され、それが記事となった。元気なお祖母ちゃんとしてテレビのコマーシャルにも出演し話題になり、NHKドキュメンタリー「きんさんぎんさん一〇〇歳の時間《とき》」として日常を放映された。自然に豊かに何でもない日常を生きる老人が、元気であること、暗さが微塵もないこと、家族がそのことで明るく幸せであること、などが紹介され日本人に老いといかに生きるかの回答を与えた印象があった。正しく晩年の生き方を示唆してくれた二人の存在であった。その他、一般的には日本画の画家は長寿である。日本画壇の会員の平均年齢は八〇歳を優に超えている。奥村土牛《とぎゅう》、小倉遊亀《ゆき》画伯など一〇〇歳にして創作意欲に溢れていた。また、仏教界もしかりである。特に禅僧は呼吸の日常を送っているため長生きとされる。一休禅師は、一四〜一五世紀の人で八七歳まで生きた。栄西・白隠・隠元しかりである。

現代日本の平均余命は世界二位。女性八七・四五歳、男性八一・四一歳（二〇一九年）。一位は香港。日本人より一歳長寿である。六〇歳で現役を退いてほぼ三〇年近く、どう生きるかが銘々に問われる。その時に菜根譚は、現役の時以上に精神を奮えと鼓舞する。

〔菜根譚　前集一九八〕――大事を担う力量

本文

鷹立如睡、虎行似病。正是他攫人、噬人手段処。故君子、要聡明不露、才華不逞。纔有肩鴻任鉅的力量。

訳文

鷹が木にとまっている様子は、あたかも眠っているようであり、虎が歩いている様子は、あたかも病気にかかっているようである。このような様子こそ、鷹が獲物につかみかかり、虎が人にかみつこうとするための方法である。だから君子たるものは、自分の賢明さをやたらに外に表さないようにすることが必要である。それでやっと、大事を双肩に荷うことができる力量があることになる。

鷹も虎も獲物を獲らなければ生きていけない。獰猛な肉食獣は、獲物が恐怖警戒している限り手に入れることはできない。相手の安心感・油断や隙があって初めて獲物にありつける天の摂理である。人間社会に転じてみると、相手の油断や隙を狙うわけではなく、あくまで能力を誇示することが人間の底の浅さを示すこと、謙虚な姿勢はどんな立場でも人間の価値を高めるなど、「能ある鷹は爪を隠す」の教えを尊ぶものである。

その意味で才能や功績がある人は、ない人以上に慎ましく振る舞わなければ落とし穴が待ち受けている。

ジェフリー・プレストン・ベゾスはアマゾンの創業者。一九六四年生まれ。プリンストン大学工学部卒業後、金融決済システムのベンチャー企業に就職。貿易情報のネットワーク構築に従事。大手金融機関に転職して顧客サービスの専門家となる。その後ヘッジファンドのD・E・ショーに移り三〇歳で副社長に抜擢される。一九九四年に退職して、NYからシアトル（人口七〇万人）に転居する。米国で最も住みやすい都市で自然環境に恵まれ子育てに向いており、人間の創造力を高めてくれる街だとされる。スタバ、マイクロソフト、コストコ、ボーイングと有名企業の創業の地である。ベゾスはこの自宅で創業した。何を事業にするかは、NYからシアトルの機中で考えた。いささか金融界の過当競争に食傷気味であった。ゆっくりと読みたい本に没頭したい。金儲けの弱肉強食に辟易したのも手伝っていた。もともと理科系の頭脳、趣味は宇宙旅行やロケット技術。そのベースに顧客サービスと金融決済が重なっていたが、そんな分野に目もくれず本の販売、本屋に行かずとも好きな本に出合える。寝そべって本を読み、眠くなったら居眠りをする、そんな理想の生活の実現のためにアマゾンを創業するのである。ちなみにベゾスは寝るのが大好きで一日八時間以上ベッドの中にいる。これも金融業界にいたときの反動である。こうしたベゾスの創業精神には何一つ鷹の尖った爪も虎の鋭い牙も入っていない。しかし、彼の本来培った才能がやがてオンライン書店から全世界小売り販売ネットワークへと発展させていった。アマゾンとは、誰でも知っている川の名前。Aから始まる会社名にしたかった。両親は本屋とは知らずに三〇万ドル出資した。三年後株式公開（IPO）した。その時、大手米国書店から一年持たないとあざ笑われたがひるむことはなかった。二〇二〇年世界一の富豪となった（二一一兆円）。

〔菜根譚　前集一九九〕――倹約も謙譲も度を越さぬこと

本文

倹美徳也。過則為慳吝、為鄙嗇、反傷雅道。譲懿行也。過則為足恭、為曲謹、多出機心。

訳文

倹約は美徳である。だがしかし、度を越すとケチになり卑しくなって、その結果逆に正しい道を損なうことになってしまう。謙譲は善い行為である。だがしかし、度を過ごすと馬鹿丁寧になり、堅苦しくなってその結果多くの場合、何か魂胆があるとみなされることになる。

倹約とケチの違いを明確にしなければならない。なぜなら似て非なるものであり、一方は敬されるべきもので他方は軽蔑されてしかるべきものだからである。両方とも無駄使いしない点では同じだ。けれども、ケチはどんな時でもお金を出さない、ひたすらお金を使わないことのみに専念する性癖のある人のことを指す。倹約家は、贅沢はしないが必要な者には適切に支出する。自分のためにも人のためにもお金を使える人。

面白い統計がある。自分は倹約家だと思うかどうかを、都道府県でアンケート調査したものだ（ソニー生命保険株式会社「47都道府県別　生活意識調査2018-19年版」）。これによると一位は佐賀県。その背景には佐賀県の歴史があると言われている。

佐賀鍋島藩一〇代藩主鍋島直正（一八一五〜一八七一）は事情を知らずに一七歳で藩主になった。生まれた江戸藩邸から初めて佐賀へ、その大名行列が地元屋敷の前で立ち往生。先代が支払いを怠った借金があまりに多く、醤油屋、酒屋などの者が取り立てに押しかけて来たせいで屋敷に入れないという珍事となった。第九代鍋島斉直は、フェイトン号事件以後、幕命により海岸警備の強化のため兵員武器の増強で膨大な負債を抱えてしまったからであった。直正は、藩財政改革に乗り出した。倹約令、贅沢禁止令をまず出した。それは衣装法度から始まった。金持ち貧乏に限らず木綿の服の着用を命じた。絹服の着用を禁じた。かんざしは金銀の使用を禁じた。芝居、見世物、講談、寄席をも禁じた。琴、三味線、芸者、酌婦も一切禁じた。大坂、江戸の豪商に掛け合い、借金を八割カット。地元佐賀や長崎の商人には七〇年返済の長期ローンに組み替えてやっと財政再建のめどを立てた。剛腕ぶりを発揮した直正の改革は一応成功したが、鍋島藩の領民は以後質素倹約が習いとなったものである。

井原西鶴は『日本永代蔵』で、富を得たいと願う者が厳守すべきことは、(1)始末(2)算用(3)才覚だとする。始末とは、冗費の節約。ケチと始末とは異なり、必要経費は惜しまず有効に使うこと。算用とは、収益採算意識。才覚とは、鋭敏な時代感覚で知恵と身体で懸命に働くこと。早起きして健康に留意する、美食と淫乱を抑制する、ギャンブルと美衣に凝ってはならない、風雅な趣味にのめりこんではならない、ぼろい儲け話に乗ってはならない、と。三井高利の後継者、高房は政治や芸事への融資で失敗。それに学んで成功。京都の茶道具屋から製銅業となった住友家は、「確実を旨とし浮利に趨《はし》らず」を家訓とする。越前敦賀から京都に丁稚に出て古着の行商をした飯田新七は愛想と勤勉で髙島屋を創業。

〔菜根譚　前集二〇〇〕――禍福は糾える縄の如し

本文

毋憂払意、毋喜快心。毋恃久安、毋憚初難。

訳文

思い通りにならないからといって挫けてはならない。また思い通りになったからといって、喜び過ぎてはいけない。いつまでも平安無事であるからといって、それを頼りにしてはならない。また、最初に困難に出会ったからといって無闇に怖れ嫌ってはならない。

英国の一九歳のゴミ収集の仕事をしている若者、マイケル・キャロルさんがたまたま宝くじを買ったところ、九七〇万ポンド（当時のレートで約一八億円）当たってしまった。即刻仕事を辞め、豪邸を買い、パーティに明け暮れた。広大な庭にはカーレースができるトラックも整備した。結局、ドラッグにはまり、二〇一〇年には破産した。まさに有頂天になったら後が怖いの典型である。キャロル氏曰く、生活をすぐに変えてはならない。大金が手に入ったことは隠すのが困難。できる限り寄付したり、親族を助けたりすることが大切であることがわかったと。日本でも同様のことはある。高額当選者が当選金の受取に行くと大金と同時に渡される本がある。『【その日】から読む本』という題名。本の中には「当選した興奮と付き合い、落ち着いたらローンなどの返済を優先してください」と書かれているそうだ。私の田舎に宝くじに当選したという人がいた。四万十町という町のはずれに住んでいる方である。熱心に後援していただいていたので時折ご自宅にお邪魔していました。農家で子供さんは勤めに行っていました。当選の噂があったので本当か聞きに行ってみると、御主人は、にこにこするだけで何も答えてはいただけなかった。ところが半年くらいたった頃、また当選したとの噂。家の前を通ると、完全に雨戸が閉じられ門が閉まり人の気配がなかった。ご近所によると、二回目の当選も本当のようで、大変な数の人達が夜遅くまで訪ねてきていたと言う。石を家にぶつけたりする人もあって、あれでは引越しするしかないと。その引越し先にも人が来て、今では全くわからない場所にいるという話だった。

私の親類に働き者の夫婦がいた。よく世間話をしたが、必ず「あると思うな親と金。ないと思うな運と災難」とのフレーズが出てきた。今や親が他界してそのセリフの神髄が理解できるようになった。大なり小なり親の恩恵がある。それを親のお蔭と思うことが生前はできないものだ。ところで、二〇二〇年の小学生の意識調査で「憧れの人」というものがあった（ベネッセコーポレーション「進研ゼミ小学講座」による）。第一位は、竈門炭次郎《かまどたんじろう》、鬼滅の刃の主人公。理由は、あきらめずに頑張る姿勢に憧れる。第二位は、お母さん。家族のためにいろいろなことをしてくれる。第三位、胡蝶しのぶ（鬼滅の刃）。第四位先生。第五位お父さん。トップ10に鬼滅の刃から七人入っている。いかにアニメの影響が大きいか、エンタの世界が子供の心の中に確実に入り込むのかが見て取れる。それでも親の影響が消えることはない。

〔菜根譚　前集二〇一〕 ――信の重さ

本文

飲宴之楽多、不是個好人家。声華之習勝、不是個好士子。名位之念重、不是個好臣工。

訳文

宴会ばかりしている家は、格式の高い家とは言わない。派手な噂が飛んでいる人物は、優れた人物とは言わない。高い地位や名誉ある境遇にいることが負担になっている人間は、良い臣下とは言わない。

信用できないものの例えを挙げている。教育文化芸術などに貢献してくれる家系の存在。あるいは社会で地味に努力している立派な人物がいること。能力があり政治行政の課題にテキパキ対処できる役人。そんな存在があったならば社会も国家も良い方向に発展することは間違いない。ところが現実はその真逆である。

人のつながりは時間の共有、場所の共有、趣味の共有、仕事の共有、食事の共有で関係が深まる。宴会は、時間、場所、食事の共有ができるので一気に関係が深くなる機会である。しかし、何度も同じ人と同じ話題で会食しても成果や発展は期待できない。むしろ、相手の気に入らない点を酔った勢いで指摘して喧嘩になることもある。適切な友好関係を築くことと、アルコール依存的な宴会とは異なることは明白である。

菅総理の長男が民間放送会社に勤務していて、許認可権限のある総務省の役人たちと三〇回以上夕食会をしたと報じられた。他方、総務大臣とその役所の人間とは上司部下の関係で、食事は何の問題もない。元大臣秘書官であった長男が大臣と会食する前後にアテンドで同席することは許される。そんなことが混在してわけがわからない状況の中、曖昧な会食となって利害関係者ではあるが、いちいち細かく公務員倫理規定を考慮していたら角が立つ的な鷹揚さで、指弾される事態となったものだ。違法性や悪質性は会食自体には見られないが、こうした行為の延長上では必ず不正事件が起こるものである。未然に大事件の前に発覚して事なきを得たようにも思われる。褒められる話ではない。総理の汚点には違いない。

東日本大震災から一〇年が経過した。全て役人が悪いとは言わないが、今の役所のシステムで復興を理想通り進めることは所詮無理だったのではないか。震災があり、日常を奪われた方々を支援するとは何か。このために復興税を課し大きな予算を使い今日まで議論してきた。しかし、現実の評価は厳しい。例えば、陸前高田市は震災前二万三〇〇〇人の居住者。一七〇〇人が犠牲になった。現在は一万八〇〇〇人に減少。この現状の是非はともかく、膨大な予算を使う事業効果の問題である。ＪＲ大船渡線の陸前高田駅から見た光景は、海岸まで誰一人居住者がいないように見える。高台造成しただけの広大な空き地が広がる。二度と被災しないように土地三〇〇ヘクタールを一〇メートル嵩上げした。地権者二二〇〇人の同意を得て総工費一五〇〇億円、つまり一世帯六八〇〇万円かけた計算である。除染した方がよいのはわかる。表土一〇センチを取って捨てる費用四兆円。健康効果は検証されていない。役人全てがその任務の負担が重く、適切な回答を見つけられぬまま言い訳の事業化となったのではないか。犯人なき愚策か。

〔菜根譚　前集二〇二〕　――苦を楽しみに変える者

本文

世人以心肯処為楽、却被楽心引在苦処。達士以心払処為楽、終為苦心換得楽来。

訳文

俗世間の人間は、心が満足することを楽しみとしている。満足を求めて日常を送ると、逆に苦しい立場に追い込まれてしまう。道に達した立派な人物は、世人が満足するものと反対なことを楽しみとしている。結局は、苦しみの心を楽しみの心に交換してしまうことができる。

聖と俗、在家と出家、生き方が異なると価値観も変わってくる。世界の違いが出てくる。一般に、道を求める修験道と普通の人とは、朝起きる時間、食事の内容、睡眠時間、日中の過ごし方、何から何まで異なってくる。凡人と立派な人とは違うのである。俗の人は、自己利益が中心になる。立派な人は、他人の利益や社会の利益を中心に考える。俗は欲望に従順である。立派な人は抑制的である。要は週刊誌のネタになるような行為をするのが俗、しないのが立派な人と考えて良い。

苦が楽に転じることは案外一般化されている。例えば、懸命に便所掃除をする社長さんがいる。イエローハットの鍵山秀三郎創業者である。彼は、掃除をすることで自分を変え、周りの人間を変え、会社を成長させた。最初の就職時から自動車関連会社の掃除を始めている。両親がきれい好きでその影響を受けて、会社の便所が汚いので掃除をするようになったという。独立してからは、従業員が荒んだ人間ばかりしか来ないので、何とか教育研修しなければとミーティングをしたり朝礼をしたり、文章を書かせたり、研修会を開いたり、高い講師を招いたり考えられる方法は全部やった。でも、何も役に立たなかったという。そんなとき、会社のトイレが汚いので、自分で丁寧に掃除をし始めた。社員は、まず気が付かない。毎日忙しいので、仕事が済んでから掃除をした。深夜に掃除をしていたら、泥棒と間違われ、警察に通報されて警官が来てしまったこともあった。こうして社員は、社長が掃除をしていても、無関心。それでも一〇年毎日出勤して早朝掃除を徹底した。「凡事徹底」が大切とする。社員の掃除は自発的にできる者だけがやっている。社員の表情も変わり、心が豊かになって、お客様へのサービスが変化してきた。今では、社員ぐるみの掃除活動は有名になり、素手による便器掃除は驚かれ、感動を与えるようになった。社長は最初から素手でやっている。小便器の底のふたを持ち上げると、茶色のどろどろの汚水が滴となって垂れている。これを素手で触ってきれいにする。一度触ったら嘘のように躊躇は消えてしまうという。また、たまたま知り合った広島の暴走族の集団に、便所掃除を見せることになり、オヤジのもの好きと冷ややかに見ていた彼らに「勇気があるなら、やってみなさい」と声をかけた。冗談じゃないよといったんはむかったが、逆にムキになって素手でやけくそで掃除し始めたという。最も汚い仕事に真剣になる大人を目のあたりにして彼らの心が動いたのだ。彼らは見事更生して立派な大人になっている。今では、「日本を美しくする会」を立ち上げ公衆便所の掃除を素手で行う。

〔菜根譚　前集二〇三〕——満ち足るものの不安

本文

居盈満者、如水之将溢未溢。切忌再加一滴。処危急者、如木之将折未折。切忌再加一搦。

訳文

富貴や権力が満ち溢れ最高に達した人は、水が器から溢れ出る寸前のような状況にある。それ以上に一滴を加えることをひたすら嫌い避ける。差し迫った危険な立場に居る人は、折れる寸前の大きな木の下に居るようなものである。木を一押しすることをひたすら嫌い避ける。

溢れそうな日本酒なら口からお迎えにいけば顚ったりである。しかしそうではない。一滴が怖いのである。危険な立場の人は、危険が切迫していることから当然危険が現実になることを嫌い避ける。つまり、富貴や権力が最高に達したとき、人は折れそうな大木の下に居るのと同じ状況なのだと示唆している。

河井克行、案里夫妻の出来事は衝撃的だった。夫婦で国会議員をしているケースは稀である。夫の克行は、見事初入閣したばかり。後援者はおらが大臣と自慢げだったに違いない。一億五〇〇〇万円の政治資金のニュースに始まり、地元議員ももらったもらわないで運命が左右された。振り返れば、克行の栄達だけでも十分なのに、妻の無理やりな参議院議員選立候補。こぼれる水に更なる一滴を加えるに等しい所業である。

一八四四年ドイツのバイエルンから、ヘンリー、エマニュエル、マイヤーの三人の兄弟がアメリカに渡った。南部では綿花の生産が盛んで、兄弟は綿花の現物決済を考案した。それが金融決済銀行へと進化した。ニューヨークを拠点に事業は拡大した。これがリーマン・ブラザーズの前身である。二〇〇八年に破綻する前年、従業員二万八〇〇〇人、売上二兆二〇〇〇億円であった。二〇〇一年の貿易センタービル攻撃の世界同時多発テロ事件を乗り越え、中国、日本にも進出して二〇〇五年には、ゴールドマン・サックス、メリルリンチをしのぐ投資銀行最大手に躍進した。けれども、得意分野のサブプライムローンで大きな負債(六一兆三〇〇〇億円)を抱えてしまった。しかし、リーマンの過去の実績や収益性からすれば、一～二年で十分復帰可能な額だったのではないかと破綻を不審がる向きもある。またゴールドマンの負債も同額程度であった。実際、破綻回避に必要とされる資金は八四〇億ドル(八兆四〇〇〇億円)で、リーマンには少なくとも一一四〇億ドルの資産があった。つまり破綻は仕組まれた、という陰謀説である。金融機関の破綻は他の産業に影響があるので、公的資金の投入や受け皿会社の存在で救済されることが多い。BBCのドラマ「リーマン・ブラザーズ最後の4日間」は九月一二日から一五日までの出来事を描いている。実際、ポールソン財務長官は、バンク・オブ・アメリカにリーマンを売却して救済し、そこに政府資金を投入すれば難を逃れられると判断していた。それが突然の破綻。「ゴールドマン出身のポールソンが財務長官でなければ」、「リーマンがドイツ系の創業者でなくユダヤ系であったら」、との声を聞くことも絶えない。まさに頂点故の不安が現実に。

〔菜根譚　前集二〇四〕——冷静であること

本文
冷眼観人、冷耳聴語、冷情当感、冷心思理。

訳文
冷静な目で人物を観察し、冷静な耳で人の言うことを聞き、冷静な感情で人の心を動かすものに対処し、冷静な心で道理を考えるようにする。

冷静であるとはどういうことか。人間は感情の動物である。好き嫌いなどの感情、印象、偏見で判断することが多い。何事も冷静に見聞きして判断すべし。

冷静さは災害時に最も要求される。どんなに注意しても、自然災害はやってくる。東北地方、三陸沿岸は津波が常襲している。特に明治二九年（一八九六年）の地震では、死者二万二〇〇〇人に上った。当時の釜石市の被害は、人口六五二九人の内、四〇四一人が犠牲になっている。一九七八年から二〇〇八年まで工事し、海底六三メートル、海上六メートルの防波堤を南北に二キロほど完成させた。群馬大学工学部で教鞭を執っていた片田敏孝さんは考えた。大人たちは巨大な堤防が出来上がれば、安心感に浸る。自分だけは助かるのだという自己暗示をかける。人はどんな危険に晒されても「自分が死ぬことはない」と、状況を過少評価してしまう特性がある。心理学用語で「正常性バイアス」という。だから逃げられないのだと。また大人が逃げるためには、全ての子供たちが自分たちだけで逃げ切れるという確信を子供が持ち、それが大人にしっかり伝わらなければ、大人は逃げられない。三陸に伝承される「津波でんでんこ」なのである。二〇〇四年、釜石市の要請を受け、片田教授が最初に行ったのは、子供たちへのアンケートだった。「家に一人でいるとき大きな地震が発生しました。あなたならどうしますか？」と質問した。ほとんどの回答が「お母さんに電話する」「親が帰ってくるまで家で待つ」というものだった。そして今度は、親にアンケートした。「子供の回答をご覧になって、津波が起きたときに、あなたのお子さんの命は助かると思いますか？」。やっと親は、子供が助からないのではとの不安を抱くようになった。そこから、親子防災セミナーへと発展していく。親子で防災マップを作ったり、避難訓練を実施したり進展を見るようになった。子供たちには、まず、津波が怖いもので、逃げること以外助かることはないと徹底した。学校の先生にも同様に津波の怖さ、逃げる速さと救命の可能性が比例するビデオを何度も見せた。「津波防災教育のための手引き」を教員と一緒にまとめ上げた。例えば数学の授業では、津波の高さを計算させたり、実感してもらうことに重点を置いた。このように釜石の小中学校では年間五〜一〇時間、津波防災教育に充てることができた。二〇一一年三月一一日東日本大震災発生。釜石市鵜住居《うのすまい》地区の中学校では生徒全員「津波が来るぞ」と叫びながら指定されていた避難場所に移動した。小学生もこれに続いた。男子生徒はもっと上に上がろうと提案。高台に移動した直後、それまでいた避難場所に津波が押し寄せた。小学生一九二七人、中学生九九九人の命が救われた。生存率は九九・八％。「釜石の奇跡」と呼ばれたが、これは奇跡ではなく、片田教授の防災への冷静な熱意であった。

〔菜根譚　前集二〇五〕――仁徳の完成と幸福

本文

仁人心地寛舒、便福厚而慶長、事事成個寛舒気象。鄙夫念頭迫促、便禄薄而沢短、事事得個迫促規模。

訳文

仁の徳を多く備えた人は、心が広く思慮も深い。従って、その幸福は厚く喜びも長く続く。また、その態度はあらゆることにのんびりとした気質をなすものである。これに対し、心の卑しい人は、万事にこせこせしているので、天から与えられる物質的な幸いは薄く、恩沢も長く続かず、あらゆることにせかせかした様子を示すものである。

心には徳を持ち、態度にはゆったりした気質を備える。もうそれだけで何も語らずとも幸福の雰囲気が現れる。他人を幸せにしようとするならば、自分が幸せでなければならないのである。

幸せを医学的に分析すると、ゆったりすると、オキシトシンというリラックスする物質が分泌される。そして「セロトニン」が分泌される。これは神経伝達物質。その役割は、精神を安定させる、睡眠の質を保つ、記憶力を維持する、などの効果がある。

セロトニンが活発に出ると、温泉に浸かってホッとする、コーヒーを飲んで一息つく、ゆったりとした気持ちにさせてくれる。まるで仁の徳を備えている人の気分なのだ。では、セロトニンを増やすには何をすればよいのか。それは、トリプトファンを摂取することだ。トリプトファンは、栄養を十分摂って、朝の太陽を浴びて、散歩やウォーキングをする。腸内環境を整える。さらに、呼吸を整える。これらで、トリプトファンからセロトニンへと分泌物質が増えていく。つまり、ゆったりすることは、脳内物質のお蔭であるか、仁の徳のお蔭であるかの別はともかく、幸福になっていることの表れである。

徳川家康遺訓を敢えて見る。「人の一生は重荷を負て遠き道をゆくが如し。いそぐべからず。不自由を常とおもへば不足なし。こころに望おこらば困窮したる時を思ひ出すべし。堪忍は無事長久の基。いかりは敵とおもへ。勝事ばかり知て、まくる事をしらざれば害其身にいたる。おのれを責て人をせむるな。及ばざるは過たるよりまされり」。全体にゆったり感が不思議とある。重い荷物を担いで遠くまで行くというなら、あくせくしても仕方がない。「鳴かぬなら鳴くまで待とうホトトギス」。家康には、待つ堪忍の人間性を想起する。怒ることを戒め禁じる。信長や秀吉には、怒りがあった。比叡山焼き討ち、朝鮮出兵など好戦的な史実に彩られている。一六〇三年江戸に幕府を開いた。以後一五代にわたって将軍が統治し、一八六七年まで二六四年間徳川の御代が継続した。人間の幸福は子孫繁栄である。その意味からしても、「厚く喜びも長く続く」この幸福を続けるには非凡な決意があった。九男義直、一〇男頼宣、一一男頼房をそれぞれ尾張、紀州、水戸の三藩に配置した。それは単純に子供可愛さだけではない。完全に子供を信頼したわけでもない。真意は、分断統治。御三家が優秀な将軍を輩出する激烈な競争をしいられる。繁栄の原点となった。

〔菜根譚　前集二〇六〕　――噂話という落とし穴

本文

聞悪不可就悪。恐為讒夫洩怒。聞善不可急親。恐引奸人進身。

訳文

人の悪事を聞いて、そのまま鵜呑みにして、その人を憎むようなことをしてはいけない。それは、告げ口をして人を陥れるようなことをする人の企みにまんまと乗ってしまうことになるからである。人の善行を聞いたからといって、急にその人に近づき親しむようなことをしてはいけない。それは、悪賢い人が出世のために、わざと良い評判をたてているのかもしれないからである。

今この話題は最重要である。噂に翻弄されて、自殺に至るケースがあとを絶たないからである。子供は無垢で純真である。信じやすい無邪気さがある。そんな子供も今は携帯を持っている。ライン、ネットなど毎日友達の輪が様々な情報を提供してくれる。そこにいじめの温床がある。冗談で、「あいつはカンニングで合格点」など流すと一気に「カンニング王」などとレッテルが貼られる。悩み苦しむ。最初は誰も悪気はない。噂にどう対処するかを、親も先生も本人も知らなければ、生きていけない環境がある。悪い噂の発生メカニズムは、二つの人間心理から始まる。まず、「確証バイアス」、人は自分の意見や価値観に都合の良い情報だけを見る性質がある。その人が直接の友人でなければ、人は他人の不幸を好む。次に「同調バイアス」、人は仲間外れになりたくない、集団の意見になびくことになる。また、正しいとの確信が持てないとき、人は集団の意見を自分の意見にしてしまう。集団による制裁、仲間外れをこわがるのだ。つまり、いじめられる子供の味方は誰一人いなくなるメカニズムがＳＮＳにはある。始末が悪いのは、いじめられる方は、被害感情が増大するのに、噂を流した方は、加害感情が集団化する都度薄まっていくのだ。責任の意識は分散され、いじめっ子はいじめ意識はほとんどなくなるのだ。このとき、救済手段がなければ、被害者は、精神疾患、鬱、自殺への道を辿りがちになってしまう。よく言われる解決法は、ＰＴＡなど「先生に相談しなさい」である。これは、ほとんど効果はないという。これに対し、ミネソタ大学のアーロンソン教授の指導では、悪い噂を転換する手法が有効だとする。好意的なものと嫌悪的なものは人の頭の感情脳の中で極めて近い領域にある。簡単に言えば、嫌いの度合いが高ければ、その分好きになってしまうというのだ。ヤクザに脅された少女が、少し優しくされてぞっこん惚れてしまう心理や、映画でも主演男優のイケメンよりも、助演男優の悪役に人気が集まるようなものだという。こうした心理を使うことによって解決する方法が有効だと。それは誰か、ネットワークの一人の友達に、「彼は僕が熱を出して休んだ時、家まで来てくれて、宿題見せてくれたよ」。そんな、メッセージが悪評故に拡散する力を持つのだ。「悪名は無名に優る」というのは、メッセージの拡散力の価値である。

〔菜根譚　前集二〇七〕――なごやかな心に幸福がつどう

本文
性燥心粗者、一事無成。心和気平者、百福自集。

訳文
性格に面白みがなく気が荒い人は、一つとして物事を成し遂げることができない。これに対し、心が和やかで気持ちが平静な人は、多くの幸福が自然と集まってくる。

原文には、「性燥」とある。性格が乾燥していて面白くない様を表している。しっとりした性格と乾いた性格という意味合いである。何と言ってもこの世は人の集合体である。人との関係が上手くいくか否かで、その人間の存在価値が決まる。社会生活の始まりは近隣関係にある。近所付き合いが上手くいけばそれだけで、日常に豊かさが滲み出る。御近所付き合いは大事である。

二〇〇五年頃に発生した傷害事件で「奈良騒音傷害事件」がある。奈良県生駒郡《いこまぐん》平群町《へぐりちょう》の主婦が、二年半にわたり大音量の音楽を流すなどの方法で騒音を出し続け、それにより近所に住む夫婦を不眠・目眩などで通院させた事件。「騒音おばさん」の名で一躍有名人になった。結局逮捕され、最高裁で実刑判決となる。

主婦が騒音を出し始めたのは、朝六時に布団を叩いていることなどを隣家の人に注意されたのがきっかけ。法廷で証拠として、布団を叩く映像が流されると、「引っ越し、引っ越し」のリズムに合わせ身体を動かす動作をしていた。判決は、「執拗かつ陰湿。反省の態度が感じられず再犯の可能性も強い」として一年の実刑となった。控訴され量刑が軽いとして大阪高裁で一年八か月に加重されて確定した。しかし、逮捕以来拘置が続いていて未決拘留日数のうち五〇〇日が刑期に算入され実質服役は三か月で終わった。この事件の影響は大きかった。まず、平群町議会で「騒音おばさんの町」の汚名の返上をしようと条例が設けられた。住民が町に一〇〇回以上、対策の要望をしても何もしてくれなかったことの後始末である。この類似の騒音被害は罰則はないものの、全条例によって町も六〇デシベル以上の騒音の際、制止命令を出せることになった。この類似の騒音被害は全国にあり、その後、千葉、大阪、茨城などでも「騒音おばさん」がいて逮捕者がでた。米国では、相隣関係に関して三〇年前から民間ボランティアが調停機関を運営しており深刻化する前に解決しているという。この調停機関に、「騒音おばさん」のテレビ映像を見せたところ「なぜこれほど深刻化するまで社会が放置したのか」と絶句されたという。事件の影響は日本の各所に及んだ。高見沢俊彦のソロアルバムには「騒音おばさんVS高音おじさん」が宮藤官九郎の作詞で収録された。テレビ東京の水曜ミステリーでは、藤田弓子が太鼓やフライパンを叩いて大声を出して歌う演技で、この事件を題材にしている。二〇二〇年には、この事件をモデルに天野千尋監督による映画『ミセス・ノイズ』が公開されている。

今になって少し冷静な議論も出てきている。「テレビの存在意義とネットとの関係性」という論議の中で「騒音おばさん」の映像が問題となった。被害者が撮影し、TV局に持ち込んでいる。各局のワイドショーで視聴率を取り、被害者もTV局も最初からエンタメ的な事件の扱いであった。是認すべきか?

〔菜根譚　前集二〇八〕――人を使うこと、友と交わること

本文

用人不宜刻。刻則思効者去。交友不宜濫。濫則貢諛者来。

訳文

人を雇用するなら、過酷な扱いをしてはいけない。ひどい扱い方をすると、懸命に仕事に励もうとする者まで辞めていってしまうことになるからである。また、友人と交際するなら、みだりに誰とでも付き合ってはならない。誰とでも見境なく付き合うと、媚び諂いをしようとする者までやってくることになるからである。

仕事のための仲間選びと友人と交際するための仲間選びの大事な勘所を述べている。雇用関係では、使用者、被用者の力の差がある。二〇一五年一二月、電通勤務の二四歳の東大卒の女性、高橋まつりさんが自殺した。原因は、過労死とみられる。一〇月の残業は、一三〇時間。一一月は九九時間。厚労省が「過労死ライン」としている基準は、八〇時間。これを契機に、日本の「働き方改革」が始まった。

まず長時間労働の問題である。日本の年平均総実労働時間は、およそ一六〇〇時間（二〇二〇年）。ドイ

ツは日本より三〇〇時間近く短い。欧米より日本人が働くのは、労働意識の違いだという。キリスト教国は、安息日は仕事をしてはいけない。労働は嫌悪の対象。これに対し、日本には安息日は無く、農耕文化から植物の生育に合わせて労働をする、仕事はいわば子育てである。そこには労働観の違いがある。産業革命以降、工業社会化しても日本人の労働意識は、働き者即ち、善であるとの考えが継続していった。さらに、組織論でも欧米では、マネジメント、労務管理は多民族国家・多様な言語・多様な宗教下でかなり契約や協定優先の方法を採る。日本では、欧米ほどの多様性はないため、言わなくてもわかってくれるとの、徒弟制度の延長が組織論の中に埋没している。曖昧になって、従業員にとって過酷になる傾向がある。労働基準法三六条「企業が法定労働時間、一日八時間・一週間で四〇時間を超えて残業を命じる場合に必要となる労使協定」労働基準監督局へ届出義務がある。従来、この協定があれば、残業の制限がないと思われがちであった。二〇一九年の改正で、時間外労働に罰則付きの上限が設けられた。時間外労働の上限は「月四五時間、年三六〇時間」。特別な事情がなければこれを超えることはできない。特別な事情があって労使が合意していても、「年七二〇時間、月一〇〇時間」を超えると罰則の適用となる。

次に、「同一労働同一賃金」の問題である。同じ仕事をしても正規社員とアルバイトで賃金は異なる。それを完全になくそうという理想論ではなく、正社員との比較において、企業内における非正規雇用の待遇の改善を図るという意味で使われる概念である。パート労働者、有期雇用、派遣の賃金に差があっても、それが許容される範囲の中にあるか否かの問題。パートタイム・有期雇用労働法では、待遇差は合理的範囲内でなければならないとしている。二〇二一年四月から中小企業にも適用されている。将来、人口減少下で日本では雇用は困難となる厳しい人出不足。奇抜な政策が待たれる。

〔菜根譚　前集二〇九〕　――しっかり立つときと引き返すとき

本文

風斜雨急処、要立得脚定。花濃柳艶処、要着得眼高。路危径険処、要回得頭早。

訳文

横殴りの激しい風雨のときには、足を大地に着け安定して立たなければならない。艶やかで美しい花が咲き柳が緑のきれいな場所では、目を一段と高いところに据えて見ることが大事である。大きな通りでも小さな小道でも、危険な場所であるなら、さっさと元の安全な道に振り向き引き返す必要がある。

暴風雨の時に死傷する事例は多い。まず、安定することが大事である。身の確保、安全の基礎が必要である。その逆に、一望のもと花や柳などの美しい風景にあっては、身を低くしていては楽しめない、不安定でも高いところで十分楽しむことが人生には肝要である。君子危うきに近寄らず。危険な場所だと感知したなら、すぐさま引き返す勇気と機敏さが必要である。一生の内の出来事は多種多様である。その時その時で柔軟に姿勢を変化させて上手く乗り切らねばならない。

わが青春の憧れの人物、永遠の若大将、加山雄三さん。イケメンで歌手、作詞作曲がいつも大ヒット、祖先は岩倉具視、父親は俳優上原謙。趣味のクルーザーがカッコイイ、スポーツ万能。もし神様が、生まれ変わったら、「加山雄三」にしてあげると言われたら、大喜びするつもりだった。しかし、その人生を丁寧に知ると、だいぶ尻込みしてしまう。まさに山あり谷ありだ。日刊ゲンダイ（二〇二一年三月三〇日）には、「不撓不屈の若大将 加山雄三・回復復帰し84歳誕生日に新曲」という見出し。八四歳の誕生日の四月一一日に新曲「紅いバラの花」をリリースしたという。最近の加山さんは、運不運で言えば全くツキがなかった。二〇一八年、人生そのものというクルーザー「光進丸」が西伊豆で停泊中、原因不明の火災で焼失した。その落胆ぶりはひどく、画面でも涙を見せたほどだった。ガッカリが体力も気力も奪い、ついに普通の高齢者と同じく、施設に夫婦で入居してしまった。その上、二〇二〇年、誤嚥性嘔吐で緊急搬送。芸能活動は完全に休止となった。二〇一九年脳梗塞になり、右半分が不自由に。それが今度は、左側の脳内出血。しかし、若大将は不滅だった。筋力トレーニング、ボイストレーニング、徹底して始めた。周りがみてもその精神力は半端じゃないとの感想。無事声も戻り、AIで若かりし加山さんの声を再現することにも成功し、茅ケ崎の町に、何を話しても加山さんの声になるスピーカーを開発設置した。温泉浴場では、「サウナ風呂の温度が高いので、入る際には十分お気を付けください」などと本物の加山さんが言っていると間違う人まで現れた。大人気となっている。加山さんは、一九六七年から茅ケ崎のホテル経営に乗り出した。慣れない仕事に二三億円の負債を抱えて三年後に倒産。ナイトクラブや地方回りでやっと借金返済。さらに、九〇年代にはスキー場の経営を始める。これも大赤字で閉鎖。全てが上手くいくようでも現実は厳しい。田中邦衛の他界は、それ以上に老齢の身には応えた。永遠の若大将は永遠であれ。

〔菜根譚　前集二一〇〕――協調と謙遜

本文

節義之人、済以和衷、纔不啓忿争之路。功名之士、承以謙徳、方不開嫉妬之門。

訳文

節操や義理を重んずる節義に堅く厳しい人が、もし心の底から他人と打ち解けることができれば、他人と諍いを起こすことはない。功績があり名誉ある人物が、もし謙虚な姿勢を身に備えることができれば、それで初めて他人の妬み嫉みを買うことがなくなる。

とかくこの世は住みにくい。節操がなければ、ないと叱られ、あれば付き合いにくいと叱られる。働きが悪ければ悪いで叱られ、功績を挙げれば挙げたで、謙虚さがないと叱られる。あるときテレビかラジオで聞いたのだが、落語で「ロバ田焼き」というイソップ物語を元にした小噺があった。おおよそ次のような内容だった。貧しい一家の長男が、いよいよお金がなくなって、飼っていたロバを市場に売りに連れて行った。道ですれ違う人から、「坊や、何でロバの背に乗って行かないんだ。そのためにロバを飼っていたんじゃないのか、躾のいいロバだと思わせるには、背に乗るのが一番だ」と説教された。そこで、少年はロバに乗って市場に向かった。するとまた、前から人が来て、「坊や、何でロバの背に乗っているのだ。若い分際で楽をしている姿は見ていて腹立たしい。早く降りろ」と叱られた。引っ張っても、背に乗っても、市場にたどり着けそうもないことを悲観した少年は、近くの田んぼでロバを焼き殺してしまった。それ以来、ニッチもサッチもいかない状況を「ロバ田焼き」というようになった……。「最近の居酒屋で『炉端焼き』があるがその語源はここにあります。その証拠にお客さんの会話はニッチもサッチもいかない話ばかりなのです」というオチ。ばかばかしい笑いの中に、真理をついているのが面白い。

忠臣蔵は、今でも人の心を打つ人情話である。「各々方、お出合いそうらえ」。吉良に斬りかかる浅野を背後から取り押さえた梶川与惣兵衛に「御放し下され梶川殿。五万三〇〇〇石、所領も捨て、家臣も捨てての刃傷でござる」と懇願する内匠頭。しかし、吉良上野介は、傷害事件の被害者なのに、悪役に徹して印象付けられている。それはなぜか、答えは、功績があり名誉ある人物が謙虚でなかったからである。妬み嫉みを買ったため、何年も悪く言い継がれる運命となった。浅野内匠頭長矩《ながのり》は、三五歳赤穂五万石の藩主であった。吉良上野介は、六一歳高家御指南役・旗本で五〇〇〇石。二人は将軍徳川綱吉から任務を命じられていた。朝廷のお使いの勅使が江戸城に滞在していて、城中で正しい接待をすることであった。直接の接待役が二人、浅野と伊予吉田藩伊達村豊で、その指南役が吉良であった。丁度一八年前にも浅野は同じ接待役を拝命していたので二回目でなれていた。しかし、吉良にとっては我慢できないことがあった。指南役は「御馬代」という報酬を二人の大名からもらう慣習であった。ところが浅野は一八年前には、大判二枚（約四〇〇万円）を渡したのに今回は一枚を贈っただけであった。これに対し、伊達は大判一〇枚（二〇〇〇万円）。吉良は浅野に聞こえるように「梶川殿、赤穂も落ちぶれたようじゃのう」と。お賽銭の額の争い。

〔菜根譚　前集二一二〕——官職にあって職を退いた後の生き方

本文

士大夫、居官、不可竿牘無節。要使人難見、以杜倖端。居郷、不可崕岸太高。要使人易見、以敦旧好。

訳文

任官して高い地位についている間は、手紙を書くにも節度をもってしなければならない。それは、他人に自分の心の内を見透かされないようにしなければならないからだ。そうでなければ、気が付かないうちに他人に付け込まれて不正な利益を得られてしまうことになる。また、退官して郷里に帰ったときには、高い地位にあるときのように権威を振りかざしてはならない。それは、他人に自分の心の内を広く明らかにしなければならないからだ。そうでなければ、誰も打ち解け合って友情を交わしてくれる者がいなくなってしまうことになる。

役人の人生を借りて、人の生き方を説いている。人間の一生は起伏に富んでいる。いい時もあれば、悪い時もある。いい時ほど隙を突かれて失敗の原因を作ってしまう。

終戦の日本に鈴木貫太郎という総理大臣がいた。一八六八年生まれ、本籍地は千葉県野田市。不器用朴訥の人間、海軍兵学校一四期生。アルゼンチンから軍艦春日を回航、その直後日露戦争勃発。魚雷技術で武功を上げ、一九二三年海軍大将就任。穏やかな人間性から、昭和天皇の希望で侍従長となる。軍縮に賛同して、牧野伸顕と共に「君側の奸」と青年将校や国家主義者から疎まれていた。一九三六年二・二六事件は起きた。皇道派の陸軍青年将校の無謀な昭和維新であった。首謀者は、野中四郎、香田清貞、安藤輝三の大尉らであった。彼らは、天皇の側近の老重臣さえ殺害すれば、天皇親政が実現し全てが解決すると信じ込んでいた。襲撃対象は、岡田啓介総理、斎藤實《まこと》、高橋是清、渡辺錠太郎、牧野伸顕、鈴木貫太郎であった。侍従長の鈴木は、兵員一五〇人を率いた安藤大尉に午前五時一〇分麴町の自宅を急襲され、肩、左足付根、左胸、脇腹に被弾した。たちまち血の海と化した八畳間で、安藤に「止めを」と下士官の声。安藤が軍刀を抜いたとき、妻たかが、大きな声で「お待ちください」と叫んだ。「老人です。止めは私がいたします。お帰り下さい」。大変な権幕だった。士官学校の恩師でもある鈴木に「鈴木貫太郎閣下に敬礼する。気を付け、捧げ銃」と号令して去っていった。たかは、宮中には当直医師がいることを知っていた。すぐさま連絡した。駆け付けた医師は、出血した血ですべって転んだという。天皇陛下は、たかを母とも慕った。その母乳を飲んだ乳母だったのだ。そのたかの夫、しかも自身で信頼し侍従に充てた鈴木の瀕死の報を当直医師から聞き、烈火のごとく怒った。事件は完全に明らかな謀反となってしまった。陛下の命令で必ず甦生させることを受けた医療団は必至の措置を講じた。やがて、終戦を迎え、鈴木は郷里野田に帰り、畑をしていた。隣近所の者は誰一人、総理大臣だったとは知らなかった。

〔菜根譚　前集二一二〕――人を畏敬しなければならない理由

本文

大人不可不畏。畏大人則無放逸之心。小民亦不可不畏。畏小民則無豪横之名。

訳文

徳の高い人に対しては、畏敬の念を持たなければならない。徳の高い人を畏敬するとその徳に感化されて、勝手気ままな振る舞いをする心が起こらなくなる。庶民に対して、畏敬の念を持たなければならない。一般庶民を畏敬すると、その人たちとも親しみができ、悪評が立たなくなる。

徳の高い人を畏敬するというのは、受け入れやすい。徳の低い人間は、自分よりも目下感があり、畏敬するには抵抗がある。それでも、畏敬せよと菜根譚は言う。その理由として、徳の低い人、即ち庶民は人数が多い。その人たちは、仲間同士大勢で飲み食い集まって、無邪気に騒ぎ楽しむ。そんな集団は、根も葉もない噂話に打ち興じる。

それが真偽いずれであっても無関係である。この力は、時代を経る毎に増大している。

「我以外、皆我師」とは、宮本武蔵の座右の銘である（吉川英治著）。この至言は、作家吉川が、武蔵に突き付けた、武蔵に欠けたる大事な人間の持つべき徳目であった。武蔵は、美作国に生まれ（一五八四年）、一三歳の時から決闘ばかり繰り返し、血に飢えた虎のように関ヶ原に参戦し、二一歳で吉岡一門を破り、二四歳で伊賀の鎖鎌の達人宍戸梅軒、奈良の槍の使い手宝蔵院に勝った。いよいよ二九歳になり、佐々木小次郎と巌流島の戦いで勝ちを収め、名声をほしいままにした。この時の武蔵は、只の獣に過ぎない。強きに憧れ、並外れた地獄の修業を恐れず徹底して己を鍛えぬいたことを作者は褒めようとはしない。むしろ、欠けたる所、欠けたる内心の重要な側面を容赦なく責め立てている。吉川は、そこに一休禅師を登場させた。一休宗純と武蔵の出会いの事実はない。しかし、一休ほどの大人物以外役割を果たせないと思ったに違いない。人が強いことは人に害を与える危険がある以上、無価値以上に害毒でさえある。一休は、武蔵に丸い円を描いて、「その中に入れ、そして一晩その円の中にいて武蔵とは何かを考え尽くしてみるがいい」、と諭すのである。武蔵は気が付く、自分自身の限界と小さな世界だけに生きて得意然としている自分の愚かさに。小柄で華奢な一休など、一太刀で葬ることは容易である。その一休が、自分より巨大に見えて、かつ、どんな太刀をもってしても切ることができない無辺の力を持った怪物のように見える。一休の前には、獅子の前の子ネズミのようになってしまったのである。そして、一休は、武蔵に「一円相」と「我以外、皆我師」の書を贈った。それ以来、剣の修業から禅の修行に励み、数年の修練を経て、熊本細川藩の藩御用剣術指南役に仕官した。吉川は、武蔵に人格形成に更なる徳目を要求する。本阿弥光悦を登場させるのである。光悦は、国宝の蒔絵、楽焼き陶芸作家である。洛北鷹峯を拝領し芸術村を作る。武蔵は村を訪ねると、よほどの達人がいることが理解できた。庭の草木にも気品がある。美の巨人というべき人に師事を請う、小説。

〔菜根譚　前集二一三〕――思うようにならないとき

本文

事稍払逆、便思不如我的人、則怨尤自消。心稍怠荒、便思勝似我的人、則精神自奮。

訳文

物事が思うようにならなず心が落ち込んでしまうときには、自分には到底及ばないような人のことを思い起こせば、自分の逆境を恨み咎める心は自然に消えてしまう。また、気力が萎え弱り心が荒むようなときは、自分より優れた人のことを考えれば、心は自然と奮い立ってくるであろう。

一九六四年の東京オリンピックのマラソンでは円谷幸吉が銅メダルを獲得した。しかしメキシコ五輪開催の一九六八年一月に円谷は、自衛隊体育学校宿舎の自室で自殺してしまった。遺書に「父上様母上様 三日とろろ美味しうございました」「幸吉は、もうすっかり疲れ切ってしまって走れません」「幸吉は父母上様の側で暮しとうございました」。この家族への感謝の言葉とまじめに生きていく直向さは、世間に衝撃と感動を与えた。しかし、新聞や週刊誌では、選手生命が終わっても指導者になれなかった世渡り下手が原因とか、ノイローゼによる発作的自殺が原因などの論評ばかりが散見された。これら無責任な発言に、三島由紀夫は「円谷二尉の自刃」というエッセイで、「円谷選手の死のような崇高な死を、ノイローゼなどという言葉で片付けたり、敗北と規定したりする、生きている人間の思い上がりの醜さは許しがたい。それは傷つきやすい、雄々しい、美しい自尊心による自殺であった」と書いている。また川端康成は「相手ごと食べものごとに繰りかへされる『美味しゅうございました』という、ありきたりの言葉が、じつに純ないのちを生きている。そして、遺書全文の韻律をなしている。美しくて、まことで、かなしいひびきだ」「千万言も尽くせぬ哀切である」(「円谷幸吉選手の遺書」)と評した。円谷は、一九四〇年福島県須賀川町生まれ。享年二七歳の若さであった。高卒後自衛官に。郡山駐屯地で、たった二人で部隊の陸上部を開設して活動していたが、腰椎のカリエスを持病として抱えてしまう。東京オリンピックのために自衛隊体育学校が発足。自衛隊駅伝のコーチ、畠野洋夫の推薦で入校するが、腰痛で練習困難。しかし、畠野の根気強い指導で回復し、一九六二年五〇〇〇メートルで日本記録、オリンピック強化指定選手となる。マラソンは経験がなく、最終選考会の毎日マラソンに参考までに出場。二位になりオリンピック代表となる。本番では、君原健二や寺沢徹などに注目が集まっていた。結果、円谷だけが入賞、国立競技場で日の丸が掲揚されたのは、陸上全種目で円谷のみであった。その後、国民の期待は、メキシコへの出場となった。また待望の婚約も決まった。折悪しく、幹部候補生となってしまい、練習時間が削られた。上司から、結婚は上司の許可を必要とすると旧軍の慣習を言われ従うこととなった。中央大学夜間にも通っていた。過労が積もり腰痛が再発して一九六七年手術。もはや、走れる状態ではなかった。日本のアスリートは円谷を思い起こして、逆境に耐えて幸運を摑んで欲しい。

〔菜根譚　前集二一四〕——喜怒哀楽に流されてはいけない

本文

不可乗喜而軽諾。不可因酔而生嗔。不可乗快而多事。不可因倦而鮮終。

訳文

喜ばしいことがあるからといって、軽はずみに物事を安請け合いしてはいけない。酒を飲んで酔いに任せて、無闇に人を怒ってはならない。仕事が上手くいっているからといって矢鱈に手を広げてはならない。もう飽きたからといって、最後をいい加減にしてはいけない。

事業や仕事で躓くことがある。その原因を分析的に述べている。全て、思慮分別なく、調子に乗っている、短絡的軽薄な行動、人間の完成度が足りないことによる不始末に尽きている。人として人格を陶治して、君子に近づくならより失敗は無くなるのであろう。

今の日本の文化は、ほとんど江戸時代に形成されている。渡辺京二著『逝きし世の面影』（平凡社ライブラリー）は、ハリス、チェンバレン、アーネスト・サトウなど幕末維新の要人、またはその通訳たちの日記が紹介されている。決して日本礼賛論ではない。ジェフソン＝エルマーストによると「日本人は、英国人がともすれば想像するような未開の野蛮人であるどころか、外国人に対してだけでなく自分たちがおたがいに対して、これほど行儀作法が洗練されている国民は世界のどこにもない」「二人の役人が公式の訪問で出会ったとなると、互いに賞め言葉を交換しあう様を見ていて笑いたくなるほどだ」。アーネスト・サトウは、傲岸な山内容堂と会ったとき、山内が「手の指を足の指あたりまで下げてお辞儀をした」と驚いている。こうした日本の礼節の慣習は自然と軽佻浮薄な態度を戒めることになった。西洋人たちは、礼節を重んじる国と口を揃える。日本は当時、農業国家であった。夏も近づく八十八夜、田植えをして梅雨が明ける前に、お米は丁寧に八八回、農民の手を掛ける。だから、「八十八」を重ねて米という字になる。漆塗りも、何度も塗っては乾かしそれを一〇〇回も重ねる高級品もある。丁寧を価値として、手を抜かぬことを美徳とする。この文化が、今日の日本の国際競争力を培っている。これに反し、西洋合理主義は、機能性を重視して、丁寧さや最後まで完璧にを価値とはしていない。日本という国の文化は、国家社会の共通意識の中に、菜根譚の言う「軽はずみ、傍若無人、無計画、杜撰」を嫌悪し丁寧な仕事こそ歓びとする文化がある。先の西洋人が江戸時代の日本に来て、この国を西洋の技術分物で汚染して西洋化する罪は深いと嘆いたことが、現在本当のことになりつつある。私は、小学校で家庭科の授業があったのを記憶している。その中にお裁縫があった。男子は必要ないと思ったが、丁寧に一ミリ間隔で糸が整然と並んでなければ、点数は低い。仕方なく頑張った。その経験は後に独身生活で随分役に立った。同時に、適当に軽薄に作業をすると針が手に刺さった。

〔菜根譚　前集二一五〕――書を読み込む喜びと観察力

本文

善読書者、要読到手舞足蹈処、方不落筌蹄。善観物者、要観到心融神洽時、方不泥迹象。

訳文

書物を読んで、深くその意味をつかもうとするなら、読むことによってあまりに面白くて、喜びのあまり小躍りするまで読み極めることが大切である。そうすれば、魚を獲る仕掛けや兎を獲る罠のような道具につかまり、身動きが取れない状態になり書の意味をつかめなくなることがなくなり、本当の意味が理解できる。真剣に事物を観察しようとする者は、精神が事物に融和して一体となるまで観察し尽くす必要がある。そうしてはじめて、物事の表面だけに囚われないで、真実の姿を見極めることができる。

書を小躍りして読み融和するまで観察した人物がいる。植物学者の牧野富太郎（一八六二～一九五七年）。学歴は小学校中退。しかし、六五歳で東京帝国大学から理学博士の学位を受け、九四歳で没後、文化勲章を授与される。高知県佐川町の裕福な造り酒屋に生まれる。町人の家であったが、武家の子供が行く寺子屋に通った。その後郷校、名教館《めいこうかん》に転校。そのレベルの高さは、今にして驚きである。福沢諭吉の名著、川本幸民の物理学生物学など大学生並みであった。明治七年に小学校ができて、名教館は廃止。小学校の授業は「咲いた咲いた桜が咲いた」に始まり、富太郎の知的好奇心に刺激を与えることはできなかった。二年通ってついに退学、一四歳であった。その後は、家の裏山で毎日、朝から晩まで過ごしていた。植物の研究に没頭していたのである。富太郎は手掛かりになる本が欲しくて医者の家に通った。そこには、『本草綱目啓蒙』があったからであった。写本していたが、欠損部が多く役場に頼んで東京から、その本を送ってもらった。いつものように裏山で遊んでいたら、堀見君（今の佐川町長の親戚）が駆けつけてきて、本が届いたぞと知らせてくれた。富太郎は、貪るように読み覚え、毎日が楽しくてたまらなかった。一六歳の頃である。裏山の上には、産土神社がある。そこに白いキク科の背の高い花があった。早速、本でその名前を調べるが上手く見つからない。しかし、「シラヤマギク」というものに近い。翌日、山に登り白い花を観察したら、やはりそれであった。この感動は名状しがたい小躍りする嬉しさであった。三歳で父、五歳で母、六歳で祖父を亡くし、祖母に育てられた。しかし、祖母が経営していた酒屋を継ぐなど眼中になく、植物の研究だけが日課であった。一九歳で、もっと書籍が欲しい、顕微鏡がいると、東京に行くことにした。山ほど買って佐川に送り夢中で標本採集に打ち込んだ。二二歳のとき、もはや田舎では限界と、東京に行くことを決意。有名な学者に会ううち東京帝大の植物学教室の生徒ではなく教授陣とレベルが合いそこに就職。しかし、終始給仕としてしか扱われず、彼らの定年後、助手に昇格。牧野には何の不満もなかった。

〔菜根譚　前集二一六〕　――天から授かったものの使い方

本文

天賢一人、以誨衆人之愚。而世反逞所長、以形人之短。天富一人、以済衆人之困。而世反挟所有、以凌人之貧。真天之僇民哉。

訳文

天の創造主は、大勢の民衆の中から一人を選んでその者に知恵を授ける。その賢者が多くの愚かな人たちを教え諭してくれる。それによって、皆賢くなり世の中が良くなっていく。ところが、実際には世の中の賢人は、天の意志に反して、自分の長所を自慢ばかりして、他人の短所を暴き立てているだけである。また天の創造主は、大勢の民衆の中から一人を選んでその者に富を授ける。その富裕者が多くの貧しい人たちを救ってくれる。それによって、皆生活に不安がなくなり世の中が幸せになる。ところが、実際には世の中の富者は、天の意志に反して、自分の財産を鼻にかけて、他人の貧困をあなどっている。このような知恵と富を授かった者たちは、天の罰を受けるべき罪人である。

全世界コロナ感染で経済が変調をきたしている。その影響で格差が異様に拡大している。こんな状況でこの話は説得力を持つ。

日本の企業の収益力は横ばいと言われている。これまで史上最高益はトヨタ自動車が記録した二〇一八年三月期、二兆四九三九億円であった。これに対し、ソフトバンクは、二〇二一年三月期、四兆九八七六億円。第三四半期までの数字は、日本企業で空前の過去最大。ただ、ソフトバンクは相変わらず、法人税は納めてはいない。二〇一八年一・三兆円、二〇一九年二・三兆円の利益に対し、納税法人税は、両期とも五〇〇万円であった。このからくりは巧妙で、「外国子会社配当益金不算入」と「損失計上」の二つの制度を活用している。英国半導体大手アームの買収で損失を出し、その巨額配当が非課税であることを利用している。孫正義という人間に触れるのは躊躇があるが、孫は会社イベントで以下のように語っていた。佐賀県鳥栖市の無番地で生まれる。両親は、屑拾いや密造酒造り豚飼いなどをして生計を立てていた。在日コリアンであることで差別をいやというほど受けた。その反動で、一六歳まで安本正義という日本人と同じ名前を使っていたが、先祖代々孫という名前、パスポートも孫だったので、通名も戸籍も孫で押し通すことに決めた。「お前が親戚としてそうやって孫と名乗ったら、俺たちまで全員バレる」と親戚一同に反対された。米国に渡り、人生を変えた……。成功を収めたが、在日の幼少の記憶は解消されるはずはない。

〔菜根譚　前集二一七〕──中途半端な知識人は猜疑心が強い

本文

至人何思何慮。愚人不識不知。可与論学、亦可与建功。唯中才的人、多一番思慮知識、便多一番億度猜疑、事事難与下手。

訳文

道に達した人は、胸中にあれこれ思い煩うことは何もない。また、愚かな人は初めから知識などに囚われていない。何の拘りもないこのような人たちとは、一緒に学問を論ずることもでき、また、一緒に協力して事業も起こすこともできる。中途半端な知識を身につけている人だけは、一通りの思慮や知識を備えているので、それ故に素直にものを信じないし、あれこれ思いめぐらし、疑い深い心も多くて、このような人たちとはどんなことでも、一緒に仕事をすることは難しい。

素直なこだわりのない人は素晴らしい。ときに外国のジョークになっている。タイタニック号が沈没するとき、船の中はパニックになった。船長は、救命ボートを下ろして、子供とお年寄り、女性を優先させてボートに乗せた。大声で「他にボートに乗る人は居ませんか」と呼びかけた。すると屈強の男たちが押し寄せてきて「俺も乗せろと息巻いた」。船長は、アメリカ人に、「勇気ある英雄は女性を優先するものだ」というと、引き下がった。イギリス人には、「本当の紳士はお年寄りを優先するものだ」といって引き取らせた。ドイツ人が来たので「法律に書いてある」というと引き取った。日本人が来たので「皆なそうしている」というと引き下がった。船長は、思い煩うことのない君子や愚人の協力に感謝したはずである。

道に達した人の例にノーベル賞受賞者がいる。日本は数で五番目。二〇二一年の真鍋淑郎さんまでで二八人。一位米国二七一人、二位英国八四人、三位独七一人、四位仏三四人の順番。西洋人の作った表彰システムにアジアの日本が五位に入るのは、誇らしい。中国は五人で二〇位である。ノーベル賞受賞者の学歴は東大生ばかりではない。確かに東大は一位で九人いる。しかし、京大も九人の同数で一位。残る一〇名はというと地方国立大学で、東北、埼玉、熊本、神戸、北海道、鹿児島、山梨、徳島、長崎大学は、それぞれ一人ずつ受賞者を輩出している。どうも、本物の優秀な学者は、学校に左右されるものではないようだ。むしろ面白いのは、東京の出身者は僅かに一人だけである。一九八七年受賞の利根川進氏（日比谷高校・京大医学部卒）のみである。自由な発想・世界的視野は、どうも人工的な大都市からは生まれず、地方の非競争地域から生まれると仮説しうる。真鍋淑郎氏は、愛媛県宇摩郡新立村に生を受けた。四国山地のど真ん中で、高齢化率日本一の貧しい山間僻地である。父は村唯一の医師で、息子が医者になるのを切望していた。ところが受験したのは物理学の学部。カエルの解剖が嫌だったことと、気象学に興味があったことが理由である。父親はガッカリ。今もその顔が目に浮かぶという。気候変動の現代的危機を五〇年前に予測できたのは、山里の生活は地球の病を知ることができるのではないかと思われる。

〔菜根譚　前集二一八〕──心の出口と心の動き

本文

口乃心之門。守口不密、洩尽真機。意乃心之足。防意不厳、走尽邪蹊。

訳文

口というのは、実は心の出口である。この口から出る言葉を慎重にしないと、自分の心の洗い浚いを、分別なく徒に漏らしてしまうことになる。また、意識というのは、実は心の動きである。この自由に動き回る意識活動を、ほしいままにさせて厳格に制御しなければ、邪な道を行くに任せることになる。

口は災いのもと。心を見透かされてしまう。口に出せるのに出さない、大事なことを心に秘めてこの世を去った人物に、幕末の陸援隊隊長中岡慎太郎がいる。私は彼の知っていることを聞きたくて仕方がない。一八六七年一一月一五日京都河原町に醤油屋の近江屋があった。この屋の主人新助は土佐藩の御用商人で大の勤皇の志士の支援者であった。新助は、才谷梅太郎（龍馬）を寄宿させていた。忠実な新助は、土蔵を改修して仕掛け部屋を作った。いざというときには、土蔵から裏の誓願寺の墓地に抜けられるのである。その日は、新暦の一二月初旬、夕方からことのほか冷え込んだ。龍馬は、ひと月前からの風邪が抜けない。土蔵の寒気に耐えられず新助の忠告を遮って暖を取りに一人母屋に出てきていた。そこへ中岡慎太郎が午後六時頃やってきた。母屋の二階の一番奥の八畳間で二人火鉢を囲んだ。龍馬には、いつも警護がついていた。山田藤吉である。元力士で雲井龍という四股名を持っていた。龍馬に憧れて相撲を辞めた。そこへ土佐藩ご用達の書店菊屋の息子、峰吉が中岡に薩摩藩からの手紙を持ってきた。龍馬は、峰吉が来たことを知り、「すまんが、軍鶏を鳥新へいて買うて来てや」と頼んだ。それが午後九時過ぎのことである。そこへ「頼もう」志士風の男が七人訪ねてきた。二階の控えの間にいた藤吉は、階段を下りた。「拙者らは十津川郷士である」。そう言いながら名札を藤吉に渡した。藤吉は巨体だが人が良い。何の疑いもせず、龍馬が十津川の者たちと面識があることからそのまま背を向けて二階に取次に上がろうとした。刺客は、藤吉を背後から切りつけた。どどっと巨体が階段から落ちた。龍馬は、峰吉と藤吉が相撲を取っていると勘違いして「ほたえな」と一喝した。刺客は、二階のどの部屋に龍馬がいるかその声で理解した。二人の刺客は襖を開けるや「坂本先生」と呼んだ。振り向いたのは龍馬である。刺客は、渾身の気合で「こなくそ」と、太刀を振った。龍馬はその日に、中岡は二日後に絶命した。その後、峰吉が現場に帰ってすぐさま土佐藩に知らせに行った。土佐藩邸から、谷干城、毛利恭介、田中光顕らが駆けつけた。その時、中岡の意識ははっきりしていた。二日後まで順調に回復していた。焼きめしが食べたいと言い、何杯も食べたほどである。なぜ、中岡がその時間に訪ねたのか。なぜ、そこへ薩摩の手紙が届けられたのか。疑問は残る。田中光顕回顧録には、「私はブ男の龍馬は嫌いだった」と記述している。土佐藩内の抗争か。伊藤博文内閣の土佐出身の大臣は、このときの谷と田中のみである。何か関係があるのか。

〔菜根譚　前集二一九〕――他人と自己の過ちを正すとき

本文

責人者、原無過於有過之中、則情平。責己者、求有過於無過之内、則徳進。

訳文

人の過失を責める際には、過失の中の過失でない部分を探して、それを指摘することが大切である。そうすると、責められた人も心は平静になり、言うことも聞いてくれる。自分自身の過失を責める際には、過失はないと思い込んでいる中に過失を探しだして、その責任の認識をした上で自己反省をすれば自分の心は向上する。

人間は他人を責める傾向がある。いわば自分を棚に上げてである。その典型が夫婦喧嘩である。夫婦喧嘩の原因ランキング一位は「物の言い方が悪いから」なのだそうだ。本当の原因なのか不明な原因である。お互い、じゃあどう言えばいいのか、水掛け論が始まりそうだ。精神科医で作家の樺沢紫苑は、現在SNSを中心とした芸能人や政治家への過剰なバッシングなどを見るにつけ「日本人が攻撃的になり、凶暴化してきているように思います」と述べている。『凶暴化する日本人』。一見、原因不明の社会現象も、脳科学的に見ると原因ははっきりしています。それをひと言で表わせば『脳疲労』『扁桃体の興奮』、つまり『コロナ禍でのストレスが限界に達している』ということです」(「週刊FLASH」二〇二一年六月八日号)。以下、樺沢の論を私なりに要約しつつ考えてみたい。偏桃体は、脳の奥にあるアーモンド形の器官で危険の警報装置の機能を持っている。大昔、人は猛獣に出くわしたとき、危険を察知して咄嗟に戦うか逃げるかを判断してきたが、このとき、ノルアドレナリンというホルモンが分泌され、不安になり恐怖を感じることになる。扁桃体が興奮するのだ。この状態では、何もせずに様子を見るという余裕のある行動はできなくなる。戦うか逃げるかだけの二者択一です。扁桃体が興奮するオンの状態は、火災報知器が鳴っていている状態。コロナとは、この警報が二四時間三六五日鳴っているのと同じであり、脳疲労の状態に陥っている。身体も疲労感が出て参ってしまう。SNSの凶暴化はまさにコロナの長期化が原因となっている。扁桃体を鎮静化するためには、脳内ホルモンのオキシトシンが出れば、強いリラックス効果が出て、安らぎ癒され興奮が収まる。オキシトシンは、夫婦親子恋人友人などとの会話交流、ペットとの接触などが分泌のきっかけになる。コロナ禍、人との接触を抑制禁止されている環境は、オキシトシン不足の人たちが増えていることを意味している。凶暴化していることを前提に慎重な行動を取る賢明さが大事になる。

この記事を読んで思いついたのは、非寛容社会の一つの現象として、高齢者が切れやすくなっていることである。老化すると怒りのブレーキが利かなくなってくるのだ。日本社会は高齢化社会。全国で切れやすい人間ばかりになっているともいえる。脳の老化は、高次機能を担当する大脳皮質からくる。感情記憶の前頭葉が理性の判断の中枢。この前頭葉の老化を防ぐには、ともかく多方面に意欲を持つことが大切だ。

〔菜根譚　前集二二〇〕——可能性の育成の方法

本文

子弟者大人之胚胎、秀才者士夫之胚胎。此時、若火力不到、陶鋳不純、他日渉世立朝、終難成個令器。

訳文

若者は大人の卵である。特に才能に秀でた若者は、やがて士や大夫という立派な職につく卵である。この卵が未完成の段階にあって、修養や鍛練が不足してしまうと一流の人物になることは困難になってしまう。それは、陶器を作ったり鋳物を鋳たりすることと同じように、火力が足りずに焼きが足りなかったり、原料に不純物が多かったりするといい製品にはならないことと同様である。

艱難汝を玉にす。少年老い易く学成り難し。若い頃に修練した者は長じて、一門の人間になる。まさにそのことをストレートに表現している。

メジャーリーグの大谷翔平は日本人の誇りとなりつつある。バッターとしてもピッチャーとしてもトップクラス。さらに、スポーツ選手につきものの怪我との戦いにも負けない気力。そして何より、若者にありがちな軽薄な行動の噂すらない。また、岩手県の御両親が普通の家庭で日本人の平均的家族の典型であることが、国民的自慢の背景にある。

大谷翔平は一九九四年に水沢市で生まれた。父親が地元の義経伝説が好きで「八艘飛び」のイメージから翔の字と奥州平泉の平を重ねて翔平と名付けた。その父親は、一八二センチで社会人野球の外野手。母親は身長一七〇センチで中学時代バドミントンの国体選手だった。子供三人を育てるために、パートで働く頑張り屋だった。家族は全員居間で過ごした。翔平は、ファミコンも買ってもらっていたが興味を示さず、バドミントンや水泳教室に熱心に通ったあとは居間で居眠りをした。この野球を本格的にやる前のスポーツが、肩の可動域を広げ高校最速の一六〇キロのボールの基礎になっている。翔平は、夢中になることが他にもあった。読書である。ハリー・ポッターが欲しくてやっと買ってもらったあと、部屋に並べて大事にしていた。何かの拍子に本の一部がよれてしまった。それがともかく残念で、一晩泣き続けていたという。現在、身長一九三センチ、体重九五キロ、メジャーでも引けを取らない体格は、御両親のお蔭か。二〇一三年花巻東高校を卒業したら、本人は米国MLBに直接行くつもりでいた。家族との話し合いや日ハムとの協議で、日本に残ることになった。契約金一億円+出来高払い五〇〇〇万円推定年俸一五〇〇万円。ダルビッシュの背番号11をもらった。日ハム時代、プライベートで外出はほとんどしない。なぜかと聞かれて、「野球ですることが沢山ある。また我慢しなければいけないことも一杯ある」と言っていた。また驚異の人気で外出には栗山監督の許可が必要になった。本人は「許可があってもなくても一緒です。別に行きたいところがあるわけではないので」とあっさり。音楽鑑賞と読書で満喫できている自制心のある若者だ。

〔菜根譚　前集二二一〕——君子の心の処し方

本文

君子、処患難而不憂、当宴遊而惕慮。遇権豪而不懼、対惸独而驚心。

訳文

君子という者は、苦しい状態に身をおいても、それを気に留めないが、宴会などの楽しみの場所では、羽目を外しはしないかと恐れて気を遣うものである。また、君子という者は、権力のある人に会っても、おじけ恐れることはないが、困窮して身寄りのない人に対しては自分の心を痛めるものである。

困窮して身寄りのない者に対しては、心を痛める。そんな人物が本当の君子である。さらに困窮者や孤独な者を具体的に救済できる人物こそ立派な人間である。そんな中、何と格差社会の典型米国で、その具体策が大統領によって発言された。バイデン大統領の施政方針演説である。

二〇二一年四月二八日にバイデンは、「米国家族計画」を発表した。「将来米国が世界のリーダーであるためには、米国の家族や子供たちに一世一代の投資をしなければならない」と上下両院で述べた。①無償教育拡充、②保育支援、③有給休暇・病気休暇支援、④子育て支援、一一〇兆円。低所得者減税九〇兆円。ほぼ一〇年間で、二〇〇兆円を使い切ると宣言。米国では三%の富裕層が世界の富の九〇%を保有している。

この国の仕組みは、格差を野放しにしてもかまわないと各国は思い込んでいた。何と米国のトップリーダー、即ち、富裕層たちが権力の裏側で仕組んでできた米国大統領は、富裕層のためだけに働くものと信じられていた。それが真逆の貧困救済を打ち出したのである。その背景には多分に中国の存在がある。中国の次世代教育への大型投資が、今日の米国を脅威に陥れた国力の増大につながったとの危機意識である。さらに、米国は、人口政策で毎年三%の人口増加を独立宣言以来堅実に実行してきた。米国の多様性、異人種の混在は当然のこと。黒人やヒスパニックの移民の数で米国人口は減少することはなかった。当然国内問題化することはあったが、無視しながら経済維持のために目を閉ざしてきた。それによって確かに、経済力・軍事力の優位性を後押ししてきている。しかし、今日、米国人口が、二〇二二年に三〇万～五〇万人の減少が確実になった。移民の受け入れ枠の拡大も、トランプのアピールのように、米国白人キリスト教福音派の失業につながる印象は、無闇な移民が国内問題の人種問題や格差社会拡大の元凶となるとの指摘が国民に広く認識されてしまった。民主党政権の共産主義化と思われても仕方がない戦略にバイデンは出た。やや日本にも近い政策なのだが、決定的に異なるのは、投資する決意と予算の額である。先進七か国は、貧困層は約一〇%程度、日本なら一億人の一〇%の一〇〇〇万人に低所得者手当を丁寧にすれば、格差問題は解消できると経済学者はいう。一〇〇〇万人に年一〇〇万円給付すれば、低所得でも十分生活に不安はない。その経費一〇兆円あれば、それが叶う。米国は難なくそれをやってしまう覚悟を示した。あとは、不正や不公平のない配分。デジタル化で素早い対応。そんな政策実行で地球が変わるかもしれない。楽しみである。

〔菜根譚　前集二二二〕――晩成に至るまで

本文

桃李雖艶、何如松蒼柏翠之堅貞。梨杏雖甘、何如橙黄橘緑之馨洌。信乎、濃夭不及淡久、早秀不如晩成也。

訳文

桃やスモモの花は艶《あで》やかで美しくとも、松や柏が四季を通じて常に青々として堅く操を守っているのには遠く及ばない。また、梨やアンズの実は甘くて美味しいが、黄色のダイダイや緑のミカンが芳香を放っているのには及ばない。何はともあれ、艶やかなものは、さっぱりして長続きするものには及ばない。また、早熟は晩成には及ばないのも事実である。このことから、人間についても、たとえ世間の評判が良く人気があっても、早熟で表面的な付け焼刃の人間は、たっぷりと時間をかけて内容の充実した者には到底及ばないのである。

「千日の稽古を鍛とし、万日の稽古を練とす」。長年技術を磨いたり、ひたすら自分の道を究める苦労を続ける人は、嚢中の錐の如くやがて世間が認める人物になる。

ＴＢＳのドラマ、『半沢直樹』の人気は空前のものである。二〇一三年に一〇話放映され、再度脚本家を替えて二〇二〇年にも一〇話放映されたがいずれも好調であった。二〇一三年の視聴率では大晦日の紅白歌合戦の四四・五％に迫る四二・二％（最終回）と、民放ドラマ史上でも屈指の作品となった。脚本家八津弘幸は毎回山場を意識しエンタを織り交ぜて準備稿を二〇回以上練り上げたという。二〇二〇年作品は、丑尾健太郎他複数で脚本を書いている。これも最終回が総合視聴率四四・一％を記録し、リアルタイム視聴率とタイムシフト視聴率の合計する総合視聴率の調査開始以降最高となった。ストーリーは、現在の都市銀行の行員の日常や仕事の様子を、その置かれた社会経済の具体的背景を描写しながらの社会性ある中に、苦悩やあるべき姿論を入れ込み、企業慣習や政府方針に逆らう正義感を評価する、いわゆる勉強になる学習面も取り入れていて視聴者層の厚みを取っている。

加えて、配役が特別であった。主人公の半沢は、堺雅人。早稲田中退の演劇青年からのし上がる。菅野美穂と結婚。人生を演劇、俳優に懸けていることにおいて修練された味の演技が光った。特筆すべきは、歌舞伎界からの起用である。頭取役の北大路欣也は東映全盛時代の市川右太衛門という超トップスターの子供でかつ本人自身が早稲田の文学部演劇専修卒。デビューは小学校六年生。熟練の演技である。次に香川照之、九代目市川中車。父親は市川猿翁、母親は女優浜木綿子。今の日本に、香川に演技で優る男優はいないとまで言われる演技派。土下座のシーンは、歌舞伎ならではの迫力。

しかし、歌舞伎役者の子供だから演技が上手いわけではない。香川が三歳のときに両親は離婚。浜木綿子に育てられる。暁星学園から東大文学部社会心理学科卒。地頭の良さは群を抜いていて、高校生のときフランス語の原書を読んでいた。映画『静かなるドン』の撮影で、監督の鹿島勤から一〇〇回のＮＧを出され、それ以来、演技に真剣に向き合うようになった。二〇一一年、九代目市川中車を襲名を発表。

歌舞伎俳優は襲名制のため、本名で活動することは認められていない。しかし、香川だけは過去の経歴事情を考慮して、二つの名前で俳優・歌舞伎役者の活動が認められている。

また、片岡愛之助も半沢直樹のヒールとして国税局の職員役で人気を博した。歌舞伎役者の印象が強いが、意外に普通の家庭の出身。親が子供の習い事のつもりで松竹芸能タレント養成所に通わせた。子役の演技が上手く、片岡仁左衛門の目に留まり部屋子という大部屋の役者となる。次に、仁左衛門の次男である片岡秀太郎の養子となり、歌舞伎の世界の血筋を受け継ぐこととなる。チャンスが巡ってきた。二〇一〇年、市川海老蔵が暴行事件で怪我を負い、その代役に愛之助は抜擢された。たった三日の稽古で「吉例顔見世興行」を見事に演じ喝さいを浴びた。歌舞伎界きっての名門成田屋の本流、市川海老蔵が盟友となった。『半沢直樹』でブレイクし、人気はウナギ登り。二〇一六年には藤原紀香と結婚。人気女性タレントを娶った愛之助は男としての評価も上がった。しかし、好事魔多し、歌舞伎界では評判が落ちてしまった。海老蔵と不仲。歌舞伎公演の出演数が激減。一門、片岡仁左衛門の松嶋屋から、「片岡愛之助の名前を返せ」とまでいわれるほどである。二〇〇〇年のこと、北新地に愛人ができて妊娠出産。認知している。もうその子も二〇歳。遊びも芸の肥やし。逸材だけに大事にしてほしい。

その他に半沢直樹出演の歌舞伎役者は、市川猿之助、尾上松也がいる。日本伝統の歌舞伎は、世界でも類を見ない演技を子供から学ぶ徹底的英才教育。付け焼刃、一朝一夕ではたどり着かない演技の境地は、全米のプロゴルファーや大リーガーの野球の選手などのように、幼い頃の英才教育にある。時間をかけて育てること、技を磨くことの価値を説いている。その菜根譚の心は、いつの世も直截な結果主義に走りがちな世間の風潮を戒めているのである。

早熟は晩成には及ばない

附録〔菜根譚　前集二一三〕――スティーブ・ジョブズの最後の言葉

無論、菜根譚にはジョブズの言葉が出てくるはずもない。しかし、私が読む限り、菜根譚のどこかに入れて人生とはそういうものだと納得したい文章である。ありえない二一三にこの言葉を挿入して、読者に味わってほしい。インターネットで様々な形で出回っており、細かい言葉遣いなど異同があると思われるがご容赦いただきたい。

「私は、ビジネスの世界で、成功の頂点に君臨した。他の人の目には、私の人生は、成功の典型的な縮図に見えるだろう。

しかし、今、思えば仕事を除くと喜びが少ない人生だった。人生の終わりには、お金と富など、私が積み上げてきた人生の単なる事実でしかない。

病気でベッドに寝て居ると、人生が走馬灯のように思い出される。

私がずっとプライドを持っていたこと、認証（認められること）や富は、迫る死を目の前にして色褪せていき、何も意味をなさなくなっている。

この暗闇の中で、生命維持装置のグリーンのライトが点滅するのを見つめ、機械的な音が聞こえてくる。神の息を感じる。死が段々と近づいている……。

今やっと理解したことがある。

人生において十分にやっていけるだけの富を積み上げたのちは、富とは関係のない他のことを追い求めた方が良い。

もっと大切な何か他のこと。それは、人間関係や、芸術やまたは若い頃からの夢かもしれない。

終わりを知らない富の追求は、人を歪ませてしまう。私のようにね。

神は、誰もの心の中に、富によってもたらされた幻想ではなく、愛を感じさせるための『感覚』というものを与えて下さった。

私が勝ち得た富は、私が死ぬときに一緒に持っていけるものではない。

私があの世に持っていけるものは、愛情に溢れたポジティブな思い出だけだ。

これこそが本当の豊かさであり、あなたとずっと一緒に居てくれるもの。あなたに力を与えてくれるもの、あなたの道を照らしてくれるものだ。

愛とは、何千マイルも超えて旅をする。

人生には限界はない。行きたいところに行きなさい。望むところまで高嶺を登りなさい。

全ては、あなたの心の中にある。全てはあなたの手の中にあるのだから、世の中で、一番犠牲を払うことになる。

『ベット』（賭け）は何か知ってるかい。シックベッド（病床）だよ。

あなたのために、ドライバー（運転手）を雇うことはできる。お金を作ってもらうこともできる。だけれど、あなたの代わりに病気になってくれる人は見つけることはできない。

物質的なものは無くなっても、また見つけられる。

しかし、一つだけ、無くなってしまったら再度見つけられないものがある。

人生だよ。生命だよ。手術室に入るとき、その病人は、まだ読み終えてない本が一冊あったことに気付くんだ。

『健康な生活を送る本』

あなたの人生がどのようなステージにあったとしても、誰もがいつか人生の幕を閉じる日がやってくる。

あなたの家族のために愛情を大切にしてください。

あなたのパートナーのために、あなたの友人のために、そして自分を丁寧に扱ってあげてください。

他の人を大切にしてください」


本当にジョブズが残したものか疑問を唱える人がいる。そんなことはどうでもいい。ここに書かれた事実や思いは、全ての人間の共感を得ることができる。死を前にすれば、そう思うだろうと。だから価値がある。生きる、生きて欲望を追いかけている間は、理解することもない。思う必要もない。けれども、死に直面したときには、ジョブズの言葉は重い価値を持つ。

スティーブ・ジョブズ（一九五五〜二〇一一年）享年五六歳。シリア人の父親と米国人の母親の間で、サンフランシスコで生まれる。生誕後すぐに養子に出され以後、ジョブズ家で養育される。一六歳のとき、友人とブルーボックスという、不正に無料で長距離電話をかけることができる装置の記事を読み、図書館で装置関連の記事を読んで、独自の装置を開発。一台一五〇ドルで二〇〇台売れた。よく売れる商品だから注目を浴びて逮捕寸前。一切から手を引いた。開発すれば、ワクワクするほど商品が売れるこの刺激が、後の事業につながったという。一九七五年ジョブズは自分よりコンピューターに詳しいウォズニアックと事業を計画した。資金が乏しいので、カリフォルニアのジョブズの自宅のガレージを工場にして、二人で一三〇〇ドルをかき集めて部品調達を始めた。そこで制作したのはプリント配線板だった。会社の名前はジョブズがアルバイトしていたリンゴ農園から、「APPLE」となった。一九八九年スタンフォード大学で講演をした。偶然出会った女子学生ローレン・パウエルに一目ぼれして翌年結婚。事業は順調に発展した。二〇〇三年膵臓がんが見つかる。家族は手術を勧めたが、東洋思想にはまったジョブズは、鍼やハーブ、菜食主義や光療法などで治療した。だが、手遅れとなった。二〇一〇年iPad発売、世界中で人気を博した。二〇一〇年には体調も良くなり、家族で京都旅行を楽しんだ。しかし、二〇一一年一〇月カリフォルニアの自宅で、妻や親族に見守られながら他界した。ジョブズの妻パウエルは主なる遺産を相続し、今では純資産二〇七億ドル（二兆二〇〇〇億円）の投資家となっている。それも彼女は、ペンシルベニア大学で政治学と経済学を専攻後、ウオール街でメリルリンチやゴールドマンに勤務している。一九九一年にスタンフォード大学大学院でMBAを取得(この年に挙式をあげている)。ジョブズは、富を得た。それを獲得するのに必死で人生を送ってきた。「最後の言葉」からすると、富には万能の力はないと言いたいのであろう。しかし、その奥様は、富そのものを扱って増やすゲームビジネスにつかれている。今度、奥様が生命の終わりに当たって、どのような見解をお持ちになるか、興味深い。

今を生きるための菜根譚（エピローグ）

時代は変化する。誰かが意図していようがいまいが変化している。方丈記にいう「ゆく川の流れは絶えずして、しかも元の水にあらず」なのである。この視座を外しては菜根譚を語ることはできない。人間にありがちなのは、「名門富貴の家に生まれた」「かつてはオリンピックに出場したこともあるアスリートだ」など、自慢・プライド。それにこだわればこだわるほど、「今は収入が以前ほどない」「現在は、病気がちでスポーツどころではない」という現実を受け入れられない。時の移り変わりに謙虚で従順でなければ、自分が惨めになっていく道理を把握しておきたい。菜根譚を学ぶ最初の鉄則である。

プロローグでも触れたが、菜根譚との最初の出会いは、梶山静六さんの引退記者会見であった。その時点では、本の内容は全く知らず、ただ菜根譚という昔の中国の名著を、陸軍士官学校の生徒が教科書として読んでいた、という驚きからことは始まった。何しろ、陸軍士官学校と言っても入学する年齢は一五歳。つまり、今なら中学生か高校生の年齢なのである。そんな年で、「一陣の風が竹やぶに吹き、ざわめいても風が止めばそのざわめきは止んでしまう。それと同じように、権力の座に就いたなら、風のざわめきと思い、その座が終わればさっと静かに何事も無かったように、振舞わなければならない。それが君子たる者」（二〇二ページ）というような内容を読んでいたのである。こんな地位や名誉や人間や欲望・野心への対応・対処の仕方を、若い中学生が学んでいたことが驚きであったが、私には今こそ政治家が学ぶべきことに思えた。

仲間の政治家に「菜根譚って知ってる？」から始まり、吉田六左エ門、岩永峯一、菅義偉、谷畑孝などとともに、半信半疑で勉強会が始められた。最初は、輪読。一ページずつ声を出して読むことから入っていった。また、それしかできなかったのが現実。時とともにメンバーは変わり、ただ継続することだけが私の責任となった。やがて読んでいくうちに、心に変化が生じてきたことに不思議な感動と満足感を覚えるようになった。出世競争を当然視していた政治家の自分が、見方によっては浅はかに思えること。今の自分の行動が、少しでも欲得に駆られているのではないかとの自問自答。これまでにない自分が、存在していることの不思議さを感じた。おそらくこうした意識の変化は、その効果として、社会を和ませ、円滑化し、自己と他者の関係を上手く運営することへ繋がるのではないか。だから、戦前、若者に一生涯の指南書になると確信して教科書にしていたのではないか。勉強会も、鈴木俊一、鴨下一郎、古川禎久、衛藤晟一、古屋圭司、齋藤健、梶山弘志、小泉龍司など派閥を越え多士済々となった。

人生に失敗はつきものである。特に政治家は失敗の連続になりがちである。選挙の当落。議員になれば、次に政務官・副大臣・大臣に。地方議員なら、委員長・副議長・議長。これも競争。同期が先になっただけで敗北感は著しい。そんなとき、思い出すのは、中国の政治家「屈原」である。屈原は、春秋戦国時代の楚の国の政治家。楚は西の秦と東の斉に挟まれて、国の独立が危ぶまれていた。秦と組むべきか、斉と組むべきか、国論は二分した。屈原は「秦は謀略主義で信用できない」と主張。ところが大方の楚の政権幹部・国王までもが秦側に立った。その後、秦により楚の首都が陥落させられ、祖国の将来に絶望し、世をはかなんで汨羅江に身を投げて自殺した。自説を曲げない屈原の生き方を、政治家の手本とする向きもあるが、名著中国古典の「楚辞」にある「漁夫の辞」では、年を取った漁師に「屈原さん、なんで世の中が変わることに対し、深く考え、お高くとまって、自分から追放されるようなことをするのですか」と問われる。つまり政治家は融通無碍な面も必要なのではないか、と正されるのである。

日本画の巨匠、横山大観は、自分の代表作を「屈原」とした。この絵の迫力は鬼気迫るものがある。屈することのない強い信念を表現している。五・一五事件に関与していた青年将校、当時海軍中尉二四歳、三上卓作の歌にも屈原は登場する。「昭和維新の歌」（青年日本の歌）である。歌詞は大川周明、土井晩翠などの書籍からの剽窃、また無断使用があるとされているが、屈原のようになろうとも、正しき道を貫く覚悟を持つべきだ、との叫びが込められている。屈原は勝者か敗者か、答えは難しい。結局、楚は屈原の言う通り秦に裏切られて滅んでしまう。

いわんや人間全て、己の人生の勝敗はそう簡単に割り切れるものではない。しかし、世俗にあって切歯扼腕しながらも、憂世の紆余曲折に左右されることのない心構えがあれば荒波も越えられる。その方法を伝授してくれる貴重な書がこの菜根譚である。本文の和訳だけでは、十分消化することはできない。マスターすることは困難だ。自ら噛み砕き、連想し、想像する力がなければ、なるほどと肚に入らない。その嚙み砕きを私なりに工夫に工夫を重ねて試みたのが本書である。決して、古典の解説ではない。人生導きの書である。

かつて暗闇の中に北斗七星を頼りに航海に出たコロンブスや、明けの明星が出てくるまで洞窟で座禅瞑想に徹していた空海が金星そのものが身体の中に入ったような幻想に取りつかれ真言宗を開祖する奇跡を起こし、今でも四国八十八ヶ所霊場めぐりで一切衆生が救われている姿を見ると、星には不可思議な力があると思わざるを得ない。だから、この菜根譚の存在と星の存在とが人を導く機能において、同種同等の霊力があると確信し、表紙にその意味付けを図った。

高校野球を眺めると、甲子園で優勝する一校しか勝者はない。あとは、必ず敗れて涙する学校ばかりだ。しかし、勝敗を越えて、その結果を後日良しとして、負けて勝つ人間が必ずいる。負けても勝っても、本物の勝者とは何ぞや。その問いに答えられるのが菜根譚なのだ。負ければ負けるほど強くなる。敗北が次への勝利の確信に変わる。そんな人間になりさえすれば、怖いものなし。本書は、そう導いて行く摩訶不思議な力の書なのである。

二〇二二年現在、勉強会は、田村憲久、田所嘉徳、門山宏哲などの衆議院議員らで行われている。

最後まで読んでいただきありがとうございました。

著者　**山本有二**（やまもと・ゆうじ）

一九五二年、高知県高岡郡越知町に生まれる。高校卒業後、進路を政治家に決める。一九七七年、早稲田大学法学部卒業。一九七九年、司法試験合格。高知県議会議員を経て、一九九〇年、衆議院議員初当選。一九九六年、橋本内閣、倉田自治大臣のもと自治政務次官就任。一九九九年、小渕内閣、臼井日出夫法務大臣のもと総括政務次官就任。二〇〇三年、小泉内閣、谷垣禎一財務大臣のもと財務副大臣就任。二〇〇六年、第一次安倍内閣金融担当大臣・再チャレンジ大臣就任。二〇〇九年、自民党道路調査会長に就任。二〇一二年、第七三代衆議院予算委員長就任。二〇一五年、自民党治水議員連盟会長就任。二〇一六年、安倍内閣農林水産大臣就任。二〇一七年、菜根譚勉強会を国会議員を対象に講義を重ねる。二〇二一年、衆議院選挙一一期目当選。

今を生きるための菜根譚

二〇二二年　六月二六日　初版発行

著　者　山本有二
発行者　井上弘治
発行所　駒草出版　株式会社ダンク 出版事業部
〒一一〇－〇〇一六
東京都台東区台東一－七－一　邦洋秋葉原ビル二階
TEL 〇三（三八三四）九〇八七
FAX 〇三（三八三四）四五〇八
https://www.komakusa-pub.jp/

写真協力　井浦 新
装　丁　宮本鈴子（駒草出版）
校　正　麦秋社
編集協力・組版　株式会社ひとま舎
印刷・製本　シナノ印刷株式会社

ISBN978-4-909646-53-8　C0098
JASRAC 出 2203030-201